30日集中

TOEFL® テスト
必須語彙1200＋
分野別語彙800

TOEFL iBT®テスト & TOEFL ITP®テスト 両対応

植田一三 編著

田岡千明・常田純子・上田敏子 著

OpenGate

音声ファイルの利用方法

本書では下記の手順に従ってスマートフォンまたはPCで音声をダウンロードして聞くことができます。

1. abceedアプリ（スマートフォンの場合）

本書の音声は、無料アプリabceedでダウンロードして聴くことができます。

（画面イメージ）

❶ ページ下のQRコードまたはURLから、無料アプリ abceed（Android / iOS対応）をダウンロードしてください。

❷ 画面下の「見つける（虫めがねのアイコン）」タブをクリックして、**30日TOEFL**で検索します。表示された書影をタップし、音声の項目を選択すると、音声一覧画面へ遷移します。

❸ 再生したいトラックを選択すると音声が再生できます。また、倍速再生、区間リピートなど、学習に便利な機能がついています。

＊アプリの詳細についてはwww.abceed.comにてご確認ください。

ダウンロードはこちらから

https://www.abceed.com
abceedは株式会社Globeeの商品です。

アプリについてのお問い合わせ先
info@globeejp.com
（受付時間：平日の10時–18時）

---

2. 弊社ホームページ（PCの場合）

下記URLより弊社・株式会社オープンゲートのホームページにアクセスしていただき、本書の書影をクリックしてください。

https://openg.co.jp/

本書の紹介ページを下方にスクロールして
パソコンへのダウンロードはこちら をクリックしてダウンロードしてください。

お問い合わせ先 ▶ 株式会社オープンゲート Tel. 03-5213-4125（受付時間：平日の10時–18時）

　日本人のTOEFL iBT®スコア平均（2019年）は、Reading、Listening、Writingスコアが
それぞれ18点、Speakingスコアが17点の71点となっています。そして世界では、1位は
アイルランドの101点、2位はオーストラリアの100点、3位はオランダ・スイスの99点、
またアジアでは、シンガポールの98点、インドの95点、韓国の84点、中国の80点となっ
ており、日本は170カ国中146位で、最下位グループに入っています。ちなみに、世界の
高校生の平均スコアは75点、世界の大学院入学レベルの平均スコアは86点で、有名大学
での必要最低スコアは、ハーバード大学100（MBAは109）、UCバークレー大学80（大
学院は90）となっており、英語圏のトップにスクール入学するには最低80点をとる必要
があります。

　そういった現状において、グローバル時代に国際社会で活躍できる人材を育成するた
めに、最も効果的に英語の運用力をUPすることができる英語教育の必要性がどんどんと
高まっています。私は、PBT, CBT, iBTと、約30年にわたってTOEFL®の研究・対策指導を
してきました。TOEFL iBT®は、一般語彙のレベル8000語水準以上で英検準1級と1級の間
に位置しますが、アカデミック語彙に関しては、分野も「生物学・アースサイエンス・
歴史学・アート・心理学・天文学・ビジネス・言語学・哲学」と多岐にわたっており、
語彙力と同時に分野別の背景知識が必要となっています。

　そこで、そういった時代のニーズに応えるべく、過去の問題の徹底分析に基づいて作
られた本書は、類書にない次の6つの特長を備えています。

1. 一般語彙と分野別アカデミック語彙に分かれているTOEFL®語彙のうち、必須一般語彙
   1200語を厳選し、効率よく語彙対策ができるように、レベル順かつ重要順に100語ず
   つを配列し、「30日でマスター」できるようになっています。

2. 試験までの時間に合わせて集中して勉強できるように、そしてそれぞれ記憶の確認テ
   スト（SWLRの各技能のスコアUPを目指したパラフレーズ問題）を100語ごとに設け
   ました。

3. 一般語彙1200語を最短距離で持ち歩いて習得できるように、巻末に類語単語記憶カー
   ドをつけました。

4. 必須学問別分野語彙800に関しては、それぞれの知識と語彙を同時に身に付けること
   ができるように、パッセージを作り、また読解力とリスニング力をアップできるよう
   に、各パッセージには質問を用意しました。

5. 一般語彙は最短距離で覚えられるように、TOEFL®問題にも頻出のベストコロケーショ
   ンとパラフレーズを載せました。

6. 運用語彙力を効果的にUPさせるために、TOEFL®ライティング＆スピーキング力UP「間
   違えやすいコロケーション」、「類語使い分けコラム」を記しました。

本書の制作にあたり、惜しみない努力をしてくれたアクエアリーズスタッフの田岡千明氏、常田純子氏、上田敏子氏、および編集をしてくださった（株）オープンゲートの小平新二郎氏、さらに本書執筆の母体となった参考文献の著書の方々には、心から感謝の意を表したいと思います。それから何よりも、われわれの努力の結晶である著書をいつも愛読して下さる読者の皆さんには、心からお礼を申し上げます。それでは皆さん、明日に向かって英悟の道を、

Let's enjoy the process!（**陽は必ず昇る！**）Thank you!

2020 年10 月
植田一三

CONTENTS

音声ファイルの利用方法 ……………………………………………… 003
プロローグ ……………………………………………………………… 004
CONTENTS ……………………………………………………………… 006
TOEFL®テストの基礎知識 …………………………………………… 008
本書の構成と使い方 …………………………………………………… 009

一般語彙

Chapter 1 iBT50 / ITP450突破 …………………………………… 013
iBT50 / ITP450突破① …………………………………………………… 014
iBT50 / ITP450突破② …………………………………………………… 034

Chapter 2 iBT60 / ITP500突破 …………………………………… 055
iBT60 / ITP500突破① …………………………………………………… 056
iBT60 / ITP500突破② …………………………………………………… 076

Chapter 3 iBT70 / ITP525突破 …………………………………… 097
iBT70 / ITP525突破① …………………………………………………… 098
iBT70 / ITP525突破② …………………………………………………… 118

Chapter 4 iBT80 / ITP550突破 …………………………………… 139
iBT80 / ITP550突破① …………………………………………………… 140
iBT80 / ITP550突破② …………………………………………………… 160

Chapter 5 iBT90 / ITP575突破 …………………………………… 181
iBT90 / ITP575突破① …………………………………………………… 182
iBT90 / ITP575突破② …………………………………………………… 202

Chapter 6 iBT100 / ITP600突破 ………………………………… 223
iBT100 / ITP600突破① ………………………………………………… 224
iBT100 / ITP600突破② ………………………………………………… 244

分野別語彙 | TOEFLライティング＆スピーキング力UP | Review Quiz

天文学 ………………………………………………………………… 015
TOEFL®ライティング＆スピーキング力UP❶
「間違えやすいコロケーション」をチェック！ ……………………… 031
Review Quiz ① ………………………………………………………… 033
地質学 ………………………………………………………………… 035
TOEFL®ライティング＆スピーキング力UP❷
「わかる・認識する」の類語の使い分けマスター ……………………… 051

Review Quiz ② ……………………………………………………… 053

気象学 ………………………………………………………………… 061

Review Quiz ③ ……………………………………………………… 075

生物学 ………………………………………………………………… 079

TOEFL®ライティング&スピーキング力UP❸
「重要な・重大な」の類語の使い分けマスター ……………………… 093

Review Quiz ④ ……………………………………………………… 095

心理学 ………………………………………………………………… 109

Review Quiz ⑤ ……………………………………………………… 117

物理学 ………………………………………………………………… 131

TOEFL®ライティング&スピーキング力UP❹
「なる」「始める」の類語の使い分けマスター ……………………… 135

Review Quiz ⑥ ……………………………………………………… 137

TOEFL®ライティング&スピーキング力UP❺
「現れる」の類語の使い分けマスター ………………………………… 157

Review Quiz ⑦ ……………………………………………………… 159

歴史 …………………………………………………………………… 161

Review Quiz ⑧ ……………………………………………………… 179

芸術 …………………………………………………………………… 197

TOEFL®ライティング&スピーキング力UP❻
「変わる・変える」の類語の使い分けマスター ……………………… 199

Review Quiz ⑨ ……………………………………………………… 201

Review Quiz ⑩ ……………………………………………………… 221

政治 …………………………………………………………………… 225

TOEFL®ライティング&スピーキング力UP❼
「群れ」の類語の使い分けマスター …………………………………… 241

Review Quiz ⑪ ……………………………………………………… 243

経済 …………………………………………………………………… 245

TOEFL®ライティング&スピーキング力UP❽
「影響・結果」の類語の使い分けマスター …………………………… 261

Review Quiz ⑫ ……………………………………………………… 263

一般語彙 見出し語索引 ……………………………………………… 265

分野別語彙索引 ……………………………………………………… 274

巻末特典 類語単語記憶カード

TOEFL® とは

TOEFL® は Test of English as a Foreign Language の略称で、英語を母語としない外国人を対象とした英語能力測定テストです。米国に拠点を置く非営利テストの開発機関 Educational Testing Service（ETS）が運営・実施しています。

TOEFL iBT® テストと TOEFL ITP® テスト

本書は、TOEFL iBT® テストと TOEFL ITP® テスト両対応です。2つのテストにはどのような違いがあるのでしょうか。

TOEFL iBT® は Internet-based Test の略称で、インターネット版 TOEFL® テスト、つまりコンピュータを使って受験するテストで、日本における公式の TOEFL® テストです（2020年11月現在）。TOEFL ITP® は TOEFL Institutional Test Program の略称で、マークシート形式で受験する団体向けの TOEFL® テストプログラムです。学校や企業等の団体向けのため、個人での申し込みはできません。

セクションとスコア、およその試験時間

TOEFL iBT® テストは、Reading、Listening、Speaking、Writing の4セクションを総合的に測定し、各セクションのスコアは0–30、合計0–120で評価されます。

TOEFL ITP® テストは、Listening、Structure and Written Expression、Reading の3セクションで構成され、スコアは310–677で評価されます。TOEFL ITP® テストは、個人別のスコア票が発行されますが、これは公式認定証ではないため、海外留学には使えません。ただしこのスコアを TOEFL iBT® テストのスコアへ換算できますので、TOEFL iBT® テスト受験の参考にすることができます。

試験時間は、TOEFL iBT® テストが約3時間、TOEFL ITP® テストが約2時間です。

おおよそのスコア対比

TOEFL iBT® テスト	TOEFL ITP® テスト
110–120	640–677
100–110	600–637
90–99	577–597
79–89	550–573
71–78	527–547
61–70	505–230
51–60	467–497
41–50	437–463
30–40	397–433

本書の構成と使い方

本書は左ページに「一般語彙」、右ページに「分野別語彙」を配置し、「一般語彙」のレベル別に次の表のとおり、6つのChapter・100語ずつ12のグループに分けています。「一般語彙」は、TOEFL iBT®テスト、TOEFL ITP®テストの両方に対応しています。
各ChapterにはTOEFL iBT®テスト、TOEFL ITP®テストそれぞれのスコア（レベル）をiBT○○ / ITP○○突破のように示しました。○○はそれぞれのテストのスコアを表します。

一般語彙1200語のChapterナンバー・スコア（レベル）対応表

ナンバー	iBT / ITPスコア	見出し語通し番号
Chapter 1	iBT50 / ITP450突破①	0001–0100
	iBT50 / ITP450突破②	0101–0200
Chapter 2	iBT60 / ITP500突破①	0201–0300
	iBT60 / ITP500突破②	0301–0400
Chapter 3	iBT70 / ITP525突破①	0401–0500
	iBT70 / ITP525突破②	0501–0600
Chapter 4	iBT80 / ITP550突破①	0601–0700
	iBT80 / ITP550突破②	0701–0800
Chapter 5	iBT90 / ITP575突破①	0801–0900
	iBT90 / ITP575突破②	0901–1000
Chapter 6	iBT100 / ITP600突破①	1001–1100
	iBT100 / ITP600突破②	1101–1200

＊iBTはTOEFL iBT®テスト、ITPはTOEFL ITP®テストを指します。

本書では、1日当たりの学習ページをテキスト下部に示し、第1日〜第30日まで最短30日で1巡する構成にしました。1日当たりの学習は、左ページの一般語彙40語（4ページ）＋右ページの分野別語彙4ページ、計4見開き（8ページ）です。

分野別語彙のジャンルは全部で10あります。
掲載順は次のとおりです。

1	Astronomy	天文学	6	Physics	物理学
2	Geology	地質学	7	History	歴史
3	Meteorology	気象学	8	Art	芸術
4	Biology	生物学	9	Politics	政治
5	Psychology	心理学	10	Economics	経済

各ページ「8行前後の英文」、「重要なアカデミック用語」、「日本語訳」、「問題2問（英文内容から出題）」で構成されています。全10ジャンル、計100のテーマにまとめ、各ジャンル・テーマの基礎知識や背景知識、用語を効率よく学ぶことができるようにしました。

巻末には重要な類語単語記憶カード100枚を付けました。切り抜いて活用してください。

左ページ：一般語彙　右ページ：分野別語彙

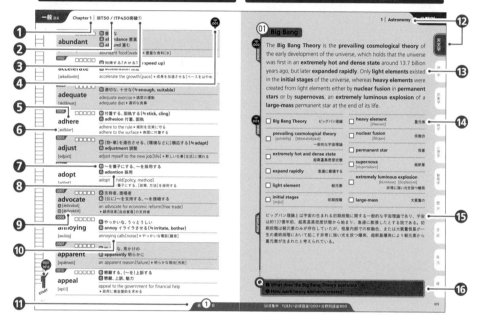

❶ Chapterナンバー

❷ 2つのテストのレベル(スコア)

❸ 各Chapterを①、②で100語ずつにグループ分け

❹ 音声のトラック番号を表示

❺ 見出し語

❻ 発音記号

❼ 日本語訳

❽ 重要な派生語

❾ 品詞によって発音が異なる場合、日本語訳の掲載順に合わせて発音記号を表示

❿ 最も覚えておくべき使い方の例

⓫ 左ページの一般語彙40語(4ページ分)＋右ページの分野別語彙4ページを1日当たりの学習の目安としました　最短30日でマスター

⓬ 10のジャンル

⓭ 8行前後の英文で、各テーマの基礎知識、背景知識、重要な用語を学ぶ

⓮ 重要なアカデミック用語

⓯ 日本語訳

⓰ 英文に関する質問　理解度を確認するためです　答えは英文の中にあります

TOEFLライティング&スピーキング力UP

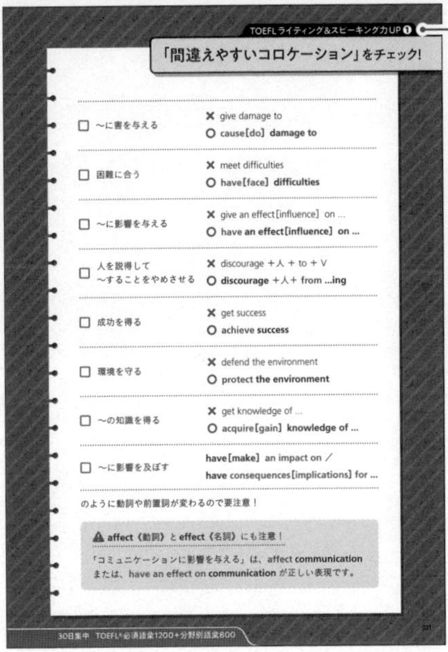

TOEFLライティング&スピーキング力UP ❶
「間違えやすいコロケーション」をチェック!
□ ～に害を与える
✗ give damage to
○ cause[do] damage to
□ 困難に合う
✗ meet difficulties
○ have[face] difficulties
□ ～に影響を与える
✗ give an effect[influence] on ...
○ have an effect[influence] on ...
□ 人を説得して～することをやめさせる
✗ discourage ＋人 ＋ to ＋ V
○ discourage ＋人＋ from ...ing
□ 成功を得る
✗ get success
○ achieve success
□ 環境を守る
✗ defend the environment
○ protect the environment
□ ～の知識を得る
✗ get knowledge of ...
○ acquire[gain] knowledge of ...
□ ～に影響を及ぼす
have[make] an impact on ／ have consequences[implications] for ...
のように動詞や前置詞が変わるので要注意！
⚠ affect《動詞》と effect《名詞》にも注意！
「コミュニケーションに影響を与える」は、affect communication または、have an effect on communication が正しい表現です。
30日集中 TOEFL®必須語彙1200＋分野別語彙800

①-⑧まであります

ライティング力とスピーキング力の向上に役立つコラム

Review Quiz

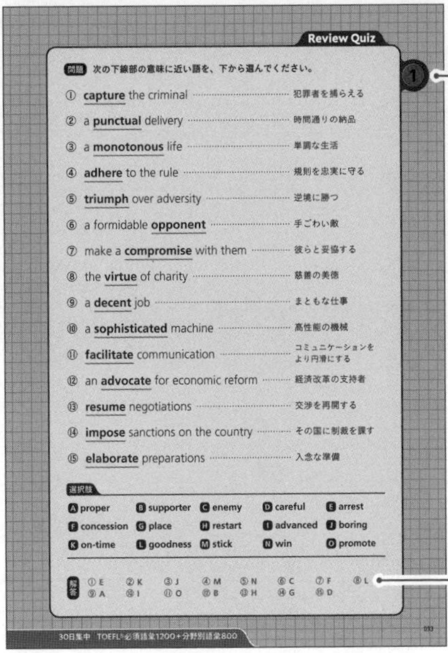

Review Quiz
1
問題 次の下線部の意味に近い語を、下から選んでください。
① capture the criminal …… 犯罪者を捕らえる
② a punctual delivery …… 時間通りの納品
③ a monotonous life …… 単調な生活
④ adhere to the rule …… 規則を忠実に守る
⑤ triumph over adversity …… 逆境に勝つ
⑥ a formidable opponent …… 手ごわい敵
⑦ make a compromise with them …… 彼らと妥協する
⑧ the virtue of charity …… 慈善の美徳
⑨ a decent job …… まともな仕事
⑩ a sophisticated machine …… 高性能の機械
⑪ facilitate communication …… コミュニケーションをより円滑にする
⑫ an advocate for economic reform …… 経済改革の支持者
⑬ resume negotiations …… 交渉を再開する
⑭ impose sanctions on the country …… その国に制裁を課す
⑮ elaborate preparations …… 入念な準備
選択肢
A proper B supporter C enemy D careful E arrest
F concession G place H restart I advanced J boring
K on-time L goodness M stick N win O promote
解答 ①E ②K ③J ④M ⑤N ⑥C ⑦F ⑧L ⑨A ⑩I ⑪O ⑫B ⑬H ⑭G ⑮D
30日集中 TOEFL®必須語彙1200＋分野別語彙800

①-⑫まであります

解答

下線部の意味に近い語を、選択肢の中から選びます

コロケーションカード

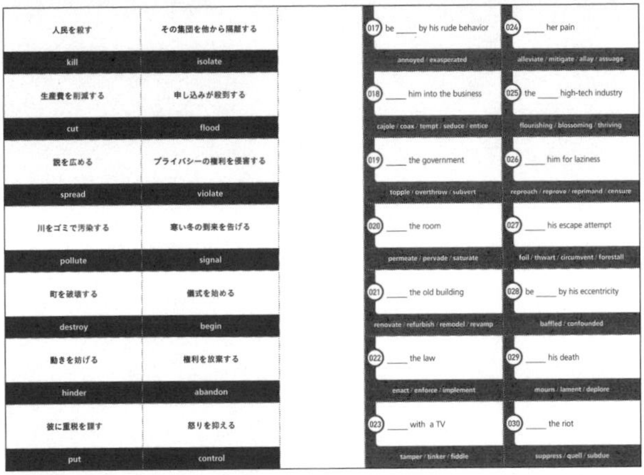

人民を殺す
kill
その集団を他から隔離する
isolate
生産費を削減する
cut
申し込みが殺到する
flood
説を広める
spread
プライバシーの権利を侵害する
violate
川をゴミで汚染する
pollute
寒い冬の到来を告げる
signal
町を破壊する
destroy
儀式を始める
begin
動きを妨げる
hinder
権利を放棄する
abandon
彼に重税を課す
put
怒りを抑える
control
017 be ____ by his rude behavior
annoyed / exasperated
024 ____ her pain
alleviate / mitigate / allay / assuage
018 ____ him into the business
cajole / coax / tempt / seduce / entice
025 the ____ high-tech industry
flourishing / blossoming / thriving
019 ____ the government
topple / overthrow / subvert
026 ____ him for laziness
reproach / reprove / reprimand / censure
020 ____ the room
permeate / pervade / saturate
027 ____ his escape attempt
foil / thwart / circumvent / forestall
021 ____ the old building
renovate / refurbish / remodel / revamp
028 be ____ by his eccentricity
baffled / confounded
022 ____ the law
enact / enforce / implement
029 ____ his death
mourn / lament / deplore
023 ____ with a TV
tamper / tinker / fiddle
030 ____ the riot
suppress / quell / subdue

巻末特典：類語単語記憶カード
音声が付いています

Chapter ▸1

iBT®
50
突破
450
ITP®

GOAL

0001 □□□□□
abundant
[əbʌ́ndənt]

形 豊富な
名 **abundance** 豊富
動 **abound** 富む

abundant food[water] ▶ 豊富な食料[水]

0002 □□□□□
accelerate
[æksélərèit]

動 加速する[させる]（≒ speed up）
名 **acceleration** 加速

accelerate the growth[pace] ▶ 成長を加速させる[ペースをはやめる]

0003 □□□□□
adequate
[ǽdikwət]

形 適切な、十分な（≒ enough, suitable）

adequate exercise ▶ 適度の運動
adequate diet ▶ 適切な食事

0004 □□□□□
adhere
[ædhíər]

動 付着する、固執する（≒ stick, cling）
名 **adhesion** 付着、固執

adhere to the rule ▶ 規則を忠実に守る
adhere to the surface ▶ 表面に付着する

0005 □□□□□
adjust
[ədʒʌ́st]

動 (物・事)を適合させる、(環境などに)順応する（≒ adapt）
名 **adjustment** 調整

adjust myself to the new job[life] ▶ 新しい仕事[生活]に慣れる

0006 □□□□□
adopt
[ədápt]

動 ～を養子にする、～を採用する
名 **adoption** 採用

adopt a child[policy, method]
▶ 子どもを養子にする、[政策、方法]を採用する

0007 □□□□□
advocate
名 [ǽdvəkət]
動 [ǽdvəkèit]

名 支持者、提唱者
動 (公に)～を支持する、～を提唱する

an advocate for economic reform[free trade]
▶ 経済改革[自由貿易]の支持者

0008 □□□□□
annoying
[ənɔ́iiŋ]

形 やっかいな、うっとうしい
動 **annoy** イライラさせる（≒ irritate, bother）

annoying calls[noise] ▶ やっかいな電話[騒音]

0009 □□□□□
apparent
[əpǽrənt]

形 明らかな、見かけの
副 **apparently** 明らかに

an apparent reason[failure] ▶ 明らかな理由[失敗]

0001
0010

0010 □□□□□
appeal
[əpíːl]

動 懇願する、(～を)上訴する
名 懇願、上訴、魅力

appeal to the government for financial help
▶ 政府に資金援助を求める

START

第 **1** 日

01 Big Bang

The **Big Bang Theory** is the **prevailing cosmological theory** of the early development of the universe, which holds that the universe was first in an **extremely hot and dense state** around 13.7 billion years ago, but later **expanded rapidly**. Only **light elements** existed in the **initial stages** of the universe, whereas **heavy elements** were created from light elements either by **nuclear fusion** in **permanent stars** or by **supernovas**, an **extremely luminous explosion** of a **large-mass** permanent star at the end of its life.

☐ **Big Bang Theory**	ビッグバン理論		☐ **heavy element** [éləmənt]	重元素
☐ **prevailing cosmological theory** [privéiliŋ] [kàzmələ́dʒikəl]	一般的な宇宙理論		☐ **nuclear fusion** [fjúːʒən]	核融合
☐ **extremely hot and dense state**	超高温高密度状態		☐ **permanent star**	恒星
☐ **expand rapidly**	急速に膨張する		☐ **supernova** [sùːpərnóuvə]	超新星
☐ **light element**	軽元素		☐ **extremely luminous explosion** [lúːmənəs] [iksplóuʒən]	非常に強い光を放つ爆発
☐ **initial stages** [iníʃəl]	初期段階		☐ **large-mass**	大質量の

ビッグバン理論とは宇宙の生まれる初期段階に関する一般的な宇宙理論であり、宇宙は約137億年前、超高温高密度状態から始まり、急速に膨張したとする説である。初期段階は軽元素のみが存在していたが、恒星内部での核融合、または大質量恒星が一生の最終段階において起こす非常に強い光を放つ爆発、超新星爆発により軽元素から重元素が生まれたと考えられている。

Q ❶ What does the Big Bang Theory postulate?
❷ How were heavy elements created?

004

0011 ☐☐☐☐☐

artificial
[ɑ̀ːrtəfíʃəl]

形 人工的な（≒ man-made）、わざとらしい

artificial intelligence[flavors] ▶ 人工知能[調味料]

0012 ☐☐☐☐☐

assume
[əsúːm]

動 ～と想定する、引き受ける
名 assumption 仮定

assume the worst ▶ 最悪の事態を想定する
assume the role of president ▶ 大統領の役割を引き受ける

0013 ☐☐☐☐☐

beneficial
[bènəfíʃəl]

形 有益な
名 benefit 利益、給付金

have a beneficial effect on the economy ▶ 経済に有益な効果がある
be beneficial to health ▶ 健康に良い

0014 ☐☐☐☐☐

candidate
[kǽndidèit]

名 候補者、志願者（≒ applicant）

candidates for president ▶ 大統領候補者

0015 ☐☐☐☐☐

capture
[kǽptʃər]

動 ～を捕らえる（≒ arrest, seize）、記録にして残す

capture the criminal ▶ 犯罪者を捕らえる
capture images[data] ▶ 画像[データ]を取り込む

0016 ☐☐☐☐☐

cease
[síːs]

動 ～をやめる、絶える
形 ceaseless 絶え間ない

cease production[trading] ▶ 生産[取引]を中止する

0017 ☐☐☐☐☐

clumsy
[klʌ́mzi]

形 下手な、不器用な（≒ awkward）

a clumsy attempt to kiss her ▶ 彼女にキスしようとした下手な試み
clumsy fingers ▶ 不器用な指

0018 ☐☐☐☐☐

collapse
[kəlǽps]

動 崩壊する（≒ fall apart）
名 崩壊、倒壊

The stock market has collapsed. ▶ 株式市場が崩壊した。

0019 ☐☐☐☐☐

command
[kəmǽnd]

動 ～と命令する、（注目）を集める、～を展望する

command a view of the sea ▶ 海を一望できる
command respect and attention ▶ 尊敬と注目を集める

0020 ☐☐☐☐☐

commitment
[kəmítmənt]

名 約束、責任（≒ responsibility）、献身（≒ dedication）、傾倒
動 commit 罪などを犯す

make a commitment to reform ▶ 改革を公約する
admire his commitment to work ▶ 彼の仕事への献身をほめる

GOAL

0011
0020

START

第 **1** 日

02 The Solar System

The **solar system** refers to **the sun**, its eight known **planets** and their **satellites**, plus **uncountable comets**, **asteroids**, and other **debris orbiting the sun**. It is believed to have been formed about 4.5 billion years ago from **a cloud of gas and dust**. The sun's **gravitational influence extends** as far as 2 **light years**, which is the limit of the solar system. The area that comprises certain **terrestrial planets** relatively close to the Sun, including Earth and Mars, is called the inner solar system.

☐ solar system	太陽系
☐ the sun	太陽
☐ planet	惑星
☐ satellite	衛星
☐ uncountable [ʌnkáuntəbəl]	無数の
☐ comet [kámit]	彗星
☐ asteroid [æstərɔ̀id]	小惑星

☐ debris orbiting the sun [dəbríː] [ɔ́ːbətiŋ]	太陽の周りを回る破片
☐ a cloud of gas and dust	ガスと塵の雲
☐ gravitational influence [græ̀vitéiʃənəl]	引力
☐ extend [iksténd]	伸びる、達する
☐ light year	光年
☐ terrestrial planet [təréstriəl]	地球型惑星

太陽系とは太陽とその8つの惑星、衛星、無数の彗星、小惑星、太陽の周りを回っている他の破片を指す。約45億年前、ガスと塵の雲から形成されたと考えられている。太陽の引力は2光年まで達しそれが太陽系の限界である。地球や火星のような地球型惑星を含む、太陽に比較的近い物体から成る領域は内太陽系と呼ばれる。

Q ❶ When is the solar system believed to have been created?
❷ What is included in the inner solar system?

天文学　地質学　気象学　生物学　心理学　物理学　歴史　芸術　政治　経済

007

0021 □□□□□
competent
[kámpət(ə)nt]

形 有能な、十分な
名 **competence** 能力
動 **compete** 競争する

competent workers ▶ 有能な社員

0022 □□□□□
compromise
[kámprəmàiz]

名 妥協 (≒give-and-take)、折衷
動 妥協する

make a compromise with them ▶ 彼らと妥協する

0023 □□□□□
confront
[kənfrʌnt]

動 直面する (≒face)
名 **confrontation** 直面、対立

confront problems ▶ 問題に直面する
confront danger ▶ 危険に立ち向かう

0024 □□□□□
contract
名 [kántrækt]
動 [kəntrækt]

名 契約 (≒agreement)
動 ～と契約する、～を患う

sign the contract ▶ 契約にサインする
contract a disease ▶ 病気を患う

0025 □□□□□
coward
[káuərd]

名 臆病者、卑怯者
形 **cowardly** 臆病な、卑劣な

act like a coward ▶ 卑怯な真似をする
A bully is always a coward. ▶ いばる者はきまって臆病者だ。

0026 □□□□□
crucial
[krú:ʃəl]

形 決定的な、極めて重大な (≒decisive, vital)

a crucial moment [difference] ▶ 決定的瞬間 [差異]
a crucial factor [element] ▶ 決定的要素

0027 □□□□□
decent
[dí:snt]

形 きちんとした (≒proper, satisfactory)
名 **decency** 礼儀

a decent job [income] ▶ まともな仕事 [収入]

0028 □□□□□
dedicated
[dédikèitid]

形 献身的な、専用の (≒devoted)
名 **dedication** 献身
動 **dedicate** 献身する

a dedicated supporter [coach] ▶ 献身的な支持者 [コーチ]

0029 □□□□□
definition
[dèfəníʃən]

名 (語句の) 定義、(画像の) 精細度
動 **define** 定義する

a dictionary [legal] definition ▶ 辞書 [法律] の定義
a high-definition television ▶ 高解像度テレビ

0030 □□□□□
derive
[diráiv]

動 ～から引き出す、～に由来する
形 名 **derivative** 派生した (物)

words [terms] derived from Latin ▶ ラテン語から派生した言葉 [用語]

GOAL

0021
0030

START

第 **1** 日

03 Black Hole

A **black hole** is a region of space with a **gravitational field** so intense that no matter or **radiation** can escape. It is believed to have formed after a **supernova explosion** during which the center of a star is so **compressed** that it **collapses under the force of its own gravity**, and thus becomes unimaginably dense. The **theory of general relativity** predicts that a **sufficiently compact mass** will **deform space** to form a black hole. Around a black hole, there is a **mathematically defined surface** called an **event horizon** that marks the point of no return.

black hole	ブラックホール	theory of general relativity [rèlətívəti]	一般相対性理論
gravitational field [grævitéiʃənəl]	重力のフィールド	sufficiently compact mass	充分に密集した塊
radiation [rèidiéiʃən]	放射線、光	deform space [difɔ́:rm]	空間を歪める
supernova explosion [iksplóuʒən]	超新星爆発	mathematically defined surface [mæθəmǽtikəli]	数学的に定義された面
compressed [kəmprést]	収縮した	event horizon [həráizn]	事象の地平面
collapse under the force of one's [kəlǽps] own gravity	自分の重力の重みで崩壊する		

ブラックホールは宇宙にある領域で、引力があまりにも強いため、光を含め何物も逃れることができない。星の中心が極度に収縮して重力に耐えかね、崩壊して超密度となる超新星の爆発後に形成されると考えられている。一般相対性理論は、かなり密集した塊が空間を歪めブラックホールが形成されると推測している。ブラックホールの周囲には、帰還不能点となる「事象の地平面」と呼ばれる数学的に定義された面がある。

Q
❶ What is a black hole?
❷ What happens during a supernova explosion?

010

0031
□□□□□
dismiss
[dismís]

動 ～を解雇[却下]する(≒ fire, reject)
名 dismissal 解雇

dismiss workers ▶ 従業員を解雇する
dismiss his suggestion[idea] ▶ 彼の提案[考え]を却下する

0032
□□□□□
dispatch
[dispǽʧ]

動 ～を派遣する、～を送る(≒ send off)
名 派遣、発送

dispatch a message[engineers] ▶ 伝言[エンジニア]を送る
with dispatch ▶ 大至急

0033
□□□□□
divine
[diváin]

形 神の、人間を超越した(≒ holy, sacred)
名 divinity 神格
副 divinely 神々しく

divine beauty[inspiration] ▶ 神がかった美しさ[霊感]

0034
□□□□□
doom
[dú:m]

名 (悪い)宿命、有罪判決
動 (悪く)運命づける

be doomed to fail[die] ▶ 失敗する[死ぬ]運命にある

0035
□□□□□
eccentric
[ikséntrik]

形 常軌を逸した、中心を外れた(≒ odd, bizarre)
名 奇人
名 eccentricity 奇抜さ

an eccentric personality ▶ 常軌を逸した人柄

0036
□□□□□
elaborate
[ilǽbərət]

形 精巧な、手の込んだ(≒ detailed)
動 詳述する

elaborate costumes ▶ 手の込んだ衣装
elaborate preparations ▶ 入念な準備

0037
□□□□□
eloquent
[éləkwənt]

形 雄弁な、説得力のある(≒ fluent, persuasive)
名 eloquence 雄弁

an eloquent speech[speaker] ▶ 説得力ある演説[演説者]

0038
□□□□□
enhance
[inhǽns]

動 ～を高める(≒ increase, improve)
名 enhancement 強化、高まり

enhance the quality[efficiency] ▶ 質[効率]を高める

0039
□□□□□
eventually
[ivénʧuəli]

副 (時間を経て)最終的に
形 eventual 最終的な

eventually arrive at my destination ▶ 最終的に目的地に到着する

0040
□□□□□
exceed
[iksí:d]

動 ～を上回る、～を超える
副 exceedingly 非常に、極めて

exceed the authority ▶ 権限を超える
exceed the capacity ▶ キャパを超える

GOAL

0031
0040

START

04 Terraforming

011 SENTENCE

Terraforming is the concept of **altering the environment** of a planet to make it **habitable**. Despite the **technological feasibility envisioned** in the scientific community, it still has **many challenges to overcome**: changing extreme temperatures and bringing such **necessities** as atmosphere and water for human survival. Mars is considered to be **the most likely candidate for** terraforming because of its **proximity to Earth** and the Earth-like environment with a **thick atmosphere** and **abundant water** early in its history.

012 WORDS

☐ terraforming [térəfɔ̀:miŋ]	テラフォーミング	☐ many challenges to overcome	解決しなければならない多くの問題
☐ alter the environment [ɔ́ltər]	環境を変える	☐ necessities	必要条件
☐ habitable [hǽbitəbl]	居住可能な	☐ the most likely candidate for ~	～の最有力候補
☐ technological feasibility [fi:zəbíləti] 科学技術上の実現可能性		☐ proximity to Earth [prɑksíməti]	地球に近いこと
☐ envision ~ [envíʒən]	～を描く	☐ thick atmosphere	濃い大気
		☐ abundant water [əbʌ́ndənt]	豊富な水

TRANSLATION

テラフォーミングとは人間が居住可能となるよう惑星の環境を変えるという考えである。科学技術上は実現可能と考えられているが、極温の調節、人類の生存に必須の大気や水といった必要条件の確保など、解決しなくてはならない問題を数多く抱えている。地球から近いことと大昔に濃い大気と豊富な水を有していたとされる地球に似た環境を有することから、火星がその最有力候補と考えられている。

天文学 地質学 気象学 生物学 心理学 物理学 歴史 芸術 政治 経済

Q
❶ What are some of the challenges facing terraforming?
❷ What makes Mars the most probable option for terraforming?

013

0041 □□□□□
facilitate
[fəsílətèit]

動 〜を容易にする、〜を促進する (≒ speed up, promote)

facilitate communication ▶ コミュニケーションをもっと円滑にする
facilitate a transition ▶ 移行を促す

0042 □□□□□
faint
[féint]

形 かすかな、わずかな (≒ slight)
動 失神する、気絶する (≒ pass out)

the faint light ▶ かすかな光
a faint hope ▶ わずかな希望

0043 □□□□□
fatigue
[fətí:g]

名 (人・金属の)疲労、骨折り

mental[chronic] fatigue ▶ 精神的[慢性]疲労

0044 □□□□□
fertile
[fə́:rtl]

形 肥沃な、多産の
名 fertility 肥沃
名 fertilizer 肥料

fertile land[ground] ▶ 肥沃な土地

0045 □□□□□
fierce
[fíərs]

形 どう猛な、猛烈な (≒ furious, ferocious)

a fierce competition ▶ 熾烈な争い
fierce attacks[opposition] ▶ 猛烈な攻撃[反対]

0046 □□□□□
genuine
[dʒénjuin]

形 本物の、心からの

genuine leather ▶ 本革
genuine hospitality ▶ 心からのもてなし

0047 □□□□□
harsh
[há:rʃ]

形 厳しい、無情な、不快な
副 harshly 厳しく

harsh weather[criticism] ▶ 厳しい天気[批判]

0048 □□□□□
identify
[aidéntəfài]

動 (正体など)を特定する、〜を同一視する (≒ recognize)
名 identification 身分証明

identify the location[the cause] ▶ 位置[原因]を特定する

0049 □□□□□
immense
[iméns]

形 (規模・程度が)巨大な、莫大な

immense power[pressure] ▶ 巨大なパワー[圧力]

0050 □□□□□
impartial
[impá:rʃəl]

形 (第三者的で)公平な (≒ fair)
対 partial 不公平な

impartial advice[judgment] ▶ 公平な助言[判断]

0041 0050

START GOAL

05 Dark Matter

Dark matter is a type of matter **hypothesized** to **account for** a large part of the **total mass in the universe**. It cannot be seen directly with **telescopes**. It is evident that it neither **emits** nor **absorbs light** or other **electromagnetic radiation** at any significant level. Its existence and **properties** are **inferred** from its **gravitational effects on visible matter**, radiation, and the large-scale structure of the universe. Currently, it is believed that the **total mass-energy** of the universe contains 4.9% ordinary matter, 26.8% dark matter and 68.3% dark energy.

☐ dark matter	ダークマター、暗黒物質	☐ electromagnetic radiation [ilèktroumægnétik]	電磁放射
☐ hypothesize [haipɔ́θəsàiz]	仮説をたてる	☐ property	特性
☐ account for ~	～を占める	☐ be inferred [infə́rd]	推測される
☐ total mass in the universe	宇宙の全体質量	☐ gravitational effects on ~ [grævitéiʃənəl]	～への重力の影響
☐ telescope	望遠鏡	☐ visible matter	可視物質
☐ emit light	光を放射する	☐ total mass-energy	全体質量エネルギー
☐ absorb light [əbzɔ́:b]	光を吸収する		

ダークマター（暗黒物質）とは宇宙の全体質量の大半を占めると仮定されている物質である。望遠鏡では直接見ることができず、著しい光の放射・吸収や電磁放射をしていないことは明らかである。その存在と特性は可視物質への重力の影響、放射線、宇宙の大規模構造から推測される。現在、宇宙の質量は一般的な物質4.9％、ダークマター26.8％、ダークエネルギー68.3％で構成されると考えられている。

Q ❶ What is one property of dark matter?
❷ How can the existence of dark matter be inferred?

016

0051 ☐☐☐☐☐

imply

[implái]

動 ほのめかす、(必然的に)含む(≒ suggest, indicate)
名 implication 意味合い

an implied consent ▶ 暗黙の合意

0052 ☐☐☐☐☐

impose

[impóuz]

動 〜を課す、〜を強制する(≒ place, force)
形 imposition 課すこと

impose sanctions on the country ▶ その国に制裁を課す
impose taxes on imports ▶ 輸入品に税を課す

0053 ☐☐☐☐☐

incident

[ínsəd(ə)nt]

名 出来事、(深刻化しそうな)事件(≒ occurrence, matter)
形 付帯的な
形 incidental 偶発的な

the subway sarin incident ▶ 地下鉄サリン事件

0054 ☐☐☐☐☐

insult

動 [insʌ́lt]
名 [ínsʌlt]

動 (人を)侮辱する(≒ offend)　名 無礼なこと
形 insulting 失礼な

insult the poor ▶ 貧しい人々を侮辱する
insulting comments ▶ 失礼なコメント

0055 ☐☐☐☐☐

interpretation

[intə̀:rprətéiʃən]

名 解釈、通訳(すること)　動 interpret 〜を解釈する、〜を説明する
名 interpreter 通訳者

an interpretation of laws ▶ 法の解釈
a dream interpretation ▶ 夢の解釈

0056 ☐☐☐☐☐

investigate

[invéstəgèit]

動 (〜を)調査する、(〜を)捜査する
名 investigation 調査(≒ look into, examine)

investigate the problem[the cause] ▶ 問題[原因]を調査する

0057 ☐☐☐☐☐

legend

[léʤənd]

名 伝説、偉大な人(物)
形 legendary 伝説的な

a legend of the sports world ▶ スポーツ界の伝説的人物
the legend of King Arthur ▶ アーサー王伝説

0058 ☐☐☐☐☐

luxurious

[lʌgʒú(ə)riəs]

形 豪華な、ぜいたくな
名 luxury ぜいたく品

luxurious hotels[lives] ▶ 豪華なホテル[生活]

0059 ☐☐☐☐☐

monotonous

[mənát(ə)nəs]

形 単調な、退屈な(≒ boring)
名 monotony 単調さ、退屈さ

a monotonous life ▶ 単調な生活
monotonous chores ▶ 退屈な仕事

0060 ☐☐☐☐☐

neglect

[niglékt]

動 〜を無視する、〜をおろそかにする(≒ ignore)

neglected children ▶ 育児放棄された子ども
neglect his duty ▶ 義務を怠る

GOAL

0051
0060

START

天文学

06 Quasar

017 SENTENCE

A **quasar** is a **massive quasi-stellar object**, which is an **active nucleus of a distant galaxy** with a supermassive black hole at its core. This intensely brilliant object has a star-like image and **emits radio waves** as well as an enormous amount of energy in the form of light, **X-rays**, and **infrared rays**. This massive **celestial object provides a clue** about **the origin of the universe** because of its extremely long distance from the earth, more than 1000 **megaparsecs (Mpc)**, or 3.2 billion light years.

018 WORDS

☐ **quasar**　　　　　　　　　　　　　　　準星
　[kwéiza:]

☐ **massive quasi-stellar object**
　　　　　　　[kwázai-stéləɾ]
　　　　　　　大質量の準恒星状天体

☐ **active nucleus of a distant galaxy**
　　　　　　　離れた距離にある活動銀河核

☐ **emit radio waves**　　　　　電波を発する

☐ **X-ray**　　　　　　　　　　　　　　X線

☐ **infrared ray**　　　　　　　　　　　赤外線
　[ìnfrəréd]

☐ **celestial object**　　　　　　　　　天体
　[səléstʃəl]

☐ **provide a clue**　　　　　手掛かりを与える

☐ **the origin of the universe**　　宇宙の起源

☐ **megaparsecs (Mpc)**
　　メガパーセク（1000Mpc=32億6000万光年）

TRANSLATION

準星とは大質量の準恒星状天体を指し、巨大質量のブラックホールを中心とする離れた距離にある活動銀河核である。この非常に明るい天体は星のように見え、光、X線、赤外線の形態での巨大なエネルギー、さらには電波をも発している。この巨大な天体は地球から1000メガパーセク（Mpc）（32億光年以上）と極めて離れた距離にあるため、宇宙の起源を知る手がかりとなろう。

Q
❶ What does a quasar emit?
❷ Why can a quasar provide a clue about the origin of the universe?

地質学

気象学

生物学

心理学

物理学

歴史

芸術

政治

経済

019

0061 □□□□□
obvious
[ábviəs]

形 明白な (≒ clear, apparent)
副 obviously 明らかに、言うまでもなく (≒ clearly, apparently)
an obvious reason[answer] ▶ 明らかな理由[答え]

0062 □□□□□
opponent
[əpóunənt]

名 敵、相手 (≒ enemy, competitor)
形 対立する
formidable[political] opponents ▶ 手強い[政]敵

0063 □□□□□
outcome
[áutkʌm]

名 (最終にたどり着いた)結果 (≒ result, consequence)
the outcome of the war[battle] ▶ 戦争の結果

0064 □□□□□
outlook
[áutlùk]

名 見解、展望、景色 (≒ expectation, prospect)
an economic outlook ▶ 経済見通し
an outlook on life ▶ 人生観

0065 □□□□□
overlook
[òuvərlúk]

動 ～を見渡す、～を見過ごす (≒ command, miss)
overlook the ocean ▶ 海を見渡せる
overlook a fault ▶ 過失を見過ごす

0066 □□□□□
plague
[pléig]

名 疫病、災難 (≒ epidemic)
動 疫病に罹らせる、～を悩ます
the Great Plague ▶ 大疫病(ペスト)
(be) plagued by the inflation ▶ インフレに悩まされる

0067 □□□□□
plunge
[plʌ́ndʒ]

動 突っ込む、飛び込む、急落する 名 飛込み、急落
plunge into the river[pool] ▶ 川[プール]に飛び込む
plunge into the war ▶ 戦争に突入する
take the plunge and get married ▶ 思い切って結婚する

0068 □□□□□
precise
[prisáis]

形 正確な (≒ accurate)、精密な
副 precisely 正確に
the precise location[details] ▶ 正確な位置[詳細]

0069 □□□□□
preference
[préfərəns]

名 好み、優先 形 preferable 好ましい
動 prefer むしろ～の方を好む
food[personal] preferences ▶ 食事[個人]の好み
It's a matter of preference. ▶ 好みの問題である。

0070 □□□□□
proceed
[prəsí:d]

動 続ける、進む (≒ continue, go ahead)
名 procedure 手順、処置、(法律などの)手続き
proceed to checkout[the next step] ▶ 精算ページ[次の手順]に進む
proceed with the payment ▶ 支払いを進める

0061
0070

GOAL

START

第 2 日

07 Asteroid

020 SENTENCE

Asteroids are tiny **celestial bodies** that **orbit the sun** without **coalescing into a planet**. Varying in **diameter** from a few centimeters to about 1,000 km, they are believed to be **debris** left over from the formation of the **inner planets** of the solar system. Jupiter's **immense gravity** almost entirely keeps those **rocky or metallic bodies** in the **asteroid belt** located between Mars and Jupiter. Thousands of new asteroids are discovered every year.

021 WORDS

☐ **asteroid** [ǽstərɔ̀id]	小惑星	
☐ **celestial body** [səléstʃəl]	天体	
☐ **orbit the sun** [ɔ́rbət]	太陽の周りを回る	
☐ **coalesce into a planet** [kòuəlés]	惑星に融合する	
☐ **diameter** [daiǽmətər]	直径	

☐ **debris** [dəbríː]	残骸
☐ **inner planet**	内惑星
☐ **immense gravity** [iméns]	巨大重力
☐ **rocky or metallic bodies** [mətǽlik]	岩や金属のかたまり
☐ **asteroid belt**	小惑星帯

TRANSLATION

小惑星とは惑星に融合することなく太陽の周りを回る小さな天体である。直径数cm～1000kmまで大きさは色々で、太陽系内惑星形成時の残骸と考えられている。木星の巨大重力により、これら岩や金属でできた天体はほぼ全て火星－木星間にある小惑星帯にとどまっている。毎年数千の新小惑星が発見されている。

Q ❶ What are asteroids believed to originate from?
❷ What is the asteroid belt?

天文学 / 地質学 / 気象学 / 生物学 / 心理学 / 物理学 / 歴史 / 芸術 / 政治 / 経済

0071
□□□□□
punctual
[pʌ́ŋktʃuəl]

形 時間通りの(≒ regular)
名 punctuality 時間厳守

a punctual delivery ▶ 時間通りの納品
punctual payment ▶ 時間厳守の支払

0072
□□□□□
pursue
[pərsúː]

動 (長期間にわたって)追求する(≒ chase)
名 pursuit 追求

pursue a goal[career] ▶ 目標[キャリア]を追求する

0073
□□□□□
resemble
[rizémbl]

動 ～に似ている
名 resemblance 類似点

She resembles that actress. ▶ 彼女はあの女優に似ている。

0074
□□□□□
resign
[rizáin]

動 辞職する、断念する、従う

resign from her position[post] ▶ 辞職する

0075
□□□□□
respectively
[rispéktivli]

副 それぞれ、各自
形 respective それぞれの

The set meals A and B cost us $10 and $20 respectively.
▶ 定食AとBはそれぞれ10ドルと20ドルかかる。

0076
□□□□□
restore
[ristɔ́ːr]

動 ～を復帰させる、～を回復する
名 restoration 復元

restore his health[strength] ▶ 彼の健康[体力]を回復する

0077
□□□□□
restrain
[ristréin]

動 ～を抑制する、～を拘束する(≒ control, restrict)
名 restraint 抑制

restrain the work[growth] ▶ 仕事[成長]を抑える

0078
□□□□□
restrict
[ristríkt]

動 ～を制限する(≒ limit, hinder)
名 restriction 制限

restrict the right[access to data] ▶ 権利[データのアクセス]を制限する

0079
□□□□□
resume
[rizúːm]

動 ～を再開する(≒ restart)
名 resumption 再開、再開すること

resume negotiations[dialogues] ▶ 交渉[会談]を再開する

0080
□□□□□
rigid
[rídʒid]

形 厳格な、硬い、柔軟性のない
名 rigidity 厳格さ

rigid discipline ▶ 厳格な規律
rigid frames ▶ 硬いフレーム

0071
0080

GOAL

START

08 Supernova

A **supernova** is the **explosive death** of a star, which **unleashes a burst of light and radiation** into **the cosmos**. Supernovas **outshine** an entire galaxy for several weeks, **driving shock waves into** the surrounding **interstellar medium at a velocity of** up to 30,000 km/s, 10% of the speed of light. Research and observation show that extremely intense **gamma rays** are emitted by a **supernova explosion**, thus leading to the **extinction** of all organisms on planets located within a **radius** of 5 light years from the explosion.

☐ **supernova** [sù:pərnóuvə] 超新星	☐ **interstellar medium** [ìntərstélə] 星間物質
☐ **explosive death** [iksplóusiv] 爆発による死	☐ **at a velocity of ~** [vəlásəti] ～の速度で
☐ **unleash a burst of light and radiation** [ʌnlí:ʃ] 爆発的な光と放射線を放つ	☐ **gamma ray** ガンマ線
☐ **the cosmos** 宇宙	☐ **supernova explosion** 超新星爆発
☐ **outshine ~** ～以上の輝きを放つ	☐ **extinction** 絶滅
☐ **drive shock waves into ~** ～に衝撃波を与える	☐ **radius** 半径

超新星とは恒星の爆発による死であり、宇宙に爆発的な光と放射線を放つ。爆発後の数週間、一銀河以上の輝きを放ち、最高で光速の1割にあたる秒速3万kmの速さで周囲の星間物質に衝撃波を与え続ける。これまでの研究と観測から超新星爆発は強力なガンマ線を発することがわかっており、超新星爆発を起こした恒星から半径5光年以内の惑星にすむ生命体は全滅すると考えられている。

Q ❶ What happens when a star dies?
❷ What effects can a supernova explosion have on its surroundings?

天文学 地質学 気象学 生物学 心理学 物理学 歴史 芸術 政治 経済

GOAL

0081 ☐☐☐☐☐

seize

[síːz]

動 ～をつかむ、～を差し押さえる (≒grab, capture)
名 **seizure** 差し押さえ

seize power ▶ 権力を握る
seize the land ▶ 土地を奪う

0082 ☐☐☐☐☐

sensitive

[sénsətiv]

形 敏感な、繊細な、傷つきやすい
名 **sensitivity** 感受性

sensitive skin products ▶ 敏感肌用製品
be sensitive to criticism ▶ 批判に敏感な

0083 ☐☐☐☐☐

shrewd

[ʃrúːd]

形 判断力[洞察力]のある、抜け目のない (≒smart)

shrewd investments[decisions] ▶ 抜け目のない投資[決定]

0084 ☐☐☐☐☐

sneak

[sníːk]

動 (気付かれずに)こっそりと動く (≒creep)

sneak into[out of] the room
▶ 部屋にこっそり入る、[部屋からこっそり出る]

0085 ☐☐☐☐☐

sophisticated

[səfístəkèitid]

形 (豊富な経験で)洗練された、高性能の (≒advanced)

sophisticated manners ▶ 洗練された物腰
a sophisticated machine ▶ 高性能の機械

0086 ☐☐☐☐☐

subtle

[sʌ́tl]

形 かすかな、微妙な、巧妙な、狡猾な (≒delicate)
名 **subtlety** 微妙さ

subtle changes[differences] ▶ 微妙な変化[違い]

0087 ☐☐☐☐☐

superficial

[sùːpərfíʃəl]

形 表面の、うわべだけの (≒skin-deep)

superficial knowledge[change] ▶ うわべだけの知識[変化]

0088 ☐☐☐☐☐

tackle

[tǽkl]

動 (問題など)に取り組む (≒address, deal with)

tackle a problem[difficult situation] ▶ 問題[困難な状況]に取り組む

0089 ☐☐☐☐☐

thorough

[θə́ːrou]

形 徹底的な、完璧な (≒complete, in-depth)

a thorough investigation[understanding of rules]
▶ 徹底的な調査、規則の完全な理解

0081
0090

0090 ☐☐☐☐☐

thrive

[θráiv]

動 繁栄する (≒prosper)、生きがいにする
形 **thriving** 盛況な

thriving business ▶ 繁盛している商売
thrive on study ▶ 勉強が生きがいである

START

「間違えやすいコロケーション」をチェック!

☐ 〜に害を与える
- ✗ give damage to
- ○ **cause[do] damage to**

☐ 困難に合う
- ✗ meet difficulties
- ○ **have[face] difficulties**

☐ 〜に影響を与える
- ✗ give an effect[influence] on ...
- ○ **have an effect[influence] on ...**

☐ 人を説得して
〜することをやめさせる
- ✗ discourage ＋人＋ to ＋ V
- ○ **discourage ＋人＋ from ...ing**

☐ 成功を得る
- ✗ get success
- ○ **achieve success**

☐ 環境を守る
- ✗ defend the environment
- ○ **protect the environment**

☐ 〜の知識を得る
- ✗ get knowledge of ...
- ○ **acquire[gain] knowledge of ...**

☐ 〜に影響を及ぼす
have[make] an impact on ／
have consequences[implications] for ...

のように動詞や前置詞が変わるので要注意!

> ⚠ **affect《動詞》**と **effect《名詞》**にも注意!
>
> 「コミュニケーションに影響を与える」は、**affect communication**
> または、**have an effect on communication** が正しい表現です。

026

GOAL

0091　□□□□□
tolerate
[tálərèit]

動 ～を許容する、～を我慢する (≒ allow, endure)
名 tolerance 忍耐、寛大　形 tolerant 耐える、寛容な

tolerate drug abuse ▶ 薬物の乱用を容認する
tolerate frustration[pain] ▶ 欲求不満[痛み]に耐える

0092　□□□□□
tragedy
[trǽdʒədi]

名 悲劇、悲惨な出来事
形 tragic 悲劇の

the tragedy of war[fate] ▶ 戦争[運命]の悲劇

0093　□□□□□
transparent
[trænspé(ə)rənt]

形 透明な、明白な (≒ see-through)
名 transparency 透明(性)、(行政などの)オープン度

a transparent government ▶ 透明性の高い政府

0094　□□□□□
trigger
[trígər]

動 ～を引き起こす、～を作動させる
名 引き金、きっかけ

trigger a war ▶ 戦争を引き起こす
trigger an alarm[a bomb] ▶ 警報[爆弾]を作動させる

0095　□□□□□
triumph
[tráiəmf]

動 勝利する
名 勝利 (≒ victory)
形 triumphant 勝ち誇った

triumph over adversity[evil] ▶ 逆境[悪]に勝つ

0096　□□□□□
trivial
[tríviəl]

形 ささいな、取るに足りない (≒ trifling)

a trivial offense ▶ ささいな罪
a trivial case ▶ ささいな事件

0097　□□□□□
undertake
[ʌndərtéik]

動 ～を引き受ける、～を請け負う
名 undertaker 葬儀屋

undertake a task[project] ▶ 業務[計画]を引き受ける

0098　□□□□□
utilize
[júːt(ə)làiz]

動 ～を利用する、～を活用する (≒ take advantage of)

utilize the resources[empty space] ▶ 資源[空きスペース]を活用する

0099　□□□□□
valid
[vǽlid]

形 有効な、合法的な (≒ legally acceptable)
名 validity 妥当性、有効性
動 validate ～を有効にする

a valid credit card ▶ 有効なクレジットカード

0091
0100

0100　□□□□□
virtue
[vɔ́ːrtʃuː]

名 美徳、美点 (≒ goodness)　形 virtuous 有徳の、高潔な
反 vice 悪徳

a moral virtue ▶ 道徳的美徳
the virtue of charity ▶ 慈善の美徳

START

第 **3** 日

問題 次の下線部の意味に近い語を、下から選んでください。

① **capture** the criminal ·································· 犯罪者を捕らえる

② a **punctual** delivery ·································· 時間通りの納品

③ a **monotonous** life ·································· 単調な生活

④ **adhere** to the rule ·································· 規則を忠実に守る

⑤ **triumph** over adversity ·································· 逆境に勝つ

⑥ a formidable **opponent** ·································· 手ごわい敵

⑦ make a **compromise** with them ············· 彼らと妥協する

⑧ the **virtue** of charity ·································· 慈善の美徳

⑨ a **decent** job ·································· まともな仕事

⑩ a **sophisticated** machine ·································· 高性能の機械

⑪ **facilitate** communication ·································· コミュニケーションを より円滑にする

⑫ an **advocate** for economic reform ········· 経済改革の支持者

⑬ **resume** negotiations ·································· 交渉を再開する

⑭ **impose** sanctions on the country ············· その国に制裁を課す

⑮ **elaborate** preparations ·································· 入念な準備

選択肢

Ⓐ proper　　Ⓑ supporter　Ⓒ enemy　　Ⓓ careful　　Ⓔ arrest

Ⓕ concession　Ⓖ place　　　Ⓗ restart　　Ⓘ advanced　Ⓙ boring

Ⓚ on-time　　Ⓛ goodness　Ⓜ stick　　　Ⓝ win　　　Ⓞ promote

解答 ①E　②K　③J　④M　⑤N　⑥C　⑦F　⑧L
⑨A　⑩I　⑪O　⑫B　⑬H　⑭G　⑮D

027

0101　□□□□□
accompany
[əkʌ́mp(ə)ni]
動 ～に付き添う
名 accompaniment 伴奏、付きもの
Children must be accompanied by an adult.
▶子どもは大人の同伴が必要だ。

0102　□□□□□
adverse
[ædvə́:rs]
形 不利な、反対の (≒ opposite, unfavorable)
an adverse effect on the economy ▶経済への逆効果

0103　□□□□□
affordable
[əfɔ́:rdəbl]
形 (値段が)手頃な
動 afford ～を買う余裕がある
affordable prices[housing] ▶手頃な価格[住居]

0104　□□□□□
alert
[ələ́:rt]
形 油断のない、機敏な
名 警報
動 ～に警報を出す
be alert to the danger ▶危険を警戒する

0105　□□□□□
ample
[ǽmpl]
形 余るほど十分な (≒ abundant)
動 amplify 拡大する
ample evidence[opportunity] ▶十分な証拠[機会]

0106　□□□□□
analogy
[ənǽlədʒi]
名 類似、類推 (≒ similarity)
名 analogue 類似物、アナログ
an analogy between the heart and a pump ▶心臓とポンプの類似性

0107　□□□□□
antipathy
[æntípəθi]
名 反感、嫌悪 (≒ hostility, hatred)
antipathy toward the government[enemy] ▶政府[敵]への反感

0108　□□□□□
applause
[əplɔ́:z]
名 拍手喝采、称賛 (≒ cheers, praise)
動 applaud 拍手喝采する
applause from the audience ▶聴衆の拍手喝采

0109　□□□□□
associate
[əsóuʃièit]
動 ～と関連付ける、交際する
名 association 関連
The disease is associated with poverty. ▶その病気は貧困と関連がある。

0110　□□□□□
awkward
[ɔ́:kwərd]
形 不器用な、気まずい、扱いにくい
an awkward moment ▶気まずい瞬間
an awkward silence ▶気まずい沈黙

第3日

天文学 地質学 気象学 生物学 心理学 物理学 歴史 芸術 政治 経済

01 Supervolcano

028 SENTENCE

A **supervolcano eruption** is a **natural disaster** involving **scalding ash flows** and **gas emissions** which **disrupt global climates** for many years. **Geologists** first discovered enormous **calderas** near major **volcano deposits** which provide the evidence of the existence of monstrous **magma chambers**. A recent analysis of the **microscopic crystals** in old **ash deposits** revealed that supervolcano eruptions could trigger alarming **chemical reactions** in the atmosphere, while providing warning signs of big eruptions well before the disasters happen.

029 WORDS

supervolcano [sùːpərvɑlkéinou]	超巨大火山	geologist [dʒiálədʒst]	地質学者
eruption [irápʃən]	噴火	caldera [kɑldéərə]	カルデラ
natural disaster [dizǽstər]	自然災害	volcano deposit	火山堆積物
scalding [skɔ́ːldiŋ]	焼けるような	magma chamber [tʃéimbər]	マグマだまり
ash flow	火山灰流	microscopic crystal [màikrəskápik]	微小結晶
gas emission	ガス放出	ash deposit	火山灰堆積物
disrupt global climates	地球規模の気候に支障を来す	chemical reaction	化学反応

TRANSLATION

超巨大火山噴火は、焼けるような火山灰流と何年間にもわたり地球規模の気候に支障を来すガス放出を伴う自然災害である。地質学者が初め、大規模な火山堆積物付近に莫大なカルデラを発見し、これが巨大なマグマだまりが存在する根拠となった。古い火山灰堆積物にある微小結晶の最近の分析により、超巨大火山噴火は、大気中で驚くべき化学反応を誘発し、災害が起こるかなり前に大噴火を警告する兆候を示しうることが明らかになった。

Q ❶ What happens when a supervolcano erupts?
❷ What indicates the existence of monstrous magma chambers?

030

0111 ▢▢▢▢▢
betray
[bitréi]

動 〜を裏切る、(秘密等)を漏らす、〜を表す(≒ deceive, reveal)
名 betrayal 裏切り

betray my friend ▶ 仲間を裏切る／betray the truth[secret] ▶ 真実[秘密]を暴露する／betray my feelings ▶ 感情を表す

0112 ▢▢▢▢▢
blossom
[blásəm]

名 (果樹の)花(≒ flower)、(成長の)初期
動 栄える

cherry blossoms ▶ 桜の花
in (full) blossom ▶ 花盛りで

0113 ▢▢▢▢▢
boundary
[báund(ə)ri]

名 境界(線)、限界(≒ border, limitation)

mark the boundaries ▶ 境界線を定める

0114 ▢▢▢▢▢
cherish
[tʃériʃ]

動 〜を大切にする、〜を心に抱く(≒ treasure)

cherish friendship[the memory] ▶ 友情[思い出]を大切にする
cherished possessions ▶ 最も大切な持ち物

0115 ▢▢▢▢▢
clue
[klúː]

名 (解決のための)手掛かり、ヒント(≒ hint)

a clue to the solution to the problem ▶ 問題解決の糸口

0116 ▢▢▢▢▢
commence
[kəméns]

動 〜を開始する、進める 名 commencement 開始

commence the ceremony ▶ 儀式を始める
commence the business[legal proceedings]
　▶ ビジネス[法的手続き]を始める

0117 ▢▢▢▢▢
commend
[kəménd]

動 〜を称賛する(≒ praise)
形 commendable 称賛に値する

The paper was highly commended. ▶ その論文は高く評価された。

0118 ▢▢▢▢▢
compliment
名 [kámpləmənt]
動 [kámpləmènt]

名 賛辞、称賛(≒ praise)
動 〜を称賛する、〜にお世辞を言う
形 complimentary 称賛の、無料の

an insincere compliment ▶ 心にもないお世辞

0119 ▢▢▢▢▢
conceal
[kənsíːl]

動 〜を隠蔽する、〜を秘密にする(≒ cover up)
反 reveal

conceal the evidence[truth] ▶ 証拠[真実]を隠す

0120 ▢▢▢▢▢
conceive
[kənsíːv]

動 考え出す(≒ devise)、考えなどを抱く、子を宿す
形 conceivable 考えうる限りの

conceive a child[plan] ▶ 子を授かる[計画を抱く]

GOAL

0111
0120

START

第 **3** 日

02 Igneous Rock

031 SENTENCE

An **igneous rock** is a rock **solidified from** magma, or a hot **molten rock**. It consists of a mosaic of crystals of different **chemical compounds** or minerals. **Granite** is a **coarse-grained acidic** igneous rock consisting largely of the minerals **quartz**, **feldspar**, and often **mica**. Granite is an **intrusive rock**, often forming very large bodies in **the earth's crust** known as **batholiths**, although it may also form **dykes**, **sills**, and **plugs**.

032 WORDS

☐ **igneous rock** [ígniəs]	火成岩	☐ **feldspar** [fél(d)spὰr]	長石
☐ **solidified from ~**	～から凝固した	☐ **mica** [máikə]	雲母
☐ **molten rock**	溶岩	☐ **intrusive rock** [intrú:siv]	貫入岩
☐ **chemical compound**	化学物質	☐ **the earth's crust**	地殻
☐ **granite** [grǽnit]	花崗岩（みかげ石）	☐ **batholith** [bǽθəliθ]	底盤、バソリス
☐ **coarse-grained** [kɔ̀rs-gréind]	目の粗い	☐ **dyke** [dáik]	岩脈
☐ **acidic** [əsídik]	酸性の	☐ **sill**	岩床
☐ **quartz** [kwɔ́:ts]	石英	☐ **plug**	岩栓

TRANSLATION

火成岩とはマグマ、つまり熱い溶岩が凝固してできた岩石である。異なる化学物質や鉱物の結晶が集まって構成されている。花崗岩（みかげ石）は、目の粗い酸性の火成岩で、主成分の鉱石は石英、長石、そしてしばしば雲母などである。花崗岩は貫入岩で往々にして地殻中に底盤（バソリス）として知られる大規模な塊を形成する。岩脈、岩床、そして岩栓を形成することもある。

Q
❶ What is an igneous rock?
❷ What is granite made up of?

天文学 地質学 気象学 生物学 心理学 物理学 歴史 芸術 政治 経済

033

GOAL

0121 ☐☐☐☐☐
conscience
[kánʃəns]

名 良心、道義心
形 **conscientious** 良心的な

a guilty conscience ▶ 良心の呵責
a prisoner of conscience ▶ 政治犯

0122 ☐☐☐☐☐
consequence
[kánsəkwèns]

名 結果、影響（≒ **effect**）
形 **consequent** 結果の

consequences of environmental pollution ▶ 環境汚染の影響
unexpected consequences ▶ 予期せぬ結果

0123 ☐☐☐☐☐
considerable
[kənsídərəbl]

形 相当な、重要な
副 **considerably** かなり

a considerable amount of money[time] ▶ 相当な大金[時間]

0124 ☐☐☐☐☐
console
動 [kənsóul]
名 [kánsòul]

動 〜を慰める（≒ **soothe**）
名 飾り台
名 **consolation** 慰め

console a grieving friend ▶ 悲しむ友人を慰める

0125 ☐☐☐☐☐
contemplate
[kántəmplèit]

動 （〜を）熟慮する、意図する（≒ **consider, meditate**）
名 **contemplation** 黙想

contemplate the future ▶ 将来を真剣に考える

0126 ☐☐☐☐☐
contempt
[kəntémpt]

名 軽蔑、侮辱（≒ **scorn**）
形 **contemptuous** 軽蔑的な

contempt for human rights ▶ 人権軽視

0127 ☐☐☐☐☐
contend
[kənténd]

動 争う、議論する（≒ **struggle**）

contend with a labor shortage ▶ 労働不足に取り組む
contend with the competition ▶ 競争相手と闘う

0128 ☐☐☐☐☐
contradiction
[kàntrədíkʃən]

名 矛盾、否定（≒ **conflict**）
動 **contradict** 〜と矛盾する、〜を否定する
形 **contradictory** 矛盾した、相反する

a contradiction between the two statements ▶ 2つの発言間の矛盾

0129 ☐☐☐☐☐
contrary
[kántrəri]

形 正反対の、相容れない　名 正反対

contrary opinion[direction] ▶ 正反対の意見[方向]
Contrary to my expectation, the product is not selling well.
▶ 予想に反して、その製品は売り上げが良くない。

0130 ☐☐☐☐☐
deplore
[diplɔ́ːr]

動 〜を激しく非難する（≒ **condemn**）
形 **deplorable** 嘆かわしい

deplore the killing[violence] ▶ 殺人[暴力]を激しく非難する

0121
0130

START

第 **4** 日

03 Erosion

Erosion is the gradual destruction and removal of **rock** or **soil** in a particular area by water, heat, cold, plant roots, and **gravity**. The first stage is **weathering** of rocks, or loosening and **fragmenting into** increasingly smaller **particles**. This stage is further divided into chemical and **mechanical** types which usually operate together and **reinforce** each other. The second stage is **transportation**, in which the **weathered material** is moved away from its original site by rivers, winds and **glaciers**.

☐ **erosion** [iróuʒən]	浸食		☐ **particle** [pάrtikl]	粒子
☐ **rock**	岩石		☐ **mechanical**	力学的な
☐ **soil** [sɔ́il]	土壌		☐ **reinforce ~** [rì:infɔ́rs]	～を強化する
☐ **gravity** [grǽvəti]	重力		☐ **transportation** [trænspərtéiʃən]	運搬
☐ **weathering** [wéðəriŋ]	風化		☐ **weathered material**	風化した物質
☐ **fragment into ~**	砕けて～になる		☐ **glacier** [gléiʃər]	氷河

浸食とは、ある特定の地域の岩石や土壌が、水、熱、寒気、植物の根や重力によって、徐々に破壊されたり、取り除かれたりすることである。第一段階は岩石の風化であり、ほぐれたり砕けたりして、しだいにより小さな粒子となっていく。この段階は、さらに、化学的または力学的な型に分けられ、たいていは共に作用し、お互いを強化する。第二段階は運搬で、風化した物質が川や風、氷河によってもとの場所から離れていくことである。

天文学
地質学
気象学
生物学
心理学
物理学
歴史
芸術
政治
経済

Q
❶ What does the first process of erosion involve?
❷ What happens in the second process of erosion?

036

0131 ☐☐☐☐☐
descendant
[diséndənt]
名 子孫、後継ぎ(≒ offspring)
動 descend 降下する
descendants of immigrants ▶ 移民の子孫

0132 ☐☐☐☐☐
destiny
[déstəni]
名 運命(≒ fate, fortune)
名 destination 目的(地)
動 destine ～を運命づける、～を目的地とする
believe in[control] my destiny ▶ 運命を信じる[コントロールする]

0133 ☐☐☐☐☐
dignity
[dígnəti]
名 尊厳、品格(≒ majesty, self-esteem)
human dignity ▶ 人間の尊厳
death with dignity ▶ 尊厳死

0134 ☐☐☐☐☐
diminish
[dimíniʃ]
動 減少する[させる]、衰える(≒ decrease, reduce)
diminish the cost[intensity] ▶ コスト[強度]を下げる

0135 ☐☐☐☐☐
discard
[diská:rd]
動 ～を捨てる、～を放棄する(≒ throw away, do away with)
discard my old shirts ▶ 古いシャツを捨てる
discard changes ▶ 変更を破棄する

0136 ☐☐☐☐☐
disguise
[disgáiz]
動 ～を変装させる、(感情)を隠す(≒ camouflage)
名 変装
disguise the fact ▶ 事実を隠す
disguise himself as a beggar ▶ 物乞いに変装する

0137 ☐☐☐☐☐
dispense
[dispéns]
動 ～を分配する(≒ distribute)、不要にする(≒ discharge)
形 dispensable なくても済む
dispense advice[medicine] ▶ アドバイス[薬]を与える

0138 ☐☐☐☐☐
dissent
[disént]
動 異議を唱える
名 反対意見、異議
反 consent 同意する
dissent from the majority opinion ▶ 多数意見に異議を唱える

0139 ☐☐☐☐☐
divert
[divə́:rt]
動 (注意など)をそらす、脇へそらす(≒ distract)
形 diverting 気晴らしになる　名 diversion 転換、転用
divert his attention from the work ▶ 仕事から彼の注意をそらす
divert resources ▶ 資金を回す

0140 ☐☐☐☐☐
enchant
[intʃǽnt]
動 ～を魅了する(≒ charm)
形 enchanting 魅惑的な
be enchanted by the scenery ▶ 景色に魅了される

GOAL

0131
↓
0140

START

第 **4** 日

04 The Lithosphere

037 SENTENCE

The lithosphere is **the** rigid **outermost shell** of a **rocky planet**. On Earth, it comprises the crust and the portion of the upper **mantle** that **behaves elastically** on time scales of thousands of years or longer. A crust is an outermost **solid** shell of a rocky planet or **natural satellite**, which is chemically distinct from the underlying mantle, a highly **viscous** layer between the crust and the **outer core**. There are two types of lithosphere: **oceanic lithosphere** (about 50 to 100 km thick), which is associated with an **oceanic crust** and exists in the **ocean basins**, and **continental lithosphere** (40 to perhaps 200 km thick), which is associated with a continental crust.

038 WORDS

☐ the lithosphere [líθəsfiər]	岩石圏		☐ viscous [vískəs]	粘性の
☐ the outermost shell [áutəmòust]	最外殻		☐ outer core	外核
☐ rocky planet	岩石惑星		☐ oceanic lithosphere [líθəsfiər]	海洋岩石圏
☐ mantle	マントル		☐ oceanic crust	海洋地殻
☐ behave elastically [ilǽstikəli]	伸縮する		☐ ocean basin [béisn]	海盆
☐ solid	固体の		☐ continental lithosphere	大陸性岩石圏
☐ natural satellite	天然衛星			

TRANSLATION

岩石圏とは、岩石惑星の固い最外殻である。地球上では、地殻と数千年間かそれ以上という期間の規模で伸縮するマントルの上層部から、岩石圏はできている。地殻は岩石惑星や天然衛星の最外部にある固体殻であり、地殻と外核間の高粘性層である下部にあるマントルとは化学的に異なる。岩石圏には2種類ある。海洋地殻と関連し海盆に存在する海洋岩石圏［厚さ50〜100km］と、大陸地殻と関連する大陸性岩石圏［厚さ40〜おそらく200km］である。

Q ❶ What are the two components of the lithosphere?
❷ What are the two types of lithosphere?

039

0141 □□□□□
endeavor
[indévər]

名 試み、努力 (≒ attempt, effort)
動 努力する

make every endeavor to pass the test
▶ 試験に合格するためのあらゆる努力をする

0142 □□□□□
enviable
[énviəbl]

形 羨ましい (≒ desirable)
副 enviably 羨ましいほどに

an enviable position[reputation] ▶ 羨ましい立場[名声]

0143 □□□□□
eternal
[itə́:rnl]

形 永遠の、不滅の、果てしない (≒ everlasting, immortal)
名 eternity 永遠

the eternal life[truth] ▶ 永遠の命[真理]

0144 □□□□□
flavor
[fléivər]

名 味、特色、趣
形 flavored 風味付けされた

the flavor of coffee ▶ コーヒーの味
artificial flavors ▶ 人工調味料

0145 □□□□□
flourish
[flə́:riʃ]

動 繁栄する、よく成長する (≒ prosper, thrive)

flourishing industries[business] ▶ 繁栄している産業[ビジネス]

0146 □□□□□
horizontal
[hɔ̀:rəzántl]

形 水平な、平面の (≒ even, level, flat)

a horizontal line[axis] ▶ 水平線、横軸

0147 □□□□□
hospitality
[hàspətǽləti]

名 もてなし、歓待 (≒ welcome)
形 hospitable もてなしの良い

show[extend] hospitality to guests ▶ 客を手厚くもてなす

0148 □□□□□
hypothesis
[haipáθəsis]

名 仮説 (≒ theory)
形 hypothetical 仮説の、仮定の

propose[test] a hypothesis ▶ 仮説を提案[テスト]する

0149 □□□□□
impulse
[ímpʌls]

名 弾み、衝動 (≒ stimulation)
形 impulsive 衝動的な

impulse buying[shopping] ▶ 衝動買い

0150 □□□□□
indispensable
[ìndispénsəbl]

形 絶対に必要な、不可欠の

Water is indispensable for life. ▶ 水は生命に不可欠だ。

GOAL

0141
-
0150

START

第 **4** 日

05 Plate Tectonics

Plate tectonics is a scientific theory of the large scale motions of Earth's rigid, separate **lithospheric** plates called "**tectonic plates**" over the underlying **asthenosphere**. The plate movements cause major geologic phenomena including earthquakes, volcanic activities, and the **formation** of mountains and **oceanic trenches**. The movements occur on three types of plate boundaries: **convergent boundaries** (where two plates slide toward each other), **divergent boundaries** (where two plates come apart from each other), and **transform boundaries** (where two plates grind past each other along **transform faults**).

plate tectonics [tektániks] プレートテクトニクス	**oceanic trench** [tréntʃ] 海溝
lithospheric [liθásfiərik] 岩石圏の	**convergent boundary** [kənvə́:dʒənt] 収束境界
tectonic plate 地殻構造プレート	**divergent boundary** [divə́rdʒənt] 発散境界
asthenosphere [əsθí:nəsfiə] 岩流圏	**transform boundary** すれ違い(並進)境界
formation 形成	**transform fault** トランスフォーム断層

プレートテクトニクスは、「地殻構造プレート」と呼ばれる、地球の固く分離した岩石圏のプレートが、下部にある岩流圏の上を大規模に動くという学説である。そのプレートの運動は、地震や火山活動、造山運動や海溝形成といった大きな地質学的現象を引き起こす。その運動は、3種類のプレート境界上、つまり収束境界 [2つのプレートがお互いに向かって滑り込む]、発散境界 [2つのプレートがお互いから遠ざかっていく]、すれ違い(並進)境界 [2つのプレートがトランスフォーム断層に沿ってお互いを擦れてすれ違う] で起こる。

Q ❶ What are some of the phenomena caused by the movements of tectonic plates?
❷ What are the major types of plate boundaries and how are they different?

0151
☐☐☐☐☐
initial
[iníʃəl]

形 最初の
動 〜に頭文字を記す
副 initially 初めに

initial letters[impressions] ▶ 頭文字、最初の印象

0152
☐☐☐☐☐
irony
[ái(ə)rəni]

名 皮肉、風刺、皮肉な結果 (≒ sarcasm)　形 鉄の
形 ironic 皮肉な　副 ironically 皮肉にも

The irony is that antiwar movements were violent.
▶ 皮肉なことに反戦運動は暴力的だった。

0153
☐☐☐☐☐
irritate
[írətèit]

動 〜を苛立たせる、〜を刺激する (≒ annoy)
名 irritation 苛立ち、炎症　形 irritating イライラさせる

irritate the eyes ▶ 目に炎症を起こす
His selfishness irritates me. ▶ 彼の身勝手にはいらつく。

0154
☐☐☐☐☐
lament
[ləmént]

動 (悲しみ・失望で)嘆く (≒ moan, groan)
形 lamentable 嘆かわしい

lament the death of the victim ▶ 被害者の死を嘆く

0155
☐☐☐☐☐
landscape
[lǽndskèip]

名 景観、地形
動 景観を整える
形 横に広がる

rural[snowy] landscapes ▶ 田舎の[雪]景色

0156
☐☐☐☐☐
meek
[mí:k]

形 おとなしい、従順な (≒ gentle)、意気地のない

meek and mild ▶ 控え目でおしとやかな
meek as a lamb ▶ (子羊のように)極めておとなしい

0157
☐☐☐☐☐
negligence
[néɡliʤəns]

名 怠慢、過失 (≒ carelessness)
形 negligent 怠慢な、過失の

professional negligence resulting in death ▶ 業務上過失致死

0158
☐☐☐☐☐
notorious
[noutɔ́:riəs]

形 悪名[悪評]高い (≒ infamous)
名 notoriety 悪名、悪評

a notorious criminal[computer hacker]
▶ 悪名高き犯罪者[ハッカー]

0159
☐☐☐☐☐
novelty
[návəlti]

名 目新しさ、(複数形で)安くて珍しい物、新案の販促品

The novelty of the new job wore off. ▶ 新しい仕事の目新しさが消えた。
novelty goods[items] ▶ 販促品、目新しい物

0160
☐☐☐☐☐
nurture
[nə́:rtʃər]

動 (計画/才能/関係)を育む (≒ cultivate)
名 養育

nurture a love of learning ▶ 学ぶことを好きにさせる

GOAL

0151
0160

START

06 Fault

A **fault** is a line of **fracture** along which one body of rock or section of the earth's crust has been **displaced**. The movements responsible for this **dislocation** may be in the **vertical** or the **horizontal** direction, or a combination of the two. The **fault plane** is the surface along which movement occurs. The **dip** is the angle the fault plane makes with the **horizontal plane**. The **strike** is the direction in which the **surface trace** of the fault lies.

☐	**fault** [fɔːlt]	断層	☐	**fault plane**	断層面
☐	**fracture** [frǽktʃər]	亀裂	☐	**dip**	（断層）角
☐	**displace ~** [displéis]	～をずらす	☐	**horizontal plane**	水平面
☐	**dislocation** [disləkéiʃən]	ずれ、地滑り	☐	**strike** [stráik]	走向
☐	**vertical** [vɚtikəl]	縦の	☐	**surface trace**	地表トレース
☐	**horizontal** [hɔ̀rizɑ́ntəl]	横の			

断層とは一線の亀裂で、これに沿って岩や地殻部分がずれる。この地滑りを引き起こす動きは、縦方向または横方向、あるいはその混合である。断層面は、ずれが起こる面で、（断層）角とは、断層面と水平面のなす角度のことを言い、走向とは、断層の地表トレース［地下の断層面を地表まで延長したときの出現位置を示したもの］が伸びていく方角である。

Q
❶ What is the definition of a fault?
❷ What is the technical term for the surface along which dislocation occurs?

天文学 地質学 気象学 生物学 心理学 物理学 歴史 芸術 政治 経済

0161
partial
[pá:rʃəl]

形 部分的な、えこひいきして(≒ incomplete, biased)

a partial agreement[solution] ▶ 部分合意[解決]
be partial to cakes ▶ ケーキに目がない

0162
peculiar
[pikjú:ljer]

形 特異な、独特な(≒ eccentric, unusual)

the smell peculiar to hospitals ▶ 病院特有のにおい
a practice peculiar to Japan ▶ 日本独特の慣習

0163
perceive
[pərsí:v]

動 ～に気づく(≒ notice, recognize)
名 perception 知覚、理解
形 perceptive 鋭い、鋭敏な

perceive the change[sound] ▶ 変化[音]に気づく

0164
perish
[périʃ]

動 (災害・病気などで)死ぬ、滅びる(≒ die)
形 名 perishable 傷みやすい(もの)

perish in the war ▶ 戦死する

0165
perplex
[pərpléks]

動 (理解できず)当惑させる(≒ confuse)
形 perplexing 当惑した

be perplexed by the question ▶ 質問に当惑する

0166
pervasive
[pərvéisiv]

形 広がる、蔓延する(≒ rampant, epidemic)
名 pervasiveness 蔓延

the pervasive influence of the Internet
▶ インターネットの広範囲にわたる影響

0167
pious
[páiəs]

形 信心深い[ぶった]、敬虔な(≒ devout, religious)
名 piety 敬虔

pious Christians[Buddhists] ▶ 信心深いクリスチャン[仏教徒]

0168
portray
[pɔːrtréi]

動 ～を描く、～を表現する(≒ depict)
名 portrayal 描写、肖像

portray an image[social trends] ▶ イメージ[社会的風潮]を描く

0169
precaution
[prikɔ́:ʃən]

名 予防措置、事前注意(≒ safeguard)
形 precautionary 予防の

take safety precautions ▶ 安全措置を取る
fire precautions ▶ 防火対策

0170
preoccupy
[priːɑ́kjəpai]

動 ～を夢中にさせる(≒ absorb)
名 preoccupation 没頭、関心事

be preoccupied with his business[work]
▶ ビジネス[仕事]で頭がいっぱい

0161
0170

GOAL

START

07 Tsunami

046 SENTENCE

Tsunami refers to a series of destructive waves caused by rapid **displacement** of a large amount of water by seismic, **volcanic** or other **disturbances** under **the ocean floor**. Unlike wind-generated waves, it has an extremely long **wavelength** of several hundred kilometers and a maximum wave **velocity** as fast as that of a jet plane, which can cause devastating damage to coastal areas. Because of the high **seismic activities** there, most tsunamis occur around the **margins** of the Pacific Ocean, where denser **oceanic plates subduct** under **continental plates**.

047 WORDS

displacement [displéismənt] 転置、(ここでは)押し上げられること	**velocity** [vəlásəti] 速度
volcanic 火山の	**seismic activity** [sáizmik] 地震活動
disturbance 地殻変動	**margins** 縁辺域
the ocean floor 海底	**oceanic plate** 海洋プレート
wavelength [wéivlèŋkθ] 波長	**subduct** [səbdʌ́kt] 沈み込む
	continental plate 大陸プレート

TRANSLATION

津波は一連の破壊的な波で、海底下での地震、火山活動、その他による地殻変動によって大量の水が急速に押し上げられた時に生じるもののことをいう。風によって引き起こされる波とは異なり、波長が数百キロにも及ぶほど極端に長く、波の最大速度はジェット機と同じくらいであり、海岸地域には壊滅的な損害を与える。地震活動が活発なために、大部分の津波は太平洋縁辺域で起こる。そこでは、より高密度の海洋プレートが大陸プレートの下に沈み込んでいる。

天文学 地質学 気象学 生物学 心理学 物理学 歴史 芸術 政治 経済

Q ❶ What are the characteristics of tsunami waves?
❷ Which parts of the world do the majority of tsunamis occur in and why?

0171 □□□□□
presume
[prizú:m]

動 ～を仮定する、推定する (≒ assume)
名 presumption 仮定、推定
副 presumably たぶん

be presumed dead ▶ 死亡したと見られる

0172 □□□□□
prevalent
[prév(ə)lənt]

形 流行している (≒ widespread)
名 prevalence 流行
動 prevail 打ち勝つ

prevalent views[mood] ▶ 一般的な見方[ムード]

0173 □□□□□
proclaim
[proukléim]

動 ～を公表する、～を宣言する (≒ declare)
名 proclamation 宣言、公表

proclaim a war against a nation ▶ ある国へ宣戦する
proclaim the country's independence ▶ 国の独立を宣言する

0174 □□□□□
prominent
[prámənənt]

形 目立つ、著名な (≒ important, well-known)
名 prominence 卓越、有名

a prominent role ▶ 大きな役割
prominent scientists ▶ 著名な科学者

0175 □□□□□
prompt
[prámpt]

形 迅速な (≒ quick)
動 ～を駆り立てる
副 promptly 迅速に

a prompt response[reply] ▶ 迅速な返答

0176 □□□□□
quaint
[kwéint]

形 古風な趣のある、風変わりで興味深い (≒ unusual)

quaint customs[traditions] ▶ 古く趣のある習慣[伝統]

0177 □□□□□
reserved
[rizə́:rvd]

形 予備の、予約済みの (≒ booked)、控えめな (≒ shy, modest)
動 reserve ～を予約する、～を備える
名 reservation 留保・予約

reserved seats[tickets] ▶ 予約席[券]

0178 □□□□□
retain
[ritéin]

動 ～を保持する、～を雇う (≒ maintain)
名 retention 定着

retain the country's independence[qualified staff]
▶ 国の独立を保つ、能力のあるスタッフを雇う

0179 □□□□□
satisfactory
[sæ̀tisfǽktəri]

形 満足のいく、十分な
名 satisfaction 満足

a satisfactory answer[result] ▶ 十分な解答[結果]

0180 □□□□□
sensational
[senséiʃənl]

形 衝撃的な、扇情的な
名 sensation 感覚、興奮

a sensational success ▶ 衝撃的な成功
sensational news ▶ 世間をあっと言わせるニュース

GOAL

0171
0180

START

第 5 日

08 Seismic Scales

049
SENTENCE

There are two commonly used **seismic scales** to describe the severity of earthquakes: a **magnitude scale** and an **intensity scale**. The former, usually expressed in Arabic numerals, represents **the original force or energy** of an earthquake, whereas the latter, usually expressed in Roman numerals, represents the intensity of shaking occurring at any given point on **the Earth's surface**. More specifically, the intensity scale indicates the **local effects** and **potential for damage** produced by an earthquake on the Earth's surface, which affects humans, animals, structures, and natural objects such as **bodies of water**.

050
WORDS

☐ **seismic scale** [sáizmik] 　　　　震度階級

☐ **magnitude scale** [mǽgnətù:d] 　　マグニチュード

☐ **intensity scale** [inténsəti] 　　　震度

☐ **the original force or energy** 本来の力やエネルギー

☐ **the Earth's surface** 　　　地表

☐ **local effects** 　　　局所的影響

☐ **potential for damage** 被害の可能性

☐ **bodies of water** 　　　水域

TRANSLATION

地震の大きさを表すのによく使われる2つの震度階（級）がある。マグニチュードと震度である。前者はたいていアラビア数字で表現され、地震本来の力やエネルギーを表す。それに対し後者は、たいていローマ数字で表され、地表のあらゆる任意の地点で起こっている揺れの強度を表す。もっと正確に言えば、震度が指し示すのは、局所的影響や、人間や動物や建築物、そして水域などの自然物に影響を与える地震によって地表にもたらされる被害の可能性である。

Q ❶ What does a magnitude scale indicate?
　 ❷ What does an intensity scale indicate?

天文学　地質学　気象学　生物学　心理学　物理学　歴史　芸術　政治　経済

GOAL

051

0181 ☐☐☐☐☐
skeptical
[sképtikəl]

形 懐疑的な、疑い深い (≒ doubtful)
名 skepticism 懐疑主義

a skeptical look[eye] ▶ 疑うような視線[目]

0182 ☐☐☐☐☐
soak
[sóuk]

動 ～に浸す[つかる]、びしょ濡れにさせる (≒ immerse)
名 浸すこと

enjoy a relaxing soak in a bathtub ▶ リラックスして入浴を楽しむ

0183 ☐☐☐☐☐
sober
[sóubər]

形 しらふの、真面目な (≒ not intoxicated, serious)
動 酔いが覚める、真面目になる
名 sobriety しらふ

sober up in an instant ▶ 一瞬で酔いが覚める

0184 ☐☐☐☐☐
steep
[stí:p]

形 険しい、法外な、急激な (≒ sheer, sharp)
動 浸す

a steep hill[path] ▶ 険しい丘[道]
a steep increase[decrease] in prices ▶ 価格の急騰[落]

0185 ☐☐☐☐☐
surpass
[sərpǽs]

動 ～を上回る、～を超える (≒ exceed)

surpass our expectations ▶ 期待を超える
surpass the world record ▶ 世界記録を上回る

0186 ☐☐☐☐☐
sway
[swéi]

動 揺れる、～を揺り動かす (≒ swing)
名 揺れ、動揺

be swayed by public opinion ▶ 世論に左右される
Trees sway back and forth. ▶ 木が前後に揺れる。

0187 ☐☐☐☐☐
symbolize
[símbəlàiz]

動 ～を象徴する、記号で表す
名 symbol 象徴、記号

Cars symbolize social status. ▶ 車は社会的地位の象徴である。

0188 ☐☐☐☐☐
tame
[téim]

形 飼い慣らされた、従順な (≒ domesticated, docile)
動 飼い慣らす

tame animals[stories] ▶ 従順な動物、退屈な話

0189 ☐☐☐☐☐
trace
[tréis]

名 痕跡、ごくわずか
動 ～を追跡する、(線などを)描く

disappear without a trace ▶ 跡かたなく消える
trace a missing person ▶ 行方不明者を探し出す

0190 ☐☐☐☐☐
trait
[tréit]

名 特色、特徴 (≒ feature, characteristics)

personality[hereditary] traits ▶ 性格的[遺伝的]特徴

0181
0190

START

「わかる・認識する」の類語の使い分けマスター

　「わかる」の類語は多いですが、まず口語的なものには**understand**（the situation）「意味や仕組みや人の気持ちや状況がわかる」、**see**（your point）「本質が見えたり、全体のイメージが湧く」、**figure out**（why he did it）「じっくり考えて何故そうなのかがわかる」、（I don't）**get**（it）口語で、「しっくりわかる」、**catch**（your name）、「名前などをキャッチする」、（I）**know**（you can make it）、「経験や知識から事実や状況を知っている、確信している」、**tell**（the difference between the two）「認識できる、違いが判る、知っている」、**find**（it difficult）「発見してわかる」、**find out**（about the truth）「真相を突き止めてわかる」、**read**（her intentions）「読んで意味を理解したり、人の表情から心を読み取ったり、本質を見抜く」、**follow**（what you mean）「説明などがわかる、ついて行ける」などがあります。

　この他にもよく使われる類語として、**recognize**（his face）は「以前に知っていたものだとわかる、物事の存在や事実を認める」、**realize**（the importance）は「今まであやふやであったものが現実のものとしてリアルにはっきりわかる」、**appreciate**（the value）は「よいものを味わってその良さがわかる」、**notice**（the change）は「五感で何かの存在に気づく」、**identify**（the cause）は「はっきりと正体や起源がわかる、発見する」、**discover**は「今まで知らなかったことに気づく」、**interpret**（the meaning）は「行動や出来事に何らかの意味があると見なす」、**make sense（out）of**は「理由・目的など真相や理にかなっているかがわかる」などがあります。

　また、ワンランク UP として、**comprehend**（the situation）「複雑なことを完全に理解する）、**distinguish**（the real from the fake）「何かが他のものと違うと認識する」、**perceive**（the danger）「五感を働かせて気づく、何らかのとらえ方をする」、**acknowledge**（her genius）は「事実・価値・重要性を認識する」、**detect**（a lie）「非常にわかりにくいものや犯罪などを発見する」、**discern**（the difference）「かなり見分けにくいものを五感と頭で識別する」、**grasp**（the concept）「複雑なことを完全に理解する」などがあります。

052

0191
□□□□□
tranquil
[trǽŋkwil]

形 穏やかな、落ち着いた (≒ calm, peaceful)
名 tranquility 落ち着き

a tranquil lake ▶ 静寂な湖
a small tranquil village ▶ 小さな落ち着いた村

0192
□□□□□
transcend
[trænsénd]

動 ～を超越する (≒ surpass, exceed)
形 transcendental 超越した

transcend cultural differences ▶ 文化の違いを越える

0193
□□□□□
uneasy
[ʌníːzi]

形 不安な、不安定な (≒ worried, insecure)

an uneasy feeling ▶ 不安な感情
an uneasy relationship ▶ 不安定な関係

0194
□□□□□
vain
[véin]

形 むなしい、虚栄心の強い
名 vanity 虚栄心

a vain attempt[hope] ▶ むなしい試み[希望]

0195
□□□□□
vanish
[vǽniʃ]

動 消滅する、見えなくなる

The airplane vanished without a trace. ▶ 飛行機は跡かたなく消えた。

0196
□□□□□
verify
[vérəfài]

動 ～を検証する、～を確かめる (≒ confirm)
名 verification 検証、確認

verify the facts[figures] ▶ 事実[数字]を検証する

0197
□□□□□
vertical
[vɚ́ːrtikəl]

形 垂直の、縦の (≒ perpendicular)

a vertical line[cliff] ▶ 垂直線、切り立った崖

0198
□□□□□
wicked
[wíkid]

形 いたずら好きな、ひどく悪い (≒ evil, immoral)

a wicked smile[crime] ▶ いたずらっぽい微笑み、卑劣な犯罪

0199
□□□□□
witness
[wítnis]

名 目撃者、証拠
動 ～を目撃する、証言する

a witness account ▶ 目撃者の証言
witness a murder ▶ 殺人を目撃する

0200
□□□□□
yearn
[jɚ́ːrn]

動 憧れる、切望する (≒ desire, long)
名 yearning 憧れ

yearn for peace ▶ 平和を切に願う

GOAL

0191
0200

START

第5日

2

問題 次の下線部の意味に近い語を、下から選んでください。

① **contrary** opinion .... 正反対の意見

② **diminish** the cost .... コストを下げる

③ a small **tranquil** village .... 小さな落ち着いた村

④ an unexpected **consequence** .... 予期せぬ結果

⑤ make every **endeavor** .... あらゆる努力をする

⑥ a personality **trait** .... ある性格的特徴

⑦ an insincere **compliment** .... 心にもないお世辞

⑧ **flourishing** industries .... 繁栄している産業

⑨ **surpass** our expectations .... 期待を超える

⑩ **betray** the truth .... 真実を暴露する

⑪ a **notorious** criminal .... 悪名高き犯罪者

⑫ **retain** qualified staff .... 能力のあるスタッフを
つなぎとめておく

⑬ an **adverse** effect on the economy .... 経済への逆効果

⑭ practice **peculiar** to Japan .... 日本独特の慣習

⑮ **prevalent** mood .... 一般的なムード

選択肢

A unique	**B** maintain	**C** characteristic	**D** effort	**E** outcome
F exceed	**G** unfavorable	**H** opposite	**I** reduce	**J** peaceful
K thriving	**L** widespread	**M** reveal	**N** praise	**O** infamous

解答

① H	② I	③ J	④ E	⑤ D	⑥ C	⑦ N	⑧ K
⑨ F	⑩ M	⑪ O	⑫ B	⑬ G	⑭ A	⑮ L	

Chapter ▸2

iBT®
60
突破
500
ITP®

0201 □□□□□
accessible
[æksésəbəl]

形 アクセスし易い、(人が)連絡を取りやすい

accessible by public transportation ▶ 公共交通機関でアクセスできる
accessible to the disabled ▶ 身体障害者に利用し易い

0202 □□□□□
accumulate
[əkjú:mjulèit]

動 (〜を)蓄積する
名 accumulation 蓄積

accumulate wealth[debt] ▶ 富[借金]をためる

0203 □□□□□
acknowledge
[æknálidʒ]

動 〜を認める、〜に感謝する
名 acknowledgement 同意

acknowledge my error ▶ 過失を認める
be acknowledged as a genius ▶ 天才として認められる

0204 □□□□□
acquaint
[əkwéint]

動 〜を知らせる、〜に精通する
名 acquaintance 知り合い

be acquainted with my work ▶ 仕事に精通する

0205 □□□□□
ambiguous
[æmbígjuəs]

形 あいまいな(≒vague, unclear)
名 ambiguity あいまいさ

ambiguous questions[comments] ▶ あいまいな質問[コメント]

0206 □□□□□
arouse
[əráuz]

動 〜を目覚めさせる、〜を刺激する(≒stimulate)
名 arousal 喚起

arouse my curiosity[interest] ▶ 好奇心[興味]をかきたてる

0207 □□□□□
attribute
[ətríbju:t]

動 〜を〜のお陰とする(≒ascribe)
名 特性、属性

attribute the success to hard work ▶ 成功を努力の賜物だと考える

0208 □□□□□
brutal
[brú:tl]

形 冷酷な、粗暴な(≒cruel)
名 brutality 残忍さ

brutal murders[attacks] ▶ 冷酷な殺人[攻撃]

0209 □□□□□
clarify
[klǽrəfài]

動 〜を明確にする(≒make clear)
名 clarity 明瞭さ

clarify major issues ▶ 主要課題を明確にする
clarify my position ▶ 自分の立場をはっきりさせる

0210 □□□□□
classify
[klǽsəfài]

動 〜を分類する(≒categorize)

classify animals ▶ 動物を分類する
Library books are classified by subject.
▶ 図書館の本はテーマで分類される。

GOAL

0201
0210

START

09 Earthquake Cloud

Earthquake clouds refer to a newly **precursory phenomenon** before the occurrence of big earthquakes. Aside from conventional phenomena such as the noise interruptions to TV and radio broadcasting, the sudden change of colors on the ocean and the **proliferation** of mice, the presence of the strangely-shaped **cloud bands** is observed before an earthquake. They take various shapes and stay long in one place without being blown by the wind. A theory holds that these clouds are generated by a lot of **atmospheric ions** before large-scale underground **abnormalities**.

☐ **earthquake cloud**	地震雲	☐ **cloud band**	筋状の雲
☐ **precursory phenomenon** [prikə́:səri] [fənámənən]	予兆現象	☐ **atmospheric ion** [ætməsférik]	大気イオン
☐ **proliferation** [prəlifəréiʃən]	大量発生	☐ **abnormalities** [æbnɔrmǽlətiz]	異変

地震雲とは大地震発生の前におこる新たな予兆現象について言われる。従来の予兆現象には、テレビやラジオ放送にノイズが混じる、海面の色が突然変わる、ネズミが大量に発生するなどがあるが、これらとは別に、地震に先立ち、奇妙な形をした筋状の「地震雲」が観測される。その形はさまざまで、風に流されることなく、1つのところに長い時間留まっているということである。地下で大きな異変が起こる前にたくさんの大気イオンが発生し、それにより地震雲が発生するという説がある。

Q ❶ What are the characteristics of earthquake clouds?
❷ What is one explanation for the formation of earthquake clouds?

天文学／地質学／気象学／生物学／心理学／物理学／歴史／芸術／政治／経済

056

0211 ☐☐☐☐☐
coincide
[kòuinsáid]
動 同時に起きる (≒ occur simultaneously)、一致する
名 coincidence 同時に発生、一致すること
形 coincident 同時に起こる、一致した
The two events coincided. ▶ 2つの事件が同時に起きた。

0212 ☐☐☐☐☐
combat
名 [kámbæt]
動 [kəmbæt]
名 戦闘 (≒ battle)
動 戦う、〜に敵対する
combat missions[casualties] ▶ 戦闘任務[死傷者]

0213 ☐☐☐☐☐
commemorate
[kəmémərèit]
動 〜を記念して祝う、〜を追悼する
名 commemoration 祝賀
commemorate the anniversary ▶ 記念日を祝う

0214 ☐☐☐☐☐
comparable
[kámpərəbl]
形 類似の、同等の (≒ equivalent)
comparable in magnitude to the effect ▶ 大きさでその影響に匹敵する

0215 ☐☐☐☐☐
compassion
[kəmpǽʃən]
名 慈悲、同情 (≒ sympathy)
形 compassionate 思いやりのある
show compassion for the poor ▶ 貧しい人に思いやりの気持ちを示す

0216 ☐☐☐☐☐
compliance
[kəmpláiəns]
名 遵守
動 comply 従う (≒ obey, abide by)
compliance with the law[policy] ▶ 法[方針]の遵守

0217 ☐☐☐☐☐
comprehensive
[kàmprihénsiv]
形 理解ある、包括的な 動 comprehend 〜を理解する
名 comprehension 理解
a comprehensive study ▶ 包括的研究
a comprehensive curriculum ▶ 総合的なカリキュラム

0218 ☐☐☐☐☐
concede
[kənsíːd]
動 〜を認める、譲る (≒ accept)
名 concession 譲歩、譲与、利権
concede defeat[a game] ▶ 敗北[ゲームに負けたこと]を認める

0219 ☐☐☐☐☐
condemn
[kəndém]
動 〜を激しく非難する、〜を有罪宣告する (≒ censure, convict)
名 condemnation 激しい非難、有罪宣告
condemn the violence[attack] ▶ 暴力[攻撃]を激しく非難する

0220 ☐☐☐☐☐
confine
動 [kənfáin]
名 [kánfain]
動 〜を閉じ込める、〜を限定する (≒ trap, limit) 名 境界、制約
名 confinement 監禁
be confined to bed[a wheelchair]
▶ 寝たきりである[車いすの生活を送る]

0211 0220

GOAL

START

⑩ The Mesozoic Era

The Mesozoic era is the era of **geological time** ranging from the end of **the Paleozoic era** about 225 million years ago to the beginning of **the Cenozoic era** about 65 million years ago. Comprising **the Triassic**, **Jurassic**, and **Cretaceous periods**, it is marked by the appearance of birds, mammals and flowering plants, and giant **reptiles**. The Mesozoic was a period of significant **tectonic**, climate and evolutionary activity, which witnessed the gradual **rifting** of the **supercontinent** Pangaea into separate **landmasses** that would eventually move into their current positions.

the Mesozoic era [mèzəzóuik] [íːrə]	中生代	the Cretaceous period [kritéiʃəs]	白亜紀
geological time	地質時代	reptile [réptl]	爬虫類
the Paleozoic era [pèiliouzóuik]	古生代	tectonic	地質構造の
the Cenozoic era [siːnəzóuik]	新生代	rifting	引き裂くこと
the Triassic period [traiǽsik]	三畳紀	supercontinent	超大陸
the Jurassic period [dʒurǽsik]	ジュラ紀	landmass	陸塊

中生代とは、約2億2500万年前の古生代の終わりから、約6500万年前の新生代の始まりまでをさす地質時代の区分である。三畳紀、ジュラ紀、白亜紀からなり、鳥類、哺乳類、顕花植物、巨大爬虫類の出現が特徴である。中生代は重要な地質構造、気候、進化活動の時代であり、超大陸であるパンゲアが引き裂かれ、分離した陸塊が最終的に現在の位置へと移っていった時代でもある。

Q ❶ What evolutionary events occurred in the Mesozoic era?
❷ What was a significant tectonic activity that marks the Mesozoic era?

天文学 地質学 気象学 生物学 心理学 物理学 歴史 芸術 政治 経済

059

0221
⬜⬜⬜⬜⬜
conform
[kənfɔ́:rm]
動 従う、一致する (≒ comply with, obey)
名 conformity 一致、調和
conform to the rules[stereotype] ▶ 規則[固定観念]に従う

0222
⬜⬜⬜⬜⬜
consistent
[kənsístənt]
形 一貫性がある、着実な (≒ steady, compatible)
名 consistency 一貫性
consistent efforts ▶ 不断の努力
consistent evidence ▶ 一貫した証拠

0223
⬜⬜⬜⬜⬜
conspiracy
[kənspírəsi]
名 陰謀、謀略 (≒ plot)
動 conspire 陰謀を企てる
a conspiracy to commit murder ▶ 殺人の陰謀
a terrorist conspiracy ▶ テロの陰謀

0224
⬜⬜⬜⬜⬜
constitute
[kánstət(j)ù:t]
動 ～を構成する、～に等しい (≒ account for, be equivalent to ~)
名 constitution 憲法、構成
constitute 10% of GDP ▶ GDPの10%を占める

0225
⬜⬜⬜⬜⬜
demanding
[dimǽndiŋ]
形 要求の厳しい、注文の多い (≒ tough, challenging)
a demanding job[task] ▶ 要求の厳しい仕事[課題]

0226
⬜⬜⬜⬜⬜
depict
[dipíkt]
動 ～を描写する、～を表現する (≒ portray, describe)
名 depiction 描写、表現
depict the process[violence] ▶ プロセス[暴力]を描写する

0227
⬜⬜⬜⬜⬜
designate
動 [dézignèit]
形 [dézignət]
動 ～を指名する、～を指定する (≒ appoint, classify)
形 (役職などに)指名された　名 designation 指名、指定
be designated as a World Cultural Heritage site
▶ 世界文化遺産に指定される

0228
⬜⬜⬜⬜⬜
detached
[ditǽtʃt]
形 分離した (≒ disconnected)、一戸建ての
動 detach を分離させる　名 detachment 分離
a detached house ▶ 一戸建ての家
detached from the world ▶ 世の中から隔絶された

0229
⬜⬜⬜⬜⬜
dominant
[dámənənt]
形 優勢な、支配的な (≒ governing)
動 dominate 支配する
dominant genes ▶ 優性遺伝子
dominant species ▶ 優占種、優性

0230
⬜⬜⬜⬜⬜
drawback
[drɔ́:bæk]
名 欠点、不利 (≒ disadvantage, downside)
drawbacks to the plan[product] ▶ その計画[商品]の欠点

GOAL

0221
0230

START

01 Magnetic Reversal

060 SENTENCE

The magnetosphere, the **magnetic field** in space that surrounds the Earth, has profound effects on life on our planet, sheltering life from **solar winds** and magnetic navigation. The magnetic field is generally believed to be produced by the movement of **molten iron** in the Earth with a dynamo effect. Some researchers suggest that the magnetosphere is weakening, and there will occur a **magnetic reversal**, where magnetic north becomes south and vice versa. Geological findings from ancient lava suggest that the poles have reversed approximately every 250,000 years. Most experts believe that reversals are related to the **turbulence** in the Earth's liquid outer core. Scientists have been exploring the possibility that reversals could be linked to Cretaceous-Paleogene extinctions of species, while linking magnetic reversals to climate change including periods of frequent rapid cooling and warming as well as eruptions of supervolcanos.

061 WORDS

☐ **the magnetosphere**
[mægníːtəusfiə]　磁気圏

☐ **magnetic field**　磁場

☐ **solar wind**　太陽風

☐ **molten iron**
[móultn]　溶解した鉄

☐ **magnetic reversal**　地磁気の逆転

☐ **turbulence**
[tə́rbjələns]　大乱流

TRANSLATION

磁気圏とは、地球を取り巻く宇宙の磁場であるが、私たちの惑星の生命に多大な影響を与えており、太陽風や磁気ナビゲーションから生命を守ってくれている。磁場は一般にダイナモ効果をもつ、地球内部の溶解した鉄の動きにより作り出されていると考えられている。研究者の中には、磁気圏が弱まっており、将来地磁気の逆転が起こる、つまり、地磁気の北が南になり、南が北になる、と示唆する者もいる。古代の溶岩の地質学的研究結果では、地球の極は約25万年ごとに逆転すると考えられている。専門家の多くは、地磁気の逆転は地球の液体状の外核の大乱流に関わりがあると考えている。同時期に起こった地磁気の逆転と、頻発する急激な寒冷化・温暖化の時期を含む気候変化や巨大火山の噴火を関連付ける一方、地磁気の逆転と白亜紀から古第三紀の生物絶滅との関連の可能性を科学者たちは研究している。

Q
❶ What is commonly believed to produce the magnetic field?
❷ What events do scientists link magnetic reversals to?

天文学　地質学　気象学　生物学　心理学　物理学　歴史　芸術　政治　経済

GOAL

0231 ☐☐☐☐☐
embrace
[imbréis]

動 〜を抱きしめる、〜を受け入れる(≒ hug, welcome)
名 抱擁、容認

embrace a child ▶ 子どもを抱きしめる
embrace a foreign culture ▶ 外国の文化を受け入れる

0232 ☐☐☐☐☐
eminent
[émənənt]

形 高名な、優れた

an eminent artist[writer] ▶ 著名な芸術家[作家]

0233 ☐☐☐☐☐
enclose
[enklóuz]

動 〜を囲む、〜を同封する
形 enclosed 同封の、囲まれた

enclose a copy ▶ 書類の写しを同封する
enclosed areas ▶ 封鎖地域

0234 ☐☐☐☐☐
enrich
[inrítʃ]

動 〜を豊かにする、〜を濃縮する(≒ improve, enhance)

enrich her experience[the culture] ▶ 彼女の経験[文化]を豊かにする

0235 ☐☐☐☐☐
expire
[ikspáiər]

動 期限が切れる、満期になる(≒ end, terminate)
名 expiration 満期

The contract[My passport] expired.
▶ 契約の[パスポートの有効]期限が切れた。

0236 ☐☐☐☐☐
exquisite
[ikskwízit]

形 優雅な、この上なくすぐれた(≒ elegant, refined)

exquisite craftmanship ▶ 絶妙の職人芸
exquisite wine ▶ 極上のワイン

0237 ☐☐☐☐☐
fabricate
[fǽbrikeit]

動 〜を捏造する(≒ make up)、〜を組み立てる(≒ manufacture)
形 fabricated 捏造された、組み立てられた

fabricate a story ▶ 話をでっち上げる
fabricate a bridge ▶ 橋を組み立てる、歯の矯正装置を作る

0238 ☐☐☐☐☐
famine
[fǽmin]

名 飢饉、不足、飢餓、飢え

die of[from] famine ▶ 飢餓で死ぬ

0231
-
0240

0239 ☐☐☐☐☐
fascinate
[fǽsənèit]

動 (人)を魅了する(≒ enchant)
名 fascination 魅了

fascinate the world ▶ 世界を魅了する
be fascinated by her dancing ▶ 彼女の踊りに魅了される

0240 ☐☐☐☐☐
filthy
[fílθi]

形 不潔な、みだらな(≒ dirty)
名 filth 不潔なもの

filthy hands ▶ 汚れた手
a filthy look ▶ 険悪な視線

START

02 Aurora

063 SENTENCE

An **aurora** is a natural electrical phenomenon characterized by the appearance of **streamers of reddish or greenish light** in the sky, especially near the northern or southern **magnetic poles** (**Arctic and Antarctic**). This phenomenon is caused by the collision of energetic **charged particles** with atoms in the high **altitude** atmosphere (**the thermosphere**). The charged particles originate in the magnetosphere and from solar winds, and on Earth are directed by the Earth's magnetic field into the atmosphere. There they produce particles in various colors by **ionizing atmospheric gases** such as oxygen and nitrogen.

064 WORDS

- ☐ **aurora** [ɔːrɔ́ːrə] オーロラ
- ☐ **streamers of reddish or greenish light** [stríːmərz] 淡い赤や緑がかった射光
- ☐ **magnetic pole** 磁極
- ☐ **Arctic and Antarctic** [árktik] [æntárktik] 北極と南極の
- ☐ **charged particle** [pártikl] 荷電粒子
- ☐ **altitude** [ǽltitùːd] 高度
- ☐ **the thermosphere** [θə́ːməsfiə] 熱圏
- ☐ **ionize ~** [áianàiz] ～をイオン化する
- ☐ **atmospheric gas** [ætməsférik] 大気中のガス

TRANSLATION

オーロラは自然の電気現象で、特に南北両磁極（北極と南極）の空に現れる淡い赤や緑がかった射光を特徴とする。この現象は、高度の高い大気（熱圏）に存在する原子と活発な荷電粒子の衝突によって引き起こされる。荷電粒子はもともと、磁気圏や太陽風で生じるもので、地球上では地球の磁場によって大気中に向けられる。そこで荷電粒子は、酸素や窒素などの大気中のガスをイオン化し、さまざまな色の粒子を作る。

Q
❶ What is the main cause of an aurora?
❷ What process produces a variety of colored particles?

GOAL

0241　□□□□□
forge
[fɔ́ːrdʒ]

動 ～を作り出す、～を偽造する(≒produce)、徐々に進む(≒move)
名 鍛冶場

forge a relationship[alliance] with ~ ▶ ～との関係を築く
forge a document[a passport] ▶ 文書[パスポート]を偽造する

0242　□□□□□
fragile
[frǽdʒəl]

形 壊れやすい、脆弱な(≒delicate)
名 fragility 壊れやすさ

fragile peace ▶ 脆弱な平和
fragile bones ▶ 弱い骨

0243　□□□□□
frail
[fréil]

形 弱い、もろい(≒weak, fragile)
名 frailty 弱さ、弱点

the frail elderly ▶ 虚弱な高齢者
a frail body ▶ 痩せた体

0244　□□□□□
futile
[fjúːtl]

形 役に立たない、無駄な(≒useless, fruitless)

a futile effort[attempt] ▶ 無駄な努力[無益な試み]

0245　□□□□□
hinder
[híndər]

動 妨げる、遅らせる(≒block, delay)
名 hindrance 妨害

hinder the development[growth] ▶ 発展の妨げになる

0246　□□□□□
imperative
[impérətiv]

形 必要不可欠の
名 必須[緊急]事項(≒requirement)

It is imperative that complaints be handled properly.
▶ 苦情は適切に処理することが必要不可欠である。

0247　□□□□□
incorporate
[inkɔ́ːrpərèit]

動 ～を組み入れる、～を合併させる
名 incorporation 合併

incorporate a company[a business] ▶ 事業を法人化する

0248　□□□□□
induce
[ind(j)úːs]

動 ～を引き起こす、～を説得する
名 inducement 誘発物

induce vomiting[sleep, fear] ▶ 嘔吐[眠け、恐怖]を引き起こす

0249　□□□□□
inevitable
[inévətəbl]

形 避けられない、当然の(≒unavoidable)
副 inevitably 必然的に

an inevitable result ▶ 当然の結果
an inevitable conclusion ▶ 必然的な結論

0250　□□□□□
ingredient
[ingríːdiənt]

名 原材料、要素(≒component, element)

key ingredients of success ▶ 成功の主要素

0241
0250

START

03 The Ozone Layer

066
SENTENCE

The ozone layer is a layer that contains relatively **high concentrations of ozone** (O₃), located mainly in the lower portion of **the stratosphere**, approximately 30–40 km above earth. The layer is vitally important for all living things on earth because it absorbs 97–99% of biologically harmful **ultraviolet light** emitted from the sun. The major cause of **ozone depletion** is apparently an increase in the amount of chlorofluorocarbons (CFCs) and other **anthropogenic halogen compounds** often used in refrigerators, air conditioners, or spray cans. In order to address the problem, major industrialized countries have been striving to come up with innovative solutions.

067
WORDS

☐ **the ozone layer**
[óuzoun] [léiər]　オゾン層

☐ **high concentrations of ozone**
[kànsəntréiʃənz]
高濃度のオゾン

☐ **the stratosphere**
[strǽtəsfiər]　成層圏

☐ **ultraviolet light**
[ʌ̀ltrəváiəlit]　紫外線

☐ **ozone depletion**
[diplíːʃən]　オゾン層破壊

☐ **anthropogenic**
[æ̀nθrəpəudʒénik]　人為的な、人間が原因の

☐ **halogen compound**
[hǽlədʒən]　ハロゲン化合物

TRANSLATION

オゾン層とは、比較的高濃度のオゾンを含む層であり、主に地上高度約30〜40km付近、成層圏下部に存在している。この層は太陽から放出される生物学的に有害な紫外線の97〜99％を吸収するため、地球上のすべての生物にとって極めて重要である。非常に懸念されているオゾン層破壊の主な原因は、明らかに冷蔵庫、空調やスプレー缶に多用さているクロロフルオロカーボン（フロンガス）および、その他の人為起源のハロゲン化合物の増加である。この問題を解決すべく、主要工業国が革新的な解決法発見に努めている。

Q ❶ What benefit does the ozone layer have for earth?
❷ What is the major culprit of ozone depletion?

天文学
地質学
気象学
生物学
心理学
物理学
歴史
芸術
政治
経済

068

0251 ☐☐☐☐☐
inhale
[inhéil]
動 (空気を)吸い込む(≒ breathe in)、〜をガツガツ食べる
反 exhale
inhale the air[smoke] ▶ 空気[煙]を吸い込む

0252 ☐☐☐☐☐
inherent
[inhí(ə)rənt]
形 固有の、本来の(≒ intrinsic, innate)
Mountaineering has its inherent dangers.
▶ 山登りには危険はつきものである。

0253 ☐☐☐☐☐
justify
[ʤʌ́stəfài]
動 〜を正当化する(≒ validate, be a good reason for)
名 justification 正当化、根拠
justify the attacks[their actions] ▶ 攻撃[彼らの行動]を正当化する

0254 ☐☐☐☐☐
literally
[lítərəli]
副 文字通りに、本当に
名 literacy 読み書き能力
形 literal 文字どおりの
interpret his order literally ▶ 彼の命令を文字通りに解釈する

0255 ☐☐☐☐☐
maximize
[mǽksəmàiz]
動 〜を最大限にする
maximize the potential[efficiency] ▶ 潜在力[効率]を最大限に高める

0256 ☐☐☐☐☐
menace
[ménis]
名 脅威、脅迫(≒ threat)
動 脅す、〜の脅威となる
the worst menace to society ▶ 社会への最悪の脅威

0257 ☐☐☐☐☐
multiply
[mʌ́ltəplài]
動 掛け算をする、〜を増加させる(≒ increase)
The germs multiply quickly during hot seasons.
▶ 細菌は暑い季節には急激に増殖する。
multiply the risk of disease ▶ 病気のリスクを増やす

0258 ☐☐☐☐☐
myth
[míθ]
名 神話、伝説(≒ folktale)、
　　根拠のない社会通念(≒ misconception)
Greek[ancient] myths ▶ ギリシャ[古代]神話
a myth of economic growth ▶ 経済成長神話

0259 ☐☐☐☐☐
narrowly
[nǽrouli]
副 辛うじて、狭く、狭義に(≒ barely, scarcely)
narrowly escape an accident ▶ 辛うじて事故を免れる

0260 ☐☐☐☐☐
obscure
[əbskjúər]
形 あいまいな、無名の(≒ vague)
名 あいまいにする
an obscure meaning ▶ はっきりしない意味
an obscure writer ▶ 無名の作家

GOAL

0251
〜
0260

START

04 Hurricane

069 SENTENCE

A **hurricane** is a severe **tropical cyclone** with a velocity of 74 miles/hour (119 km/hour) or more. It originates over the warm water of **the Atlantic and Pacific Oceans** and travels to the north from June through November. With **the eye**, or the calmest part of the hurricane, in the center, winds rotate inward **spiraling counterclockwise** in **the Northern Hemisphere** and **clockwise** in **the Southern Hemisphere**. Often accompanied by **torrential rains** and followed by **flooding**, hurricanes can cause devastating damage to property and life.

070 WORDS

☐ **hurricane** [hə́rəkèin]	ハリケーン	☐ **counterclockwise** [kàuntərklákwàiz]	反時計回りに
☐ **tropical cyclone** [trápikəl]	熱帯性サイクロン	☐ **the Northern Hemisphere** [hémisfiər]	北半球
☐ **the Atlantic Ocean**	大西洋	☐ **clockwise** [klákwàiz]	時計回りに
☐ **the Pacific Ocean**	太平洋	☐ **the Southern Hemisphere**	南半球
☐ **the eye**	（ハリケーンの）目	☐ **torrential rain** [tɔrénʃəl]	豪雨
☐ **spiral**	らせん回転する	☐ **flooding** [flʌ́diŋ]	洪水

ハリケーンとは時速74マイル（時速119km）以上に達する激しい熱帯性サイクロンである。大西洋や太平洋の暖かい海上で発生し、6月から11月の季節に北上する。ハリケーンのもっとも静かな部分である目を中心に、北半球では風が反時計回りに、南半球では時計回りに内部に向かって急速にらせん回転する。しばしば豪雨やその後に洪水を伴い、上陸したときには、器物、生命に破壊的な被害を与える可能性がある。

Q ❶ Which parts of the world does a hurricane originate in?
❷ What are the characteristics of a hurricane?

071

GOAL

0261 ☐☐☐☐☐
obsessed
[əbsést]

形 〜に取りつかれた (≒ preoccupied)

be obsessed with money[dieting] ▶ お金[ダイエット]に取りつかれて

0262 ☐☐☐☐☐
obstinate
[ábstənət]

形 頑固な、問題が手に負えない (≒ stubborn)

an obstinate refusal to accept others' opinions
▶ 他人の意見の受け入れを頑固に拒否すること

0263 ☐☐☐☐☐
offspring
[áfspriŋ]

名 (人や動物の)子、子孫 (≒ child, descendant)

the offspring of the animal[plant] ▶ 動[植]物の子孫

0264 ☐☐☐☐☐
originate
[ərídʒənèit]

動 由来する (≒ derive)、始める
名 origination 始まり

The plant originated in Africa. ▶ その植物はアフリカ産である。

0265 ☐☐☐☐☐
outgoing
[áutgòuiŋ]

形 社交的な (≒ sociable)、辞職する (retiring)
名 出発

an outgoing and friendly salesperson ▶ 社交的で優しい販売員
an outgoing president ▶ 退職する社長

0266 ☐☐☐☐☐
persistent
[pərsíst(ə)nt]

形 粘り強い、持続する (≒ tenacious, chronic)
名 persistence 粘り強さ、貫徹
動 persist 貫き通す、持続する

a persistent pain[cough] ▶ しつこい痛み[咳]

0267 ☐☐☐☐☐
perspective
[pərspéktiv]

名 視点 (≒ viewpoint)、大局観、遠近感

economic[cultural] perspectives ▶ 経済的[文化的]観点

0268 ☐☐☐☐☐
potential
[pəténʃəl]

形 潜在的な
名 潜在力、可能性

potential risks[dangers] ▶ 潜在的危険性
a potential ability[market] ▶ 潜在能力[市場]

0269 ☐☐☐☐☐
proponent
[prəpóunənt]

名 提唱者、支持者 (≒ advocate, supporter)

a proponent of AI technology ▶ AI技術の提唱者

0270 ☐☐☐☐☐
provoke
[prəvóuk]

動 〜を引き起こす、〜を怒らせる (≒ arouse)
形 provocative 挑発的な
名 provocation 挑発

provoke a confrontation[anger] ▶ 対立[怒り]を引き起こす

0261
0270

START

05 **Tornado**

072 SENTENCE

A **tornado** is a **twisting column** of fast-moving air that is the most destructive of **atmospheric disturbances**. It occurs at a **cold front** when humid warm air suddenly releases a large amount of water as it cools. The energy liberated by **condensing** water produces a column of cloudy air spinning so fast that it sucks everything it meets into the column. Often referred to as **twisters** or **cyclones**, tornadoes come in many shapes and sizes, but they are typically in the form of a visible **condensation funnel**. Most tornadoes, about 250 feet across, travel a few miles before **dissipating** at a speed of less than 110 miles per hour.

073 WORDS

☐ **tornado** [tɔrnéidou]	竜巻	☐ **twister** [twístər] つむじ風
☐ **twisting column** [twístiŋ] [káləm] らせん状に回転している柱		☐ **cyclone** サイクロン
☐ **atmospheric disturbance** [ӕtməsférik] 大気擾乱		☐ **condensation** [kàndənséiʃən] 凝縮水滴
☐ **cold front** 寒冷前線		☐ **funnel** [fʌ́nəl] 漏斗型のもの
☐ **condense** [kəndéns] 凝縮する		☐ **dissipate** [dísəpèit] 消散する

竜巻とはらせん状に回転しながら高速で移動する空気の柱で、強烈な破壊力を持つ大気擾乱である。湿った暖かい空気が冷え、大量の水を急に放出する際、寒冷前線で起こる。水分を凝縮するときに放出されるエネルギーが作り出す雲のような空気の柱は高速で回転するため、通過地点に存在するものはすべて吸い込まれる。竜巻はつむじ風やサイクロンとも呼ばれ、その形状・規模はさまざまであるが、肉眼で確認できる凝縮水滴は漏斗型形状をしているのが特徴である。たいていの竜巻は直径約250フィート（約80m）だが、消散するまで時速110マイル（約180km）以下のスピードで数マイル進む。

Q ❶ What generates a twisting column of fast-moving air?
❷ What do tornadoes commonly look like?

074

GOAL

0271 ☐☐☐☐☐

prudent

[prú:dnt]

形 慎重な、賢明な (≒ cautious, judicious)

prudent management[advice] ▶ 賢明な経営[助言]

0272 ☐☐☐☐☐

rage

[réidʒ]

名 激怒 (≒ fury)、大流行 (≒ craze)
動 猛威をふるう

Net shopping is all the rage. ▶ ネットの買物が大流行している。
a raging storm ▶ 猛威をふるっている嵐

0273 ☐☐☐☐☐

reckless

[réklis]

形 向う見ずな、無謀な (≒ rash)
反 careful 注意深い
副 recklessly 向う見ずに、無謀にも

reckless driving[development] ▶ 無謀運転[乱開発]

0274 ☐☐☐☐☐

reconcile

[rékənsàil]

動 〜を和解させる、〜を仲裁する (≒ mediate)
名 reconciliation 和解

reconcile the conflict[dispute] ▶ 紛争を調停する

0275 ☐☐☐☐☐

refined

[rifáind]

形 上品な (≒ sophisticated, elegant)、精製された

a refined taste in clothes ▶ 服のセンスのよさ
refined sugar[oil] ▶ 白砂糖[精製油]

0276 ☐☐☐☐☐

relevant

[réləvənt]

形 関連した (≒ related)
名 relevance 関連性、妥当性

relevant documents[information] ▶ 関連書類[情報]

0277 ☐☐☐☐☐

reminder

[rimáindər]

名 思い出させるもの[手紙、通知]、催促状 (≒ notice)

The notice serves as a reminder that payment is due.
▶ 通知書は支払い期限を思い出させるものである。

0278 ☐☐☐☐☐

**0271
0280**

resolve

[rizálv]

動 決意する、解決する (≒ solve)
名 決断

resolve the case[issue] ▶ 事件[課題]を解決する

0279 ☐☐☐☐☐

resort

[rizɔ́:rt]

動 (手段として)訴える
名 リゾート、訴えること

resort to violence[force] ▶ 暴力[武力]に訴える
a last resort ▶ 最後の手段

0280 ☐☐☐☐☐

savage

[sǽvidʒ]

形 残酷な、激しい、凶暴な (≒ fierce, barbarous)

a savage attack[dog] ▶ 猛攻撃、どう猛な犬

START

第**7**日

06 El Niño

El Niño is a band of unusually warm ocean water temperatures periodically developing off the western coast of South America, which can cause **climatic changes** across the Pacific Ocean. There is a **phase** of "El Niño-Southern Oscillation" (ENSO) with variations in the surface temperature of **the tropical eastern Pacific Ocean** and in air surface pressure in the tropical western Pacific. In contrast to El Niño, the cold phase, **La Niña**, causes low air surface pressure in the western Pacific. The extremes of this climate pattern's oscillations cause **extreme weather** such as **floods** and **droughts** in many regions in the world.

☐ **El Niño** [el ní:njou]　エルニーニョ

☐ **climatic change** [klaimǽtik]　気候変動

☐ **phase** [feiz]　期

☐ **El Niño-Southern Oscillation (ENSO)**　エルニーニョー南方振動

☐ **the tropical eastern Pacific Ocean**　東部熱帯太平洋

☐ **La Niña** [lɑː ní:njə:]　ラニーニャ現象

☐ **extreme weather**　異常気象

☐ **flood**　洪水

☐ **drought** [draut]　干ばつ

エルニーニョとは、南米の西海岸沖合で定期的に起こる異常な水温上昇のことで、太平洋に気候変動を引き起こす。東部熱帯太平洋の海面温度と西部熱帯太平洋の海面気圧の変動が起こるエルニーニョー南方振動期がある。「エルニーニョ現象」に対して、水温が低下する「ラニーニャ現象」では太平洋西部の海面気圧が下がる。この気候パターンの振動が極端な場合は、洪水、干ばつなどの異常気象が世界の多くの地域で起こる。

Q ❶ What oscillates in "El-Niño-Southern Oscillation" (ENSO)?
❷ How is La Niña different from El Niño?

077

0281 ☐☐☐☐☐
serene
[sərí:n]

形 穏やかな、静かな (≒ tranquil)
名 serenity 静穏、平静

a serene mind [landscape] ▶ 穏やかな心[風景]

0282 ☐☐☐☐☐
shatter
[ʃǽtər]

動 ～を打ち砕く (≒ smash, crush)

shatter my dreams [hopes] ▶ 夢[希望]を打ち砕く

0283 ☐☐☐☐☐
shortcoming
[ʃɔ́:tkʌ̀miŋ]

名 (通例複数形)欠点、欠陥 (≒ weakness, drawback)

the shortcomings of the system ▶ 制度の欠陥

0284 ☐☐☐☐☐
shrink
[ʃríŋk]

動 縮む、ひるむ
名 shrinkage 収縮

The cloth will shrink in the dryer. ▶ その布は乾燥機で縮む

0285 ☐☐☐☐☐
spacious
[spéiʃəs]

形 広々とした、広範な (≒ roomy)

a spacious living room [lobby] ▶ 広々としたリビングルーム[ロビー]

0286 ☐☐☐☐☐
spectacular
[spektǽkjulər]

形 壮観な (≒ impressive, splendid)
名 spectacle 壮観

a spectacular performance [success] ▶ 見事な演技[成功]

0287 ☐☐☐☐☐
striking
[stráikiŋ]

形 顕著な、魅力的な、印象的な

a striking contrast between wealth and poverty ▶ 著しい貧富の差

0281
0290

0288 ☐☐☐☐☐
subjective
[səbdʒéktiv]

形 主観的な (≒ personal)
反 objective 客観的な

subjective opinions [assessments] ▶ 主観的意見[評価]

0289 ☐☐☐☐☐
superstition
[sù:pərstíʃən]

名 迷信、(未知への)畏敬
形 superstitious 迷信深い

popular [primitive] superstitions ▶ 一般的[原始的]な迷信

0290 ☐☐☐☐☐
supreme
[səprí:m]

形 最高位の、最高の (≒ highest, leading)
名 supremacy 優位、覇権

the Supreme Court [supreme commander] ▶ 最高裁判所[司令官]

GOAL

START

07 Hectopascal

078 SENTENCE

The **hectopascal (hPa)** is an international unit for measuring **atmospheric or barometric pressure**. **Meteorologists** worldwide have long measured atmospheric pressure in **bars**, which was originally equivalent to **the average air pressure** on Earth. Despite the introduction of SI units (the international system of units), many chose to preserve the customary pressure figures, thus redefining the bar as 100,000 pascals, only slightly lower than the standard air pressure on Earth. Today, however, many meteorologists prefer to use hectopascals to measure air pressure, which are equivalent to **millibars**, while similar pressures are given in **kilopascals** in practically all other fields.

079 WORDS

- ☐ **hectopascal (hPa)** [héktəpæskæl] ヘクトパスカル
- ☐ **atmospheric or barometric pressure** [bæ̀rəmétrik] 大気圧
- ☐ **meteorologist** [mì:tiərálədʒist] 気象学者
- ☐ **bar** [bɑ́r] バール
- ☐ **the average air pressure** 平均空気圧
- ☐ **millibar** [míləbɑ̀r] ミリバール
- ☐ **kilopascal** [kíləpæ̀skəl] キロパスカル

TRANSLATION

ヘクトパスカルとは大気圧を測定するのに使用される国際単位である。世界中の気象学者は、長い間、バールで大気圧を測定してきた。大気圧は元々地球上の平均空気圧に等しい。SI単位［国際的な単位システム］を導入したが、慣習的な圧力の数値を保つことを選ぶものが多かったため、バールを地球上の基準となる空気圧より少し低い100,000パスカルと再定義した。しかしながら現在、空気圧の測定にはヘクトパスカル［hPa, ミリバールに該当］の使用を好む気象学者が多い。一方、他のほとんどすべての分野においては、同様の圧力をキロパスカルを用いて表している。

Q
❶ What is one hectopascal equivalent to?
❷ What unit is often used to measure pressure in non-meteorological fields?

080

GOAL

0291
☐☐☐☐☐
surrender
[səréndər]

動 降伏する、(習慣、感情に)身を任せる

surrender to the enemy ▶ 敵に降伏する

0292
☐☐☐☐☐
tempt
[témpt]

動 ～を誘惑する、～を～する気にさせる (≒ entice)
名 temptation 誘惑
形 tempting 魅力的な

He was tempted to commit a crime. ▶ 彼は罪を犯す気になった。

0293
☐☐☐☐☐
testimony
[téstəmòuni]

名 証言、証し (≒ proof, evidence)

His success is a testimony to his hard work.
▶ 彼の成功はハードワークの証しである。

0294
☐☐☐☐☐
theoretical
[θìːərétikəl]

形 理論的な、理論に基づいた、仮想の (≒ logical, hypothetical)
名 theory 学説、理論

theoretical physics ▶ 理論物理学
theoretical approaches to counseling ▶ カウンセリングの理論的アプローチ

0295
☐☐☐☐☐
timid
[tímid]

形 臆病な、内気な (≒ shy)
名 timidity 小心

in a timid voice ▶ 恐る恐る小さな声で
a timid girl ▶ 内気な少女

0296
☐☐☐☐☐
undergo
[ʌndərgóu]

動 ～を受ける、～を経験する、～を耐える (≒ experience)

undergo a dramatic change ▶ 大きな変化を受ける
undergo hardships ▶ 苦難に耐える

0297
☐☐☐☐☐
undermine
[ʌndərmáin]

動 ～を徐々に弱体化させる、～の土台を削る (≒ weaken)

undermine the value[reputation] ▶ 価値[評判]を下げる

0291
0300

0298
☐☐☐☐☐
vicious
[víʃəs]

形 悪意ある、不道徳な (≒ brutal, malicious)
名 vice 悪徳

a vicious circle ▶ 悪循環
a vicious killer ▶ 凶悪殺人者

0299
☐☐☐☐☐
vigorous
[vígərəs]

形 活発な、精力的な (≒ energetic)　名 vigor 活力、精力
副 vigorously 活発に、精力的に

vigorous exercise ▶ 活発な運動
a vigorous campaign ▶ 精力的な選挙運動

0300
☐☐☐☐☐
withdraw
[wiðdrɔ́ː]

動 撤退する、引く、(預金を)引き出す
名 withdrawal 撤退、引出し

withdraw money from the bank ▶ 銀行から預金をおろす

START

問題 次の下線部の意味に近い語を、下から選んでください。

① **embrace** a foreign culture ……………… 外国の文化を受け入れる

② the **offspring** of the animal ……………… 動物の子孫

③ **ambiguous** comments ……………………… あいまいなコメント

④ **fascinate** the world ………………………… 世界を魅了する

⑤ the **shortcoming**s of the system …………… 制度の欠陥

⑥ **attribute** the success to hard work ……… 成功を努力の賜物だと考える

⑦ key **ingredient**s of success ………………… 成功の主要素

⑧ a **persistent** pain …………………………… しつこい痛み

⑨ **undermine** the reputation ………………… 評判を傷つける

⑩ an **inevitable** result ………………………… 当然の結果

⑪ **resolve** the issue …………………………… 課題を解決する

⑫ show **compassion** for the poor …………… 貧しい人に思いやりの気持ちを示す

⑬ the worst **menace** to society ……………… 社会への最悪の脅威

⑭ **subjective** assessments …………………… 主観的評価

⑮ **consistent** efforts ………………………… 不断の努力

選択肢

A accept　**B** sympathy　**C** steady　**D** enchant　**E** unavoidable

F ruin　**G** personal　**H** chronic　**I** ascribe　**J** threat

K descendant　**L** element　**M** solve　**N** weakness　**O** vague

解答 ① A　② K　③ O　④ D　⑤ N　⑥ I　⑦ L　⑧ H
⑨ F　⑩ E　⑪ M　⑫ B　⑬ J　⑭ G　⑮ C

081

GOAL

0301 ☐☐☐☐☐

abound
[əbáund]

動 豊富にある (≒ be abundant)

abound with wildlife ▶ 野生動物がたくさんいる
The region abounds in coal. ▶ この地域は石炭が豊富にある。

0302 ☐☐☐☐☐

adorable
[ədɔ́:rəbl]

形 魅力的な、かわいらしい (≒ lovable)
動 adore 大好きである

adorable puppies[babies] ▶ 愛らしい子犬[赤ん坊]

0303 ☐☐☐☐☐

alternate
形名 [ɔ́ltərnət]
動 [ɔ́ltərnèit]

形 二者択一の (≒ alternative)　動 ～を交互に行う　名 代理
副 alternately 交互に

an alternate option ▶ 選択肢
an alternate reality ▶ 代替現実

0304 ☐☐☐☐☐

assertive
[əsə́:rtiv]

形 自己主張の強い、断言的な
名 assertion 断言

an assertive personality ▶ 自己主張の強い人物

0305 ☐☐☐☐☐

assurance
[əʃú(ə)rəns]

名 保証、確信 (≒ guarantee)
動 assure 保証する

the quality assurance department ▶ 品質保証部

0306 ☐☐☐☐☐

astonish
[əstániʃ]

動 (非常に)驚かす、～を仰天させる
名 astonishment 仰天　形 astonishing 驚異的な

astonish the world with a new invention
▶ 新しい発明で世間を仰天させる

0307 ☐☐☐☐☐

augment
[ɔ:gmént]

動 ～を増大させる、増強する (≒ expand, enlarge)

augment the income[workforce] ▶ 収入[人員]を増大させる

0301
0310

0308 ☐☐☐☐☐

awesome
[ɔ́səm]

形 素晴らしい、最高の (≒ breathtaking, amazing)、
　 畏敬の念を抱かせる

Niagara Falls is a truly awesome sight.
▶ ナイアガラの滝は実に素晴らしい眺めだ。

0309 ☐☐☐☐☐

banish
[bǽniʃ]

動 (罰で)追放する
名 banishment 追放 (≒ exile)

banish him from the country ▶ 彼を国から追放する

0310 ☐☐☐☐☐

barren
[bǽrən]

形 不毛の、不妊の (≒ infertile, sterile)、むなしい

a barren desert[land] ▶ 不毛の砂漠[土地]
a barren effort ▶ 無益な努力

START

08 The Heat Island Phenomenon

082 SENTENCE

The heat island phenomenon is a phenomenon in which metropolitan areas become significantly warmer than their surrounding rural areas, thus causing serious **air pollution**. The main causes are **land surface modification** with concrete, asphalt and other **heat-retaining materials**, poor **water evaporation** due to decreased vegetation, high-rise buildings blocking **wind convection**, and excessively artificial heat sources. Countermeasures for this problem include roof-top and street **afforestation** and lighter-colored surfaces of buildings for higher **sunlight reflection** and less **heat absorption**.

083 WORDS

☐ the heat island phenomenon
[fənámənən]
ヒートアイランド現象

☐ air pollution
[pəlú:ʃən]
大気汚染

☐ land surface modification
[màdəfikéiʃən]
地表面の変化

☐ heat-retaining material
熱を温存する物質

☐ water evaporation
[ivǽpəréiʃən]
蒸散作用

☐ wind convection
[kənvékʃən]
風の対流

☐ afforestation
[æfɔrəstéiʃən]
緑化

☐ sunlight reflection
太陽光線を反射すること

☐ heat absorption
[əbzɔ́rpʃən]
熱の吸収

TRANSLATION

ヒートアイランド現象とは、都市部の温度が周囲の田舎よりも著しく上昇する現象であり、深刻な大気汚染を引き起こしている。主な原因は、コンクリート、アスファルトや他の熱を温存する物質による地表面の変化、草木の減少による蒸散作用の低下、高層ビルによる風の対流の遮断、過剰な人工熱源の存在である。この問題の対策としては、屋上や通りの緑化、ビルの外壁を太陽光線がよく反射し、熱を吸収しない明るい色にする、などが挙げられる。

Q ❶ What are the major culprits of the heat island phenomenon?
❷ What are some of the measures to alleviate the phenomenon?

天文学 地質学 気象学 生物学 心理学 物理学 歴史 芸術 政治 経済

0311 ☐☐☐☐☐
benevolent
[bənévələnt]
形 慈悲深い
名 benevolence 慈悲心、善行
a benevolent heart[spirit] ▶ 慈悲深い心[精神]

0312 ☐☐☐☐☐
brink
[bŕŋk]
名 (崖などの)ふち、寸前、瀬戸際(≒ edge)
on the brink of bankruptcy[extinction] ▶ 倒産[絶滅]寸前で

0313 ☐☐☐☐☐
bump
[bʌ́mp]
動 ～をぶつける、上下に揺れながら動く
名 こぶ、上昇
bump his head on the ceiling ▶ 天井に頭をぶつける
bump into my friend ▶ 友人に出くわす

0314 ☐☐☐☐☐
calamity
[kəlǽməti]
名 災害、災難(≒ disaster, catastrophe)
natural calamities ▶ 自然災害
the calamity of war ▶ 戦禍

0315 ☐☐☐☐☐
cite
[sáit]
動 ～を引用する、～に言及する(≒ quote, refer)
名 citation 引用
cite an example[an instance] ▶ 例を挙げる
cite evidence ▶ 証拠を挙げる

0316 ☐☐☐☐☐
clueless
[klú:lis]
形 手掛かりのない、無知な
名 cluelessness 無知
be clueless about the problem ▶ その問題に無知な
clueless cases ▶ 手掛かりのない事件

0317 ☐☐☐☐☐
cluttered
[klʌ́təd]
形 散らかった、雑然とした(≒ messy, untidy)
動 名 clutter とり散らかす、散乱物
a cluttered desk[room] ▶ 雑然とした机[部屋]

0311
0320

0318 ☐☐☐☐☐
coherent
[kouhí(ə)rənt]
形 首尾一貫した、筋の通った(≒ logical)
名 coherence 首尾一貫
a coherent strategy ▶ 一貫した戦略
a coherent explanation ▶ 筋の通った説明

0319 ☐☐☐☐☐
compile
[kəmpáil]
動 ～を編集する(≒ organize)
名 compilation 編集
compile statistics ▶ 統計をまとめる
compile a list ▶ リストを編集する

0320 ☐☐☐☐☐
comprise
[kəmpráiz]
動 ～で成り立つ、(部分が集まり全体を)～で構成する
The committee is comprised of five members.
▶ 委員会は5名の会員で構成されている。

GOAL

START

01　Food Chain

085 SENTENCE

A **food chain** refers to the sequence of transfers of matter and energy from **organism** to organism in the form of food. In a **predator chain**, plants that convert solar energy to food by **photosynthesis** are the primary food source (producers). They are eaten by **herbivorous animals** (primary consumers) with the next step of herbivorous animals being eaten by **carnivorous animals** (secondary consumers). In a **parasite chain**, smaller organisms consume a part of a larger **host** and may be **parasitized** by even smaller organisms followed by the terminal step of **microorganisms** (**decomposers**) living on dead **organic matter**.

086 WORDS

☐	**food chain**	食物連鎖	☐ **parasite chain** [pǽrəsàit]	寄生連鎖
☐	**organism** [ɔ́rgənìzəm]	生物	☐ **host**	宿主
☐	**predator chain** [prédətər]	捕食連鎖	☐ **parasitize ~** [pǽrəsətàiz]	～に寄生する
☐	**photosynthesis** [fòutəusínθisis]	光合成	☐ **microorganism** [màikrəuɔ́ːgènizəm]	微生物
☐	**herbivorous animal** [hərbívərəs]	草食動物	☐ **decomposer** [dìːkəmpóuzər]	分解者
☐	**carnivorous animal** [kɑrnívərəs]	肉食動物	☐ **organic matter**	有機物

TRANSLATION

食物連鎖は食物の形での、ある生物から別の生物への物質やエネルギーの一連の流れをいう。捕食連鎖では、光合成により太陽エネルギーを食物に変える植物は、第一次食糧供給源（生産者）である。植物は草食動物（第一次消費者）に食べられるが、その草食動物は肉食動物（第二次消費者）に食べられる。寄生連鎖では、より小さな生物が、自分より大きな宿主の一部を消費し、自分よりさらに小さな生物に寄生され、それはまた、最終段階では、腐った有機物を食べて暮らす微生物（分解者）に消費される。

Q

❶ What is the definition of a food chain?
❷ What are the two types of food chains and what is the final process of each type?

天文学
地質学
気象学
生物学
心理学
物理学
歴史
芸術
政治
経済

GOAL

0321 □□□□□
conceited
[kənsí:tid]

形 うぬぼれた、気取った (≒ too-proud, arrogant)
名 conceit 自尊心
反 modest 謙虚な

a conceited fool[attitude] ▶ うぬぼれた愚か者[態度]

0322 □□□□□
convene
[kənví:n]

動 (会議など)を召集する、〜を開く (≒ summon)、開かれる

convene a meeting[committee] ▶ 会議[委員会]を召集する
The parliament will convene tomorrow. ▶ 議会は明日、開かれる。

0323 □□□□□
correlation
[kɔ̀:rəléiʃən]

名 相互関係 (≒ connection)
動 correlate 〜を相互に関係させる

a correlation between smoking and lung cancer
▶ 喫煙と肺ガンの相関関係

0324 □□□□□
counterpart
[káuntəpɑːt]

名 片割れ、相当するもの (≒ correspondent, equivalent)

The French President met with his U.S. counterpart.
▶ フランスの大統領は米国の大統領と会談した。

0325 □□□□□
cozy
[kóuzi]

形 居心地の良い (≒ comfortable, homely)

a cozy little room ▶ こじんまりした心地良い部屋

0326 □□□□□
daring
[dé(ə)riŋ]

形 大胆な、斬新な (≒ bold, fearless, rash)

a daring plan[project, attempt] ▶ 大胆な計画[企て]

0327 □□□□□
deceased
[disí:st]

形 死んだ、死亡した (≒ dead, departed)
名 (the ~) 故人

the will of the deceased ▶ 故人の遺志
pray for the deceased ▶ 故人に祈りを捧げる

0321
0330

0328 □□□□□
deception
[disépʃən]

名 策略、ごまかし (≒ deceit, trick)
形 deceptive だまそうとする　動 deceive だます、欺く

a deliberate deception ▶ 意図的な詐欺
lies and deception ▶ 嘘とごまかし

0329 □□□□□
decisive
[disáisiv]

形 決定的な、明白な
反 indecisive 優柔不断な

a decisive victory[defeat] ▶ 決定的な勝利[敗北]

0330 □□□□□
defiance
[difáiəns]

名 果敢な抵抗、反抗的な態度 (≒ resistance)
動 defy 〜に反抗する
形 defiant 反抗的な

in defiance of the law[government] ▶ 法律[政府]に公然と反抗して

START

02 Mutation

088 SENTENCE

In **genetics**, a **mutation** is a change of the **nucleotide sequence** of the **genome** of an organism, virus, or **extrachromosomal genetic element**. Mutations are caused by unrepaired damage to DNA or to **RNA genome** (typically due to **radiation** or **chemical mutagens**) or from errors in the process of **replication**. Genetic mutations can have no effect or alter the gene or prevent the gene from functioning properly or completely. Mutations play a part in both normal and abnormal biological processes including **evolution** and the development of **the immune system**. Due to the damaging effects of mutations on genes, organisms have mechanisms such as DNA repair to prevent or correct mutations.

089 WORDS

genetics [dʒənétiks]	遺伝学	radiation [rèidiéiʃən]	放射線
mutation [mjutéiʃən]	突然変異	chemical mutagen [mjú:tədʒən]	化学的突然変異誘発要因
nucleotide sequence [n(j)ú:kliətàid] [sí:kwəns]	ヌクレオチド配列	replication [rèplikéiʃən]	複製
genome [dʒí:noum]	ゲノム	evolution	進化
extrachromosomal genetic element [èkstrəkròuməsóuməl]	染色体外遺伝子	the immune system [imjú:n]	免疫システム
RNA genome	RNA(リボ核酸)ゲノム		

TRANSLATION

遺伝学で、突然変異とは、生命体、ウィルス、染色体外遺伝因子のゲノムのヌクレオチド配列の変化をいう。突然変異は、DNAゲノムまたはRNA（リボ核酸）ゲノムの（主に放射線や化学的突然変異誘発要因による）未修復の損傷、または複製過程のミスが原因で起こる。遺伝子突然変異は、全く影響を及ぼさないこともあれば、遺伝子を変えたり、遺伝子が正しく完全には機能しないようにしてしまうこともある。突然変異は、進化、免疫システムの発達など、生物の正常・異常な変化過程に影響を及ぼす。ゲノムに損傷を与えるため、生物には突然変異の予防または修正を目的としたDNA修復などのメカニズムが備わっている。

Q
❶ What undergoes change in the process of mutation?
❷ What can happen to the gene in genetic mutations?

GOAL

0331 □□□□□

despise
[dispáiz]

動 〜を見下す、〜を嫌悪する (≒ condemn, disdain)

despise the poor[the race] ▶ 貧しい者[その人種]を見下す

0332 □□□□□

dictate
[díkteit]

動 口述する、〜を指示する
名 命令
名 dictator 独裁者

dictate the rules ▶ ルールを指示する

0333 □□□□□

discord
[dískɔrd]

名 不一致、仲たがい (≒ conflict)
動 一致しない、不和になる

a source of discord ▶ 争いの種
marital[family] discord ▶ 夫婦[家族]間の不和

0334 □□□□□

dismal
[dízməl]

形 暗い、惨めな、憂鬱な (≒ discouraging, gloomy)

a dismal failure ▶ 惨めな失敗
dismal weather ▶ 憂鬱な天気

0335 □□□□□

dismay
[disméi]

動 (恐怖などで人)をうろたえさせる、〜を驚かせる (≒ horrify, upset)
名 落胆、動揺

stop in dismay ▶ がっくりして足を止める
exclaim in dismay ▶ びっくりして大声で叫ぶ

0336 □□□□□

diverge
[dəvə́:rdʒ]

動 分岐する、異なる (≒ deviate)
名 divergence 相違

diverge from a direct path ▶ 直通ルートから逸れる
diverge from the rules ▶ 規則を逸脱する

0337 □□□□□

drench
[dréntʃ]

動 〜を水浸しにする (≒ saturate, soak)
名 水浸し

be drenched in sweat ▶ 汗でびっしょりである

0331
↓
0340

0338 □□□□□

endorse
[indɔ́:rs]

動 〜に裏書きする、〜を承認する、〜を支持する (≒ countersign, support)
名 endorsement 承認、裏書き

endorse a check ▶ 小切手に裏書きする
endorse a candidate[the plan] ▶ 候補者[その計画]を支持する

0339 □□□□□

enrage
[inréidʒ]

動 〜を激怒させる (≒ infuriate, provoke)

enrage customers[the government] ▶ 客[政府]を激怒させる

0340 □□□□□

entrust
[intrʌ́st]

動 (信頼して)任せる (≒ delegate)、〜を預ける (≒ invest)

entrust him with the management ▶ 彼に経営を任せる

START

03 Cell

Cells are the basic and smallest structural and biological unit of all known living organisms except viruses, and thus often called the "building blocks of life." Cells consist of a **protoplasm** enclosed within their **membrane**, which contains many **biomolecules** such as **proteins** and **nucleic acids**. Organisms can be classified as **unicellular** (consisting of a single cell) or **multicellular**. Most **bacteria** are the former type, whereas plants and animals are the latter type. While the number of cells in plants and animals varies from **species** to species, humans contain about 100 trillion cells. Most plant and animal cells, between 1 and 100 micrometers in size, are visible only under the microscope.

□ cell [sél]	細胞		□ nucleic acid [nuːklíːik][ǽsid]	核酸
□ protoplasm [próutəplæzm]	原形質		□ unicellular [jùːniséljulə]	単細胞の
□ membrane [mémbrein]	細胞膜		□ multicellular [mÀltiséljulə]	多細胞の
□ biomolecule [báiəumɔ̀likjuːl]	生分子		□ bacteria [bæktíriə]	バクテリア
□ protein	タンパク質		□ species [spíːʃi(ː)z]	種

細胞とはウィルス以外のすべての知られている生命体の中で基礎となる最小の構造をもつ生物学的単位であり、ゆえに「生命の基本構成要素」と呼ばれることが多い。細胞は細胞膜で覆われた原形質で構成されており、タンパク質や核酸といった多くの生分子が含まれている。生物は（1つの細胞をもつ）単細胞と、多細胞に分類することができる。バクテリアの多くは単細胞で、動植物は多細胞である。動植物の細胞の数は種によりさまざまであるが、ヒトは約100兆個の細胞を持つ。大半の動植物の細胞の大きさは1〜100ミクロンほどで、顕微鏡でしか見ることができない。

Q
❶ Why are cells referred to as the "building blocks of life"?
❷ What are cells composed of ?

GOAL

0341　□□□□□
exile
[égzail]

動 国外追放する、亡命させる　名 国外追放、亡命

be exiled from one's country ▶ 国を追われる
live in exile to escape political imprisonment
▶ 政治的投獄から逃れ亡命生活を送る

0342　□□□□□
extravagant
[ikstrǽvigənt]

形 無駄使いする、法外な (≒ lavish)

an extravagant lifestyle ▶ ぜいたく三昧の生活様式
extravagant spending ▶ 法外な出費

0343　□□□□□
familiarize
[fəmíljəràiz]

動 〜を親しませる、〜を普及させる (≒ accustom, habituate)

familiarize a dog with a new home ▶ 犬を新居に慣れさせる

0344　□□□□□
feeble
[fíːbl]

名 弱い、乏しい (≒ faint, weak)

feeble voices[efforts] ▶ 弱い声[乏しい努力]

0345　□□□□□
formulate
[fɔ́ːrmjulèit]

動 〜を公式化する、〜を説明する、
　(計画など)を組織立てる (≒ systematize)
名 formulation 公式化

formulate a plan[the constitution] ▶ 計画[憲章]を作成する

0346　□□□□□
generalize
[dʒén(ə)rəlàiz]

動 〜を一般化する、〜を普及させる (≒ popularize)
名 generalization 一般化

generalize about food ▶ 食べ物について一般論を述べる
generalize the new method ▶ 新しい方法を普及させる

0347　□□□□□
glare
[gléər]

動 ギラギラ光る、にらみつける
名 まぶしい光、にらみ

glaring sunlight ▶ まばゆい日の光
avoid the sun's glare ▶ 太陽のまぶしい光を避ける

0348　□□□□□
haunted
[hɔ́ntid]

形 幽霊のよく出る、とりつかれた (≒ possessed, troubled)

a haunted house ▶ 幽霊(お化け)屋敷
a haunted castle ▶ 幽霊のよく出る城

0349　□□□□□
humiliate
[hjuːmílieit]

動 〜に屈辱を与える (≒ embarrass)
名 humiliation 屈辱を与えること
形 humiliating 屈辱的な

I humiliated myself in public. ▶ 人前で恥をかいた。

0350　□□□□□
hypocrite
[hípəkrit]

名 偽善者
形 hypocritical 偽善的な
名 hypocrisy 偽善

consider him as a hypocrite ▶ 彼を偽善者と見なす

0341
0350

START

04 Reproduction

094 SENTENCE

Reproduction (or **procreation**) is the **biological process** by which new "offsprings" are produced from their "parents." Reproduction is a fundamental feature of all known life since each individual organism exists as the result of reproduction. The methods of reproduction are broadly divided into two main types: **sexual** and **asexual**. The former typically requires the involvement of two individuals or **gametes**, one each from opposite types of sex. The latter allows an individual organism to reproduce itself without involvement with another individual of that species. It applies to most plants as well as **bacterial cells** that are divided into two **daughter cells**.

095 WORDS

☐ reproduction [rì:prədʌ́kʃən]	生殖	☐ asexual [eisékʃuəl]	無性の
☐ procreation [pròukriéiʃən]	生殖	☐ gamete [gǽmi:t]	生殖体
☐ biological process	生物学的過程	☐ bacterial cell [bæktíəriəl]	細菌性細胞
☐ sexual	有性の	☐ daughter cell	娘細胞

TRANSLATION

生殖とは「親」から「子」が生まれる生物学的過程である。各生命体が生殖の結果存在しているので、生殖はすべての生物にみられる基本的な特徴である。生殖方法は、有性生殖と無性生殖の2つに大別される。有性生殖には異なる性の2個体または生殖体が必要である。無性生殖では同種の他の個体とは関わらず、個々の生物自身が繁殖するが、これはたいていの植物や、2つの娘細胞へ分裂する細菌性細胞に当てはまる。

Q
❶ What is the major difference between sexual reproduction and asexual reproduction?
❷ What is one example that exhibits asexual reproduction?

天文学 地質学 気象学 生物学 心理学 物理学 歴史 芸術 政治 経済

0351
□□□□□
indignant
[indígnənt]

形 (不当な扱いに)憤慨した(≒annoyed, furious)

indignant protests[voices] ▶ 憤慨した抗議[声]

0352
□□□□□
infamous
[ínfəməs]

形 悪名高い(≒notorious)、不道徳な(wicked)

an infamous criminal[killer] ▶ 悪名高い犯罪者[殺人者]

0353
□□□□□
infinite
[ínfənət]

形 無限の(≒unlimited)
名 infinity 無限

an infinite number of stars ▶ 無限の数の星

0354
□□□□□
ingenious
[indʒíːnjəs]

形 利口な、巧妙な(≒clever, capable)
名 ingenuity 創意工夫

ingenious ideas[tricks] ▶ 巧妙な考え[トリック]

0355
□□□□□
innate
[inéit]

形 先天的な、生来の(≒inherent, intrinsic)

an innate ability[capacity] ▶ 生まれながらの能力
an innate sense of humor ▶ 生まれつきのユーモアのセンス

0356
□□□□□
intuition
[ìnt(j)uíʃən]

名 直観、勘(≒instinct)
形 intuitive 直観的な

women's[feminine] intuition ▶ 女の直感

0357
□□□□□
invaluable
[invǽljuəbl]

形 極めて貴重な、かけがえのない(≒priceless)

invaluable information[resource] ▶ 極めて有益な情報[資源]

0358
□□□□□
lure
[lúər]

動 ～を誘惑する、～をおびき寄せる(≒tempt)
名 魅力、誘因力

lure customers into buying the products
▶ 商品を買うように顧客を誘い込む

0359
□□□□□
malicious
[məlíʃəs]

形 悪意のある(≒evil, malevolent)

malicious gossip ▶ 悪意のある噂話
a malicious attack[lie] ▶ 悪意のある攻撃[嘘]

0360
□□□□□
manuscript
[mǽnjuskrìpt]

名 (出版前の)原稿(≒document)

handwritten manuscripts ▶ 直筆の原稿

GOAL

0351
0360

START

05 Photosynthesis

097 SENTENCE

Photosynthesis is the process by which plants and **algae** convert **carbon dioxide** and water into **glucose** by using **solar energy**, and release oxygen into the atmosphere. Photosynthesis maintains atmospheric oxygen levels and supplies all of the **organic compounds** and most of the energy necessary for all life on Earth. Today, the average amount of energy consumed by photosynthesis globally is approximately 130 **terawatts**, which is about six times larger than the current power consumption of human civilization. **Photosynthetic organisms** also convert around 100–115 billion metric tons of carbon dioxide into **biomass** per year.

098 WORDS

☐ photosynthesis [fòutəusínθisis]	光合成	
☐ algae [ǽldʒi:]	藻	
☐ carbon dioxide [daiáksàid]	二酸化炭素	
☐ glucose [glú:kous]	ブドウ糖	
☐ solar energy	太陽エネルギー	

☐ organic compound [ɔrgǽnik] 有機化合物
☐ terawatt テラワット
☐ photosynthetic organism [fòutəusinθétik] 光合成を行う生物
☐ biomass バイオマス

TRANSLATION

光合成とは、植物や藻が太陽エネルギーを用い、二酸化炭素と水をブドウ糖に変え、酸素を空気中に放出するプロセスをいう。光合成によって、大気中の酸素量は一定に保たれ、すべての有機化合物と地球上のすべての生物に必要なエネルギーのほとんどが維持されている。現在、地球上で光合成に利用されている平均エネルギー量は約130テラワットで、今日の人類の消費している電力の約6倍である。光合成を行っている生物はまた、毎年約1000–1150億メートルトンの二酸化炭素をバイオマスに変えている。

Q
❶ What is produced by the process of photosynthesis?
❷ How much energy is consumed in the process of photosynthesis in the whole world?

0361　☐☐☐☐☐
mingle
[míŋgl]

動 混じる、交際する(≒ mix, socialize)

mingle with people from different countries
▶ 様々な国の人々と交わる

0362　☐☐☐☐☐
mischief
[místʃif]

名 いたずら、被害(≒ harm)
形 mischievous いたずら好きな

innocent mischief ▶ 悪気のないいたずら
A little neglect causes great mischief. ▶ ちょっとした怠慢が大災害を招く。

0363　☐☐☐☐☐
mock
[mák]

形 偽物の(≒ fake) 動 〜をからかう(≒ tease) 名 嘲り

a mock battle[election] ▶ 模擬戦[選挙]
mock his efforts ▶ 彼の努力をからかう

0364　☐☐☐☐☐
momentary
[móumentèri]

形 束の間の、瞬間の(≒ brief, transient)

momentary pleasure ▶ 束の間の快楽
a momentary lapse of concentration ▶ 一瞬集中力が切れる事

0365　☐☐☐☐☐
notable
[nóutəbl]

形 注目すべき、優れた(≒ remarkable, outstanding)

notable features of the product ▶ 商品の優れた特徴

0366　☐☐☐☐☐
nuisance
[n(j)úːsns]

名 (継続中の)迷惑行為、厄介なもの(≒ a source of annoyance)

nuisance calls[e-mails] ▶ 迷惑電話[迷惑メール]
a public nuisance ▶ 社会のやっかいもの

0367　☐☐☐☐☐
outrage
[áutreiʤ]

名 動 (〜を)憤慨(させる)(≒ indignation, scandal)、(〜を)暴行(する)
形 outrageous 極悪の、法外な

a public outrage at the injustice ▶ 不正への民衆の激しい怒り
outrages committed by the army ▶ 軍による暴行

0368　☐☐☐☐☐
overtake
[òuvətéik]

動 〜を追い越す、〜を上回る、(悪い感情が)襲う(≒ surpass)

The demand overtook the supply. ▶ 需要が供給を上回った。

0369　☐☐☐☐☐
paralysis
[pərǽləsis]

名 麻痺(症)、停滞
動 paralyze 〜を麻痺させる

cause facial[muscle] paralysis ▶ 顔面[筋肉]麻痺を起こす
political paralysis ▶ 政治の麻痺

0370　☐☐☐☐☐
perception
[pərsépʃən]

名 知覚、認知、理解(≒ recognition)
動 perceive 〜を見抜く、〜を理解する

public perception of tattoos[police]
▶ 刺青[警察]に対する一般大衆の認識

GOAL

0361
↓
0370

START

06 Tissue Engineering

Tissue engineering is a kind of innovative therapy to repair, restore, or replace damaged tissues and organs. Scientific advances in **biomaterials**, **stem cells**, growth and differentiation factors, and **biomimetic** environments have created unique opportunities to fabricate tissues in the laboratory from combinations of engineered **extracellular matrices**, cells, and biologically active molecules. Recently engineered **iPS cells**, or **induced pluripotent stem cells**, derived from the patient's **somatic cells**, are attracting great attention because use of iPS cells provides us with an alternative research tool to controversial **embryonic stem cells**.

□ **tissue engineering** [tíʃuː] 再生医療

□ **biomaterial** バイオマテリアル

□ **stem cell** [stém] 幹細胞

□ **biomimetic** [bàiəumimétik] 生体模倣の

□ **extracellular matrix** [èkstrəséljulə] [méitriks] 細胞外マトリックス

□ **iPS cell (induced pluripotent stem cell)** [plùripóutənt] iPS細胞[人工多能性幹細胞]

□ **somatic cell** [soumǽtik] 体細胞

□ **embryonic stem cell** [èmbriánik] ES細胞[胚性幹細胞]

再生医療は、損傷した組織や器官を修復、復元、または置換するための革新的な治療法である。バイオマテリアル、幹細胞、成長および分化因子、生体模倣の環境における科学的な進歩は、研究所内で、人工細胞外マトリックス、細胞、生物学的活性分子の組み合わせから組織を作り上げる極めてまれな機会をもたらした。患者の体細胞に由来する、最近生まれたiPS細胞[人工多能性幹細胞]が、大きな注目を浴びているのは、iPS細胞の使用は、論争の的になっているES細胞[胚性幹細胞]に代わる研究手段となるからである。

Q ❶ What is the definition of tissue engineering?
❷ What has allowed scientists to create tissues in laboratories?

天文学 地質学 気象学 生物学 心理学 物理学 歴史 芸術 政治 経済

0371
□□□□□

peril
[pérəl]

名 差し迫った危険(≒ jeopardy)
動 〜を危険にさらす

The fire put the town in peril. ▶ 火事が町を危険にさらした。
at one's peril ▶ 危険を覚悟で

0372
□□□□□

perpetual
[pərpétʃuəl]

形 永久の(≒ permanent)、絶え間ない(≒ continuous)

perpetual snow[summer] ▶ 万年雪[常夏]
perpetual struggle ▶ 果てしない闘争

0373
□□□□□

portrait
[pɔ́rtrət]

名 肖像画、描写(≒ painting, picture)

a portrait of the Mona Lisa ▶ モナリザの肖像画
a famous portrait painter ▶ 有名な肖像画家

0374
□□□□□

precede
[prisíːd]

動 〜に先立つ、〜に先行する
名 precedent 先例、判例

Light precedes sound. ▶ 光は音に先立つ。
Thought precedes word. ▶ 思考は言葉に先立つ。

0375
□□□□□

prey
[préi]

名 犠牲、被害者、餌食、捕食(≒ victim) 動 捕食する、餌食にする

fall prey to fraud ▶ 詐欺の犠牲になる
Teenagers are easy prey for drug dealers.
▶ 若者は薬物ディーラーの餌食になりやすい。

0376
□□□□□

quest
[kwést]

名 (長期間の)探求(≒ search, pursuit)

the quest for the truth ▶ 真理の探究
the quest for peace[success] ▶ 平和[成功]の追求

0377
□□□□□

queue
[kjúː]

名 列(≒ line, column)
動 列を作る、順番を待つ

stand[wait] in a queue ▶ 列になって並ぶ[待つ]

0378
□□□□□

reap
[ríːp]

動 収穫する、獲得する(≒ harvest, garner)

reap the benefits of a new technology ▶ 新技術の恩恵を受ける

0379
□□□□□

reign
[réin]

名 (君主・王などの)治世、統治(≒ rule)
動 支配する、君臨する(≒ rule)

the reign of Pharaohs over Egypt ▶ ファラオのエジプト統治

0380
□□□□□

renowned
[rináund]

形 名高い、有名な(≒ famous)
名 renown 名声、高名

a renowned author[scientist] ▶ 高名な著者[科学者]

GOAL

0371
0380

START

07 Cloning

Cloning refers to the biotechnology of creating a genetically identical copy of an original cell, tissue or organism, which is divided into three types: **therapeutic cloning**, **reproductive cloning**, and **DNA cloning**. Therapeutic cloning creates **artificial embryos** by using **stem cells**, reproductive cloning creates an animal with the same DNA as its original by using **somatic cell nuclear transfer**, and DNA cloning creates multiple copies of isolated **DNA fragments**. **Potential applications** of therapeutic and reproductive cloning include medical treatment and protection of **endangered animals**.

☐ cloning [kláuniŋ] クローニング	☐ stem cell 幹細胞
☐ therapeutic cloning [θèrəpjúːtik] 治療型クローニング	☐ somatic cell nuclear transfer 体細胞核移植
☐ reproductive cloning [rìprədʌ́ktiv] 生殖型クローニング	☐ DNA fragment [frǽgmənt] DNA断片
☐ DNA cloning DNAクローニング	☐ potential application 潜在的な応用
☐ artificial embryo [ὰrtifíʃəl] [émbriòu] 人工胚	☐ endangered animal [indéindʒərd] 絶滅の危機に瀕した動物

クローニングとは、複製元の細胞、組織、生命体と遺伝子が同一の複製を作るバイオテクノロジーを指し、治療型クローニング、生殖型クローニング、DNAクローニングの3種に分かれる。治療型クローニングでは、幹細胞を使って人工胚を作り、生殖型クローニングでは体細胞核移植により複製元と同じDNAを持つ動物を作り、DNAクローニングでは独立したDNA断片のコピーを複数作る。治療型クローニングや生殖型クローニングは、医療や絶滅の危機に瀕した動物の保護などでの応用が見込まれている。

Q
❶ What are the differences between therapeutic cloning and reproductive cloning?
❷ What areas can these two types of cloning possibly be applied to?

GOAL

0381
□□□□□
repel
[ripél]

動 ～を撃退する、～をはじく (≒ fight off)
名 repellant 防虫剤
repel attacks[insects] ▶ 攻撃[虫]を撃退する

0382
□□□□□
resent
[rizént]

動 ～に腹を立てる、～に憤慨する (≒ feel indignant)
形 resentful 憤慨した
名 resentment 腹立たしさ、怒り
resent their complaints[criticism] ▶ 彼らの苦情[批判]に腹を立てる

0383
□□□□□
retreat
[ritríːt]

動 撤退する、退く (≒ withdraw)
名 避難所、撤退
retreat from the enemy ▶ 敵陣から撤退する
a summer retreat ▶ 避暑地

0384
□□□□□
roar
[rɔr]

名 大声、騒音、(ライオンなどの)ほえ声
動 大声で叫ぶ、ほえる、轟音をたてる
the roar of gunfire[traffic] ▶ 轟く銃声[交通の大騒音]

0385
□□□□□
standpoint
[stǽn(d)pɔint]

名 立場、観点、見方 (≒ viewpoint, stance)
from an economic standpoint ▶ 経済的観点から

0386
□□□□□
startle
[stáːrtl]

動 ～をドキッとさせる、～を驚かせる (≒ frighten)
She was startled by a sudden noise.
▶ 彼女は突然の騒音にドキッとした。

0387
□□□□□
stern
[stə́ːrn]

形 厳格な、断固とした (≒ rigid, strict)
名 船尾
a stern look[warning] ▶ 厳しい顔つき[警告]

0388
□□□□□
stingy
[stíndʒi]

形 けちな (≒ miserly)、乏しい (≒ meager)
(be) stingy with his money ▶ 金を出し惜しむ

0389
□□□□□
stroll
[stróul]

動 ぶらぶら歩く、散策する (≒ wander, roam)
名 ぶらぶら歩き
名 stroller ベビーカー、ぶらぶらする人
stroll along the beach[street] ▶ 海岸[通り]を散策する

0390
□□□□□
sublime
[səbláim]

形 素晴らしい、崇高な、荘厳な (≒ noble, lofty)
sublime beauty[music] ▶ 崇高な美[音楽]

0381
↓
0390

START

「重要な・重大な」の類語の使い分けマスター

　「重要な」を表す語は多く、一般的なのは **important, significant, major, serious** でしょうが、**important**（role）は「影響力と価値が大きい」、(statistically) **significant**［この場合、important は使えない］は「ある見地・状況で影響があり、著しい」、**major**（problem, achievement）はいい意味で重要な important、主に悪い意味で重大な serious と違って、「いい意味でも悪い意味でも重要な」の意味があります。**serious**（injury）は「非常に悪くて危険な」で、「危険の警告を発するような深刻さ」は **grave**（danger）となります。

　この他、「非常に重要な」を表す語は **basic, urgent, essential, indispensable, fundamental, critical, crucial, vital** などがあり、**basic**（human rights）は「すべての人が求める基本となる最も重要な」、**urgent**（need）は「即座に対応しなければならないほど重要な」、もっと強めて緊急の対応を要する場合は **dire**（consequences）、**valuable**（information）は「非常に有益で重要で価値のある」で、これを強めると **invaluable, priceless**、**essential**（for health）は「何かの中心となり基本となるぐらい重要な」、**indispensable**（element）は「それがなくては機能できないぐらい絶対に必要な」、**fundamental**（principle）は「最も基本で最も重要な」、**critical**（importance）は「将来を左右するほど非常に重要な（大惨事が起こりそうな状況の意味もある）」、**crucial**（for success）は「すべてはそれにかかっているほど重要な（critical より語気が強い）」、**vital**（for survival）は「生存・存続のために極めて重要な」のように使い分けます。

106

0391 □□□□□
subsequent
[sʌ́bsikwənt]

形 後続の、続いて (≒ following, succeeding)

subsequent years[changes] ▶ その後の数年[変化]

0392 □□□□□
successor
[səksésər]

名 継承者、相続人、後任、後継 (≒ heir, descendant)

a successor to the president ▶ 社長の後任
a successor to the BMW ▶ そのBMWの後継車

0393 □□□□□
tactful
[tǽktfəl]

形 人に気配りのある (≒ diplomatic, considerate)
反 tactless 気配りのない

tactful diplomacy ▶ 気配りのある外交手腕

0394 □□□□□
tedious
[tíːdiəs]

形 つまらない、退屈な (≒ boring)
名 tedium 退屈

a tedious task[job] ▶ 退屈な作業

0395 □□□□□
token
[tóukən]

名 しるし、代用貨幣 (≒ coupon)
形 形だけの

a book[a gift] token ▶ 図書[ギフト]券

0396 □□□□□
transient
[trǽnʃənt]

形 つかの間の (≒ temporary, momentary)
名 transience はかなさ

a transient life ▶ はかない命
a transient population ▶ 短期滞在の人口

0397 □□□□□
treacherous
[trétʃərəs]

形 裏切りの、危険な (≒ deceitful, dangerous)

a treacherous woman ▶ 人を裏切る女
treacherous mountain roads ▶ 危険な山道

0398 □□□□□
tyrant
[tái(ə)rənt]

名 暴君 (≒ dictator, bully)
名 tyranny 暴君政治

a country ruled by a tyrant ▶ 暴君の支配する国

0399 □□□□□
usher
[ʌ́ʃər]

動 案内役を務める、〜を先導する (≒ guide, lead) 名 案内役、守衛

He ushered a guest into the house. ▶ 彼は客を家に案内した。
The Internet ushered in a new era of medicine.
▶ インターネットが医学の新しい時代の到来を告げた。

0400 □□□□□
withstand
[wiðstǽnd]

動 (十分に・首尾良く)耐える (≒ resist, stand)

withstand the pressure[attacks] ▶ 圧力[攻撃]に耐える

GOAL

0391
0400

START

問題 次の下線部の意味に近い語を、下から選んでください。

① **cite** an example ·· 例を挙げる

② **usher** in a new era ·································· 新しい時代の到来を告げる

③ **diverge** from a direct path ····················· 直接ルートから逸れる

④ **perpetual** struggle ······························· 果てしない闘争

⑤ an **alternate** option ······························· 選択肢

⑥ an **extravagant** lifestyle ······················· ぜいたく三昧の生活様式

⑦ the **reign** of Pharaohs over Egypt ············· ファラオのエジプト統治

⑧ a country ruled by a **tyrant** ····················· 暴君の支配する国

⑨ women's **intuition** ······························· 女の直感

⑩ **sublime** beauty ···································· 崇高な美

⑪ a **correlation** between smoking and cancer ··· 喫煙とガンの相関関係

⑫ **ingenious** tricks ·································· 巧妙なトリック

⑬ a public **outrage** ································· 民衆の激しい怒り

⑭ marital **discord** ·································· 夫婦間の不和

⑮ a **barren** desert ·································· 不毛の砂漠

選択肢

A deviate　**B** conflict　**C** indignation　**D** instinct　**E** continuous

F alternative　**G** quote　**H** rule　**I** lavish　**J** noble

K sterile　**L** lead　**M** connection　**N** clever　**O** dictator

解答 ①G　②L　③A　④E　⑤F　⑥I　⑦H　⑧O
⑨D　⑩J　⑪M　⑫N　⑬C　⑭B　⑮K

Chapter ▸3

iBT®
70
突破
525
ITP®

107

0401 ☐☐☐☐☐
acclaim
[əkléim]
動 (拍手喝采して)歓迎[賞賛]する(≒applaud, hail)
名 絶賛
名 acclamation 大喝采
be acclaimed as a hero ▶ ヒーローとして称えられる

0402 ☐☐☐☐☐
activate
[ǽktəvèit]
動 ～を作動させる、～を活性化する(≒operate, stimulate)
activate the device[alarm] ▶ 装置[警報]を作動させる

0403 ☐☐☐☐☐
adjacent
[ədʒéisnt]
形 隣接した、地続きの(≒neighboring)
名 adjacency 隣接、付近
a building adjacent to the church ▶ 教会に隣接したビル

0404 ☐☐☐☐☐
aggravate
[ǽgrəvèit]
動 ～を悪化させる(≒worsen)、～を怒らせる
名 aggravation 悪化
aggravate the problem[pain] ▶ 問題[痛み]を悪化させる

0405 ☐☐☐☐☐
alleviate
[əlíːvièit]
動 (問題・苦しみ)を軽減する、～を緩和する(≒relieve)
alleviate the problem[pain] ▶ 問題を軽減する、痛みを和らげる

0406 ☐☐☐☐☐
amass
[əmǽs]
動 (情報・お金)を集める、～を蓄積する
amass information ▶ 情報を集める
amass a fortune ▶ 財産を築く

0407 ☐☐☐☐☐
amplify
[ǽmpləfài]
動 ～を拡大する(≒magnify)、
　～を詳しく述べる(≒elaborate on)
amplify the sound ▶ 音を拡大する
amplify the theory ▶ 理論を詳しく述べる

0408 ☐☐☐☐☐
ardent
[áːrdnt]
形 熱心な、熱烈な(≒enthusiastic, passionate)
ardent supporters[fans] ▶ 熱烈な支持者[ファン]

0409 ☐☐☐☐☐
array
[əréi]
名 勢ぞろい、配列(≒arrangement)
動 ～を配置する
an array of artists[choices] ▶ ずらりと並んだアーティストたち[選択肢]

0410 ☐☐☐☐☐
assimilate
[əsíməlèit]
動 ～を吸収する、融合する(≒absorb, integrate)
名 同化されたもの　名 assimilation 融合
assimilate information ▶ 情報を吸収する
assimilate into the community ▶ 地域に融け込む

GOAL
0401 0410
START

第11日

08 Alternative Medicine

108 SENTENCE

Alternative medicine refers to any medical and healthcare practices outside the domain of conventional Western medicine. It is a **holistic treatment** with far fewer **side effects**, which responds effectively to mental problems such as **mental fatigue** and **psychosomatic illnesses** as well as physical problems by enhancing a human's **natural healing power**. Alternative medicine includes mind-body interventions such as yoga and **meditation**, biology-based practices such as herbs and other natural substances, **manipulative** and biologically based therapies such as **chiropractic**, and **energy medicine** such as **Qigong**.

109 WORDS

alternative medicine [ɔːltə́rnətiv] 代替医療	natural healing power 自然治癒力
holistic treatment [houlístik] ホリスティック（包括的）治療	meditation [mèditéiʃən] 瞑想
side effect 副作用	manipulative [mənípjəlèitiv] 整体的な
mental fatigue [fətíːg] 心的疲労	chiropractic [káiərəprǽktik] カイロプラクティック
psychosomatic illness [sàikəusəmǽtik] 心身症	energy medicine エネルギー療法
	Qigong [tʃíːgɔ̀ːŋ] 気功

代替医療は従来の西洋医学の枠外の、あらゆる治療、健康管理の実践である。副作用のほとんどないホリスティック（包括的）治療で、人間の自然治癒力を向上させることで、心的疲労、心身症などの心の病気や身体の問題に効果をあらわす。代替医療には、ヨガや瞑想などの心身療法、ハーブや他の自然薬品などの生物学に基づく治療法、カイロプラクティックなどの整体的・生物学的治療法、気功などのエネルギー療法が含まれる。

Q ❶ What are the characteristics of alternative medicine?
❷ What types of therapies and practices are covered in the term "alternative medicine"?

110

0411 avert
[əvə́:rt]
□□□□□
動 〜を回避する、(目)をそらす
名 aversion 回避
avert the war[danger] ▶ 戦争[危険]を回避する

0412 blackmail
[blǽkmèil]
□□□□□
名 脅迫、ゆすり
動 〜を脅迫する、〜をゆする(≒ extort)
blackmail him into paying a lot of money ▶ 脅して大金を払わせる

0413 bland
[blǽnd]
□□□□□
形 味気ない、感情を示さない(≒ insipid)
bland food ▶ 味気ない食べ物
a bland taste ▶ 風味がない味

0414 candid
[kǽndid]
□□□□□
形 率直な、遠慮のない(≒ frank, straightforward)
a candid interview ▶ 率直なインタビュー
a candid opinion[discussion] ▶ 率直な意見[議論]

0415 contentious
[kənténʃəs]
□□□□□
形 議論を引き起こす(≒ controversial)
名 contention 論争
動 contend 論争する
the contentious issue of abortion ▶ 論争になっている中絶問題

0416 countermeasure
[káuntərmèʒər]
□□□□□
名 対策(≒ measure, action)
countermeasures against crime ▶ 犯罪対策

0417 crumble
[krʌ́mbl]
□□□□□
動 崩壊する、粉々に砕ける(≒ grind, collapse)
a crumbling organization ▶ 崩壊しつつある組織

0418 curb
[kə́:rb]
□□□□□
動 〜を制限する、〜を抑制する
名 抑制、歩道の縁石
curb CO_2 emissions ▶ 二酸化炭素排出を抑える

0419 curtail
[kərtéil]
□□□□□
動 〜を切り詰める、〜を縮小する、〜を削減する(≒ reduce)
curtail the budget ▶ 予算を削る
curtail the production ▶ 生産を縮小する

0420 debatable
[dibéitəbl]
□□□□□
形 議論の余地のある(≒ arguable, controversial)
a debatable issue[question] ▶ 議論の余地のある問題

GOAL

0411 0420

START

第11日

09 Heat Stroke

111 SENTENCE

Heat stroke is a critical illness caused by the body's failure to **dissipate** excess body heat by **perspiration** and **radiation** through the skin under extreme heat. Its typical **symptoms** include an elevated body temperature to 40°c or higher, **dizziness**, **nausea**, and even **loss of consciousness**. Heat stroke is a serious medical emergency that requires immediate **medical attention** as well as **first aid** such as removing unnecessary clothes and cooling the patient's skin with water and a fan.

112 WORDS

☐	**heat stroke** [stróuk]	熱中症	☐	**dizziness** [dízinəs]	めまい
☐	**dissipate ~** [dísəpèit]	～を放散させる	☐	**nausea** [nɔ́ziə]	吐き気
☐	**perspiration** [pərspəréiʃən]	発汗	☐	**loss of consciousness** [kánʃəsnis]	意識を失うこと
☐	**radiation**	放射作用	☐	**medical attention**	治療、手当て
☐	**symptom**	症状	☐	**first aid**	応急処置

TRANSLATION

熱中症は、猛暑の中で、発汗や皮膚からの放射作用によって、過剰な体の熱を放散させることができなくなったときに起こる重病である。典型的な症状は、体温が40℃以上になったり、めまいや吐き気をもよおしたり、意識を失ったりすることである。熱中症は、衣服を緩めて患者の皮膚を水やうちわで冷やすなどの応急処置とともに、至急治療を必要とする、深刻な救急疾患である。

Q
❶ What is the main cause of heat stroke?
❷ What are the symptoms of patients who suffer heat stroke?

天文学
地質学
気象学
生物学
心理学
物理学
歴史
芸術
政治
経済

113

0421 □□□□□

deflect

[diflékt]

動 それる、〜をそらす(≒ divert, distract)

deflect public attention from the scandal
▶ スキャンダルから大衆の注意をそらす

0422 □□□□□

denounce

[dináuns]

動 〜を非難する(≒ decry)
名 denouncement 非難

denounce the movie as immoral ▶ その映画を不道徳と非難する

0423 □□□□□

deteriorate

[dití(ə)riərèit]

動 悪化する(≒ degenerate)
名 deterioration 悪化

a deteriorating relationship ▶ 悪化する関係

0424 □□□□□

devastate

[dévəstèit]

動 〜を壊滅させる、打撃を与える(≒ destroy, ravage)
名 devastation 荒廃

The typhoon[earthquake] devastated the city.
▶ 台風[地震]が都市を壊滅させた。

0425 □□□□□

dismantle

[dismǽntl]

動 〜を分解する(≒ disassemble)、〜を廃止する

dismantle the system[the building] ▶ システム[ビル]を解体する

0426 □□□□□

disrupt

[disrápt]

動 〜を中断[混乱]させる(≒ disturb)

The meeting was disrupted by protesters.
▶ 会議が反対派によって中断させられた。

0421 0430

0427 □□□□□

disseminate

[disémənèit]

動 広まる、〜を広める(≒ spread, propagate)
名 dissemination 普及

disseminate the information[findings] ▶ 情報[発見内容]を広める

0428 □□□□□

dubious

[d(j)ú:biəs]

形 疑わしい、怪しい(≒ doubtful, suspicious)

a dubious claim[business] ▶ 怪しい請求[商売]

0429 □□□□□

dwindle

[dwíndl]

動 減少する、縮小する(≒ diminish, deteriorate)

(a) dwindling natural resources[population]
▶ 減少する天然資源[人口]

0430 □□□□□

eradicate

[irǽdəkèit]

動 〜を根絶する(≒ eliminate, annihilate)

eradicate poverty[the disease] ▶ 貧困[病気]をなくす

GOAL

START

第11日

⑩ The Metabolic Syndrome

The metabolic syndrome, first named "Syndrome X" in 1988 by an American **endocrinologist**, is a combination of metabolically abnormal conditions including **high blood pressure** and high levels of cholesterol in the body. This syndrome is known to increase the risk of **contracting coronary heart disease (CHD)**, **diabetes**, **stroke**, and certain types of cancer. People **are diagnosed with** this syndrome based on the presence of at least three of the following risk factors: **abdominal obesity**, decreased levels of **HDL (high-density lipoprotein) cholesterol**, elevated blood **triglycerides**, and high blood pressure.

the metabolic syndrome [mètəbǽlik] メタボリック症候群		**diabetes** [dàiəbíːtiːz]	糖尿病
endocrinologist [èndəkrinálədʒist]	内分泌学者	**stroke** [stróuk]	脳卒中
high blood pressure	高血圧	**be diagnosed with ~** [dàiəgnóust]	～と診断される
contract [kəntrǽkt]	(病気に)かかる	**abdominal obesity** [æbdάmənəl] [oubíːsəti]	腹部肥満
coronary heart disease (CHD) [kɔ́ːrənèri] 冠動脈疾患(CHD)		**HDL (high-density lipoprotein) cholesterol** HDL(高比重リポタンパク質)コレステロール	
		triglyceride [traiglíːsəràid]	トリグリセリド(中性脂肪)

メタボリック症候群とは、高血圧、高コレステロールを含むいくつかの代謝異常が合併した状態であり、1988年にアメリカの内分泌学者によって最初はシンドロームXと命名された。この症候群は、冠動脈疾患（CHD）、糖尿病、脳卒中およびある種の癌にかかる率を高めることで知られている。腹部肥満、HDL（高比重リポタンパク質）コレステロールの減少、血中のトリグリセリド（中性脂肪）値の上昇、高血圧のうち少なくとも3つの危険因子があると、この症候群であると診断される。

Q
❶ What kinds of risks does the metabolic syndrome pose to its patients?
❷ What are the diagnostic symptoms of the metabolic syndrome?

天文学 / 地質学 / 気象学 / 生物学 / 心理学 / 物理学 / 歴史 / 芸術 / 政治 / 経済

116

0431 ☐☐☐☐☐
explicit
[iksplísit]
形 明白な、率直な (≒ clear, precise)
対 implicit 暗黙の
explicit instructions[agreement] ▶ 明瞭な指示[合意]

0432 ☐☐☐☐☐
foresight
[fɔ́rsàit]
名 先見の明、予感、展望 (≒ forethought, visionary)
have excellent foresight ▶ 素晴らしい先見の明をもつ
a lack of foresight ▶ 見通しの甘さ、先見性のなさ

0433 ☐☐☐☐☐
formidable
[fɔ́rmidəbl]
形 恐怖心を起こさせる (≒ dreadful)、手ごわい
a formidable opponent ▶ 手ごわい敵

0434 ☐☐☐☐☐
glossy
[glá(:)si]
形 光沢のある、つやつやした (≒ shiny, lustrous)
(a) glossy hair[photo] ▶ つややかな髪、光沢のある写真

0435 ☐☐☐☐☐
grapple
[grǽpl]
動 取り組む (≒ deal with, tackle)、しっかりつかむ
grapple with the problem ▶ 問題に取り組む

0436 ☐☐☐☐☐
grim
[grím]
形 厳しい、(表情が)険しい (≒ harsh, stern)
a grim reality[expression] ▶ 厳しい現実[表情]

0437 ☐☐☐☐☐
grudge
[grʌ́dʒ]
名 恨み、遺恨 (≒ antipathy, hostility)
動 〜を惜しむ、〜をねたむ
have a grudge against him ▶ 彼に恨みを抱く

0438 ☐☐☐☐☐
harness
[há:rnis]
動 〜を利用する (≒ utilize, exploit)、〜に馬具を装着する
harnesses solar[geothermal] power
▶ 太陽[地熱]エネルギーを利用する

0439 ☐☐☐☐☐
implement
動 [ímpləmènt]
名 [ímpləmənt]
動 〜を実行する、〜を実行に移す (≒ carry out)
名 道具、手段
implement the necessary measures ▶ 必要な対策を実行する
agricultural implements ▶ 農業機械

0440 ☐☐☐☐☐
incidentally
[ìnsidéntəli]
副 ちなみに (≒ by the way)、偶然に (≒ accidentally)
an incidentally detected lesion ▶ 偶然検出された障害

0431
0440

GOAL
START

第11日

⑪ Dementia

117 SENTENCE

Dementia is a **progressive** deterioration of **cognitive functions** marked by **memory failure**, personality changes and **impaired reasoning**, which is commonly observed among the elderly. This loss or **impairment of mental capacity** is often associated with emotional or **behavioral disturbances**. There are several **risk factors** of dementia, including alcohol, **atherosclerosis**, high blood pressure, high cholesterol level, **diabetes**, smoking, and **obesity**. **Alzheimer's** is known as the most common form of dementia caused by the loss of **brain cells**.

118 WORDS

☐ dementia [diménʃə]	認知症		☐ risk factor	危険因子
☐ progressive [prəgrésiv]	進行性の		☐ atherosclerosis [æθəròuskləróusis]	アテローム性動脈硬化
☐ cognitive functions	認知機能		☐ diabetes	糖尿病
☐ memory failure [féiljər]	記憶障害		☐ obesity	肥満
☐ impaired reasoning [impéəd]	論理的思考力の低下		☐ Alzheimer's [ǽlzhaimərz]	アルツハイマー
☐ impairment of mental capacity	知的機能の低下		☐ brain cell	脳細胞
☐ behavioral disturbance [distə́rbəns]	行動障害			

認知症は、進行性の認知機能の衰退で、その特徴は、記憶障害、人格の変化、論理的思考力の低下であり、一般に老人に見られる。知的機能の喪失や低下は、多くの場合情緒障害や行動障害を伴うことがある。認知症の危険因子は、アルコール、アテローム性動脈硬化、高血圧、高コレステロール値、糖尿病、喫煙、肥満などいくつかある。アルツハイマーは脳細胞の損失により起こる認知症の中でも最も一般的なものとして知られている。

Q
❶ What are some of the symptoms of dementia?
❷ What are the risk factors of dementia?

119

0441　□□□□□
inflict
[inflíkt]

動（不快なもの・痛みなど）を与える、〜を負わせる

inflict damage[pain] on him ▶ 彼に害[苦痛]を与える

0442　□□□□□
inhibit
[inhíbit]

動 〜を抑制する、〜を妨げる（≒ prevent, hinder）

inhibit economic growth[development] ▶ 経済成長[発展]を妨げる

0443　□□□□□
intact
[intǽkt]

形 損なわれていない、完全なままの（≒ undamaged）

remain intact ▶ 無傷のままである
survive intact ▶ 完全なまま残っている

0444　□□□□□
integral
[íntəgrəl]

形 不可欠な、統合された（≒ essential）
動 integrate 統合する

an integral part of my life ▶ 私の人生の不可欠な部分

0445　□□□□□
integrity
[intégrəti]

名 誠実、正直、完全性
動 integrate 統合する

a gentleman of integrity ▶ 品行方正な紳士
the integrity of the organization ▶ 組織の整合性

0446　□□□□□
levy
[lévi]

動 〜を課す、〜を召集する
名 徴税、課税

levy a heavy tax on the income ▶ 所得に重税を課す

0447　□□□□□
linger
[líŋgər]

動 ぐずぐずする、いつまでも残る（≒ remain）

linger over the work ▶ だらだら仕事をする

0448　□□□□□
meager
[míːgər]

形 わずかな、やせ細った（≒ scanty）

meager income[resources] ▶ わずかな収入[資源]

0449　□□□□□
mediocre
[mìːdióukər]

形 （平均・平均以下で）平凡な、月並みな

a mediocre performance[quality] ▶ 平凡な成績[質]

0450　□□□□□
miserly
[máizərli]

形 けちな、不十分な（≒ stingy, meager）

miserly offers[compensation to owners]
▶ 不十分な申し出[所有者たちへの賠償(金)]

GOAL
0441 0450
START

⑫ Hay Fever

120 SENTENCE

Hay fever, also called **allergic rhinitis**, is seasonally **recurrent** symptoms ranging from sneezing to **nasal congestion** to **itchy** eyes, which are caused by an allergy to the **pollen** of such plants as **cedar** and **cypress**. The pollen **triggers** the production of the **antibody** immunoglobulin E (IgE), which causes the release of **inflammatory mediators** such as histamine. Although antihistamine drugs provide **symptomatic relief**, one of the most effective long-term treatments is **desensitization**, treatment involving weekly injections of pollen **extracts** for more than one year.

121 WORDS

☐ **hay fever**	花粉症		☐ **cypress**	ヒノキ
☐ **allergic rhinitis** [əlɚ́rdʒik][raináitəs]	アレルギー性鼻炎		☐ **trigger**	誘発する
☐ **recurrent** [rikɚ́ːrənt]	反復性の		☐ **antibody** [ǽntəbɑ̀di]	抗体
☐ **nasal congestion** [néizəl] [kəndʒéstʃən]	鼻づまり		☐ **inflammatory mediator** [inflǽmətɔ̀ri] [míːdièitər]	炎症性介在物質
☐ **itchy** [ítʃi]	かゆい		☐ **symptomatic relief** [sìmptəmǽtik]	症状の緩和
☐ **pollen**	花粉		☐ **desensitization** [diːsènsətəzéiʃən]	脱感作療法
☐ **cedar** [síːdər]	スギ		☐ **extract**	抽出物

花粉症は、アレルギー性鼻炎とも呼ばれ、スギやヒノキなどの花粉に対するアレルギーが原因で引き起こされる季節反復性のくしゃみ、鼻づまり、眼のかゆみなどの症状のことである。花粉は免疫グロブリンE（IgE）という抗体の産出を誘発し、ヒスタミンなどの炎症性介在物質放出の原因となる。抗ヒスタミン薬は症状を緩和するが、最も効果的な長期の治療法の1つは1年以上の期間にわたって花粉の抽出物を毎週注射する脱感作療法である。

Q ❶ What are the common symptoms of hay fever?
❷ What kinds of treatment are employed to counter hay fever?

天文学／地質学／気象学／生物学／心理学／物理学／歴史／芸術／政治／経済

122

0451　□□□□□
momentum
[mouméntəm]

名 勢い、はずみ、運動量（≒impetus, drive）

gain[lose] momentum ▶ 勢いを増す[失う]

0452　□□□□□
morale
[məræl]

名 士気、意欲、やる気（≒confidence）

boost the morale of employees ▶ 従業員の士気を高める

0453　□□□□□
numb
[nʌm]

形 動 (感覚・思考が)麻痺した[する、させる]
　　（≒senseless, paralyze）

go numb with cold[fear]
▶ 寒さで感覚が麻痺する、恐怖で思考が停止する

0454　□□□□□
oblivious
[əblíviəs]

形 (周囲の状況に)気づかない（≒unaware）
名 oblivion 忘却

be oblivious to the danger ▶ 危険に気づかない

0455　□□□□□
obsolete
[àbsəlíːt]

形 旧式の、時代遅れの（≒out-of-date, old-fashioned）

obsolete equipment ▶ 旧式の設備
obsolete technology ▶ 時代遅れの技術

0456　□□□□□
offset
動 [ɔ̀(ː)fsét]
名 [ɔ́(ː)fsèt]

動 ～を相殺する、～を埋め合わせる（≒balance, cancel）
名 相殺するもの

offset the cost[loss] ▶ 費用[損金]を埋め合わせる

0457　□□□□□
ominous
[ámənəs]

形 不吉な（≒sinister）
名 omen 前兆

ominous signs ▶ 不吉な兆候
ominous threats to opponents ▶ 敵対者に悪感を感じさせる脅し

0458　□□□□□
outdated
[àutdéitid]

形 時代遅れの、旧式の（≒obsolete, old-fashioned）

outdated ideas[equipment] ▶ 時代遅れの考え[機器]

0459　□□□□□
outnumber
[àutnʌ́mbər]

動 ～より数で勝る（≒exceed, surpass）

Men still outnumber women in politics.
▶ 政治において男性はいまだ女性の数を上回る。

0460　□□□□□
outweigh
[àutwéi]

動 (重要度、価値、重さなどが)～より上回る（≒exceed）

The disadvantages outweigh the advantages.
▶ デメリットがメリットを上回る。

0451-0460

郵 便 は が き

料金受取人払郵便

神田局
承認

6134

差出有効期間
2022年11月
24日まで
（切手不要）

1 0 1 - 8 7 9 6

5 0 8

東京都千代田区神田神保町2−14
SP神保町ビル5階

オープンゲート

読者カード係　行

お買い上げいただきまして誠にありがとうございました。
みなさまのご意見を今後の本づくりの参考にさせていただきますので、
裏面のアンケートにご協力お願いします。

ふりがな お名前		性別	男性 ・ 女性
		年齢	歳
ご住所	〒　　　　　　　　　　電話番号		
メール アドレス			
ご職業			

30日集中
TOEFL® テスト 必須語彙1200＋分野別語彙800

■この本をどのようにお知りになりましたか？
　□書店で実物を見て（書店名： 　　　　　　　　　　　　　　　　）
　□新聞・雑誌等の広告を見て（掲載紙誌名： 　　　　　　　　　　）
　□人にすすめられて
　□先生の推薦
　□ブログや Twitter などを見て
　□その他（ 　　　　　　　　　　　　　　　　　　　　　　　　　）

■本書についてのご感想をお聞かせください。

タイトル：	□良い	□ふつう	□悪い
価　　格：	□安い（満足）	□ふつう	□高い
内　　容：	□たいへん満足	□良い	□ふつう
	□よくない	□非常に不満	
ページ数：	□少ない	□ちょうどいい	□多い
カバーデザイン：	□良い（目立った）	□ふつう　□よくない（目立たない）	

■ご意見・ご要望などございましたら自由にご記入ください。

```


```

■あなたのコメントを広告やホームページなどで紹介してもよろしいですか？
　□はい（お名前など個人情報が特定できる内容は掲載しません）
　□いいえ

ご協力ありがとうございました。
ご記入いただいたご意見などを匿名で書籍のPRに使用させていただく場合がございますが、それ以外に個人情報を第三者に提供することはありません。

01 Freud

123 SENTENCE

The Austrian **neurologist** known as the father of **psychoanalysis**, Sigismund Freud (1856–1939), was a **physiologist**, medical doctor, and influential thinker. He elaborated the theory that mind is a complex energy-system and refined the concepts of **the unconscious**, **infantile sexuality** and **repression**. He also coined the psychological term **the Oedipus complex** and invented **dream analysis**, shedding light on the existence of **the libido**. Freud's most notable followers were: Carl G. Jung, the founder of **analytical psychology**, and Alfred Adler, the founder of **individual psychology**.

124 WORDS

☐	**neurologist** [n(j)uróulədʒist]	神経学者	☐	**the Oedipus complex** [édəpəs]	エディプスコンプレックス
☐	**psychoanalysis** [sàikəuənǽlisis]	精神分析	☐	**dream analysis**	夢分析
☐	**physiologist** [fiziálədʒist]	生理学者	☐	**the libido** [libíːdou]	リビドー
☐	**the unconscious**	無意識	☐	**analytical psychology** [ænəlítikəl]	分析心理学
☐	**infantile sexuality** [ínfəntàil]	幼児性欲	☐	**individual psychology**	個人心理学
☐	**repression** [ripréʃən]	抑圧			

TRANSLATION

精神分析の父として知られるオーストリア人神経学者ジークムント・フロイト（1856–1939）は、生理学者・医師であり、他に影響を与えた思想家であった。心は複雑なエネルギー構造をしているという理論を打ち立て、無意識・幼児性欲・抑圧についての概念を完成させた。また、「エディプスコンプレックス」なる心理学用語を生み出し、夢分析を創始して、リビドーの存在にも注目した。フロイトの最も著名な支持者に分析心理学の父カール・G・ユング、個人心理学の創始者アルフレッド・アドラーがいる。

Q
❶ What are the accomplishments of Freud?
❷ Who are some of the advocates of Freud?

天文学　地質学　気象学　生物学　心理学　物理学　歴史　芸術　政治　経済

125

GOAL

0461 □□□□□
overflow
動 [òuvərflóu]
名 [óuvərflòu]

動 氾濫する、あふれる
名 氾濫、流出 (≒ flood, spill)
Her heart is overflowing with gratitude[joy].
▶ 彼女の心は感謝[喜び]に満ちあふれている。

0462 □□□□□
overthrow
動 [òuvərθróu]
名 [óuvərθròu]

動 ～を転覆させる、～を打ち破る (≒ conquer, defeat)
名 転覆
overthrow the government ▶ 政府を倒す

0463 □□□□□
overturn
名 [óuvərtə̀:rn]
動 [òuvərtə́:rn]

名 転覆、打倒
動 ～をひっくり返す、～を覆す (≒ reverse)
overturn a car ▶ 車をひっくり返す
overturn the agreement ▶ 合意を覆す

0464 □□□□□
pamper
[pǽmpər]

動 ～を甘やかす (≒ spoil, indulge)
形 pampered わがままな、甘やかされた
pamper your child ▶ 子どもを甘やかす
a pampered upbringing ▶ 坊ちゃん育ち

0465 □□□□□
parallel
[pǽrəlèl]

形 平行な、同時に起きる
名 類似 (≒ similarity)
parallel lines[efforts] ▶ 平行線[同時の取り組み]

0466 □□□□□
plausible
[plɔ́:zəbl]

形 もっともらしい (≒ reasonable)
plausible explanations[excuses] ▶ もっともらしい説明[言い訳]

0461
〜
0470

0467 □□□□□
rash
[rǽʃ]

形 (非常に早くて)軽率な (≒ reckless, hasty)
名 発疹
make a rash decision ▶ 軽率な決断をする
make a rash promise ▶ 安請合する

0468 □□□□□
receptive
[riséptiv]

形 (意見・提案に)物わかりの良い (≒ open-minded, responsive)、
包容力のある
receptive to new ideas ▶ 新しい考えを受け入れる

0469 □□□□□
refuge
[réfju:dʒ]

名 避難(所) (≒ shelter, sanctuary)
名 refugee 難民
a wildlife refuge ▶ 野生生物の保護区
take refuge from a storm ▶ 嵐から身を守るため避難する

0470 □□□□□
remodel
[rìmád(ə)l]

動 (建物などの外観や構造を)改装する (≒ renovate)
remodel the old building ▶ 古いビルを改装する

START

02 Piaget

Jean Piaget (1896–1980) was a Swiss developmental **psychologist** and philosopher known for his pioneering **developmental psychology**. Starting with his first scientific paper on white sparrows at age 10, he demonstrated his gift in **zoology** by writing papers on mollusks at the tender age of 15. After receiving a bachelor's degree in zoology at 19 and a Ph.D. in physics at 25, he developed an interest in psychology under **eminent** psychologists including Jung. Taking a **holistic approach** to **child psychology**, he expanded the scope of the **academic discipline**. His theory of **cognitive development** and **epistemological view** are collectively called "**genetic epistemology**."

□ **psychologist** [saikálədʒist]	心理学者	□ **child psychology** [saikálədʒi]	児童心理学
□ **developmental psychology** [saikálədʒi]	発達心理学	□ **academic discipline** [dísəplin]	学術的分野
□ **zoology** [zouálədʒi]	動物学	□ **cognitive development** [kɔ́gnitiv]	認知発達論
□ **eminent**	著名な	□ **epistemological view** [ipìstiməlɔ́dʒikəl]	認識論的考察
□ **holistic approach** [həulístik]	全体的アプローチ	□ **genetic epistemology** [ipìstəmálədʒi]	発生的認識論

ジャン・ピアジェ（1896–1980）はスイスの発達心理学者、哲学者であり、発達心理学の草分けとして知られる。10歳のときの白スズメに関する自身初の科学論文に始まり、弱冠15歳で軟体動物に関する論文によりその天才的頭脳を世に示した。19歳で動物学の学士号を取得し、25歳で物理学の博士号を取得後、ユングなど著名心理学者の下で心理学に対する関心を深めた。児童心理学に全体的アプローチを試みた彼は同分野の範囲を拡げた。ピアジェの認知発達論と認識論的考察は総称して発生的認識論と呼ばれている。

Q ❶ What are the accomplishments of Piaget in psychology?
❷ What was his first degree in?

0471 repeal [ripí:l]
動 (公に)〜を廃止する (≒ revoke, nullify)
名 取り消し
repeal the law[act] ▶ 法律[法令]を廃止にする

0472 responsive [rispánsiv]
形 適切に素早く反応する (≒ reactive, receptive)
be responsive to social changes[needs]
▶ 社会の変化[必要性]に素早く対応する

0473 robust [roubást]
形 たくましい、健全な、丈夫な (≒ vigorous, sturdy)
robust growth[economy] ▶ 健全な成長[経済]

0474 rusty [rásti]
形 錆びた、(腕前が)錆び付いた (≒ out of practice)
rusty metals[nails] ▶ 錆びた金属[釘]
My English is rusty. ▶ 私の英語は錆びついている。

0475 scent [sént]
名 香り (≒ aroma)、残り香 (≒ trail)
動 〜を感知する、匂う (≒ smell)
the fresh scent of flowers ▶ 新鮮な花の香り
a lingering scent ▶ 漂う香り

0476 scheme [skí:m]
名 構想、計画 (≒ plot, conspiracy)
動 陰謀を企てる
a pension scheme ▶ 年金制度
a training scheme ▶ 訓練計画

0477 seemingly [sí:miŋli]
副 一見したところ、外見的には (≒ apparently)
seemingly impossible ▶ 一見不可能な

0478 selective [siléktiv]
形 好みにうるさい、精選する (≒ particular)
be selective about foods ▶ 食べ物にうるさい
selective breeding ▶ 選抜飼育

0479 shiver [ʃívər]
動 震える (≒ shake, shudder)
名 shivers 震え、寒け
shiver with cold[fear] ▶ 寒さ[恐怖]で震える

0480 simplify [símpləfài]
動 〜を平易にする、〜を単純化する (≒ clarify, streamline)
simplify the law[task] ▶ 法律[作業]を簡素化する

03 Jung

Carl Gustav Jung (1875–1961) was a Swiss **psychiatrist** and **psychotherapist** who founded **analytical psychology**, and developed the concepts of **extraversion-introversion archetypes**, and **the collective unconscious**. Those concepts have contributed to the development of **personality psychology**, exerting a profound influence on **psychotherapy**. One of the best known modern contributors to dream analysis and **symbolization**, Jung considered **the human psyche** as "by nature religious" and made this religiousness the focus of his explorations. He also has had a notable impact on popular psychology, the "**psychologization of religion**," spirituality and the New Age.

psychiatrist [saikáiətrist]	精神科医	personality psychology	人格心理学
psychotherapist [sàiko(u)θérəpist]	心理セラピスト	psychotherapy [sàiko(u)θérəpi]	心理療法
analytical psychology	分析心理学	symbolization [sìmbələzéiʃən]	象徴化
extraversion-introversion archetypes [árkitàips] 外向ー内向の原型		the human psyche [sáiki]	人間の魂
the collective unconscious [ʌnkánʃəs] 集合的無意識		psychologization of religion [saikùrədʒizéiʃən]	宗教の心理学化

カール・グスタフ・ユング（1875–1961）はスイスの精神科医、心理セラピストであり、分析心理学を確立し、外向ー内向の原型と集合的無意識の概念を展開した。これらの概念は、心理療法に多大な影響を与え、人格心理学の発展に貢献した。夢分析および象徴化の近代における最も有名な貢献者の一人である彼は、人間の魂を「生まれ持って宗教的」と考え、その宗教性を研究の中心とした。また彼は通俗心理学、「宗教の心理学化」である精神性およびニューエイジにも著しい影響を与えている。

Q ❶ What are the accomplishments of Jung?
❷ What was the focus of his research?

131

GOAL

0481 □□□□□

slash
[slǽʃ]

動 ～を切り付ける、数量を削減する(≒ cut, reduce)

slash the costs[prices] ▶ コストを削減する、値段を大幅に下げる

0482 □□□□□

sloppy
[slápi]

形 だらしない、(服が)ゆるい(≒ careless, loose)

sloppy management ▶ だらしない経営

0483 □□□□□

staggering
[stǽɡəriŋ]

形 驚異的な、圧倒的な(≒ astonishing, amazing)
動 stagger ～を仰天させる、(自信などが)ぐらつく

a staggering success[growth] ▶ 驚異的な成功[成長]

0484 □□□□□

stifle
[stáifl]

動 ～を窒息させる、～を抑圧する(≒ suppress, smother)

stifle competition[economic development, innovation]
▶ 競争[経済発展、イノベーション]を抑制する

0485 □□□□□

stipulate
[stípjulət]

動 (契約条項として)～を規定[明記]する(≒ prescribe, state)
名 stipulation 規定

be stipulated by the law[contract] ▶ 法[契約]に規定された

0486 □□□□□

strenuous
[strénjuəs]

形 精力的な、骨の折れる(≒ painstaking, demanding)

strenuous efforts[exercise] ▶ たゆまぬ努力[練習]

0487 □□□□□

stumble
[stʌ́mbl]

動 つまずく、よろめく、とちる、出くわす(≒ trip, stagger)

stumble over a stone ▶ 石につまずく
stumble on a nice shop ▶ 偶然いい店を見つける

0488 □□□□□

substantial
[səbstǽnʃəl]

形 実質的な、相当な(≒ considerable, significant)
動 substantiate ～を実証する

a substantial increase[risk] ▶ かなりの増加[リスク]

0489 □□□□□

suppress
[səprés]

動 (暴動、成長など)を抑える、～をもみ消す(≒ subdue, restrain)
名 suppression 鎮圧

suppress the rebellion[fire] ▶ 反乱[火事]を鎮める

0490 □□□□□

susceptible
[səséptəbl]

形 敏感な、影響を受けやすい(≒ vulnerable)

be susceptible to damage ▶ ダメージを受けやすい
be susceptible to disease[injury]
▶ 病気にかかりやすい[けがをしやすい]

0481
0490

START

04 Subliminal Perception

Subliminal perception is defined as attention paid to a message without **conscious awareness** of the message. Despite no proof of its existence yet, there is a theory explaining that the recipient of a subliminal message cannot **build mental barriers against** the message and thus becomes more **susceptible to** its influence. Effects of **subliminal stimuli** on advertising messages are **arguable**, but evidence shows that even if they do not **affect people's behavior** immediately, they will influence their responses by acting on their subliminal perceptions.

132 SENTENCE

133 WORDS

- [ ] **subliminal perception** [sÀblímənəl] [pərsépʃən]　サブリミナル知覚
- [ ] **conscious awareness** [kánʃəs]　意識的な認識
- [ ] **build mental barriers against ~**　〜に対し精神的バリアをつくる
- [ ] **susceptible to ~** [səséptəbl]　〜を受けやすい

- [ ] **subliminal stimuli** [stímjəlài]　サブリミナル刺激
- [ ] **arguable** [árgjuəbl]　議論の余地がある
- [ ] **affect people's behavior** [bihéivjər]　人の行動に影響を与える

TRANSLATION

サブリミナル知覚は、伝達されるメッセージを意識的に認識することなく、そのメッセージに対し払われる注意と定義される。この知覚が存在する証拠はまだないが、サブリミナルメッセージを受け取った者はそのメッセージに対し精神的バリアを作ることができず、そのため影響をより受けやすい状態になるという説がある。サブリミナル刺激が広告メッセージに与える影響については議論の余地があるが、ある証拠によれば、たとえ即時的に人の行動に影響を与えないとしても、潜在意識上の命令がサブリミナル知覚に作用し人々の反応に影響を及ぼすとされる。

右側タブ：天文学／地質学／気象学／生物学／心理学／物理学／歴史／芸術／政治／経済

Q
❶ What is the definition of subliminal perception?
❷ According to some evidence, what do subliminal stimuli have effects on?

🔊 **134**

GOAL

0491
☐☐☐☐☐
swarm
[swɔ́ːrm]

名 群れ(≒ flock, herd)
動 群れで移動する

a swarm of insects[tourists] ▶ 虫[観光客]の群れ

0492
☐☐☐☐☐
texture
[tékstʃər]

名 質感、触感(≒ feel, touch)、食感

the smooth texture of silk ▶ 絹の滑らかな触感

0493
☐☐☐☐☐
trespass
[tréspəs]

動 不法侵入する、侵害する(≒ intrude)

trespass on his private property ▶ 彼の私有地に侵入する
"No Trespassing." ▶ 立ち入り禁止《掲示》

0494
☐☐☐☐☐
unfold
[ʌnfóuld]

動 展開する、～を広げる(≒ spread, expand, unwrap)

unfold the story[box] ▶ 話[箱]を展開する

0495
☐☐☐☐☐
utensil
[juténsəl]

名 (主に台所の)器具、用具、用品(≒ tool, device)

kitchen[cooking, farming] utensils ▶ 台所[調理、農業]器具

0496
☐☐☐☐☐
utmost
[ʌ́tmòust]

形 最大限度の
名 最大限度(≒ maximum)

make my utmost efforts to pass the test
▶ その試験に合格するための最大限の努力をする

0491 0500

0497
☐☐☐☐☐
verge
[və́ːrdʒ]

名 (場所などの)ふち、瀬戸際(≒ edge)
動 接する

on the verge of tears[extinction] ▶ 今にも泣きそうで[絶滅寸前で]

0498
☐☐☐☐☐
vibrant
[váibrənt]

形 活気のある、鮮やかな(≒ lively, vivid)

vibrant cities[colors] ▶ 活気のある都市、鮮やかな色

0499
☐☐☐☐☐
vicinity
[visínəti]

名 近隣、近所、近接(≒ neighborhood)

in the vicinity of the hotel ▶ ホテルの近くに

0500
☐☐☐☐☐
vulnerable
[vʌ́lnərəbl]

形 ～を受けやすい、傷つきやすい(≒ susceptible)
名 vulnerability 脆弱性

be vulnerable to attack[criticism] ▶ 攻撃[批判]を受けやすい

START

第 **13** 日

5

問題 次の下線部の意味に近い語を、下から選んでください。

① **alleviate** the pain ⋯⋯⋯⋯⋯⋯⋯⋯⋯⋯⋯ 痛みを和らげる

② be **stipulate**d by the law ⋯⋯⋯⋯⋯⋯⋯ 法に規定された

③ agricultural **implement**s ⋯⋯⋯⋯⋯⋯⋯⋯ 農業機械

④ **repeal** the law ⋯⋯⋯⋯⋯⋯⋯⋯⋯⋯⋯⋯⋯ 法律を廃止にする

⑤ **outdated** ideas ⋯⋯⋯⋯⋯⋯⋯⋯⋯⋯⋯⋯ 時代遅れの考え

⑥ **ardent** supporters ⋯⋯⋯⋯⋯⋯⋯⋯⋯⋯⋯ 熱心な支持者

⑦ on the **verge** of extinction ⋯⋯⋯⋯⋯⋯ 絶滅寸前で

⑧ gain **momentum** ⋯⋯⋯⋯⋯⋯⋯⋯⋯⋯⋯⋯ 勢いを増す

⑨ **seemingly** impossible ⋯⋯⋯⋯⋯⋯⋯⋯⋯ 一見不可能な

⑩ **incidentally** detected ⋯⋯⋯⋯⋯⋯⋯⋯⋯ 偶然発見された

⑪ the **contentious** issue of abortion ⋯⋯⋯ 論争になっている
中絶問題

⑫ be **vulnerable** to criticism ⋯⋯⋯⋯⋯⋯⋯ 批判を受けやすい

⑬ **plausible** excuses ⋯⋯⋯⋯⋯⋯⋯⋯⋯⋯⋯ もっともらしい言い訳

⑭ **inhibit** economic growth ⋯⋯⋯⋯⋯⋯⋯⋯ 経済成長を妨げる

⑮ **eradicate** poverty ⋯⋯⋯⋯⋯⋯⋯⋯⋯⋯⋯ 貧困をなくす

選択肢

A susceptible　**B** prescribe　**C** enthusiastic　**D** apparently　**E** controversial

F revoke　**G** instrument　**H** obsolete　**I** hinder　**J** relieve

K reasonable　**L** brink　**M** accidentally　**N** impetus　**O** eliminate

解答 ①J　②B　③G　④F　⑤H　⑥C　⑦L　⑧N
⑨D　⑩M　⑪E　⑫A　⑬K　⑭I　⑮O

GOAL

0501 ☐☐☐☐☐

abate
[əbéit]

動 (勢い・痛みなどが)和らぐ (≒ subside)、〜を和らげる

The pain[storm] abated. ▶ 痛み[嵐]が和らいだ。

0502 ☐☐☐☐☐

adjourn
[ədʒə́:rn]

動 〜を一時休止する、〜を休会する
名 adjournment 延期

adjourn the meeting ▶ 会議を休会する

0503 ☐☐☐☐☐

affinity
[əfínəti]

名 親近感、強い好み (≒ liking)

an affinity for money[fame] ▶ お金[名声]が好き

0504 ☐☐☐☐☐

akin
[əkín]

形 同種の(≒ similar)、同族の、血族の

The cat is akin to the tiger. ▶ 猫は虎の親類である。

0505 ☐☐☐☐☐

allure
[əlúər]

動 〜を魅惑する(≒ attract)
名 魅力、魅惑

the allure of the ocean[foreign travel] ▶ 大海[海外旅行]の魅力

0501
0510

0506 ☐☐☐☐☐

aloof
[əlú:f]

形 (人が)打ち解けない(≒ unfriendly)
副 離れて

She was polite but aloof. ▶ 彼女は礼儀正しいがよそよそしかった。

0507 ☐☐☐☐☐

ambivalent
[æmbívələnt]

形 相反する感情を持つ、あいまいな(≒ equivocal)

be ambivalent about the issue[relationship]
▶ その問題[関係]に対して複雑な気持ちである

0508 ☐☐☐☐☐

amiable
[éimiəbl]

形 人当たりのよい、親切な、愛想の良い(≒ affable, friendly)、和やかな

an amiable personality[smile]
▶ 人当たりの良い性格[感じの良い笑顔]

0509 ☐☐☐☐☐

anecdote
[ǽnikdòut]

名 (人物、出来事などの個人の経験に基づく)逸話(≒ story, narrative)、身の上話

travel[personal] anecdotes ▶ 旅の[個人的な]話

0510 ☐☐☐☐☐

antagonist
[æntǽgənist]

名 敵対者、(敵意を持っている)競争相手、拮抗薬

confront the antagonist ▶ 敵対者に立ち向かう
a serotonin antagonist ▶ セロトニン拮抗薬

START

第 **13** 日

05 Depression

Considered as a common but **treatable mental illness**, **depression** refers to a **mental disorder** marked by an emotional state of **lowered self-esteem** and/or **guilt**, which often leads to **recurrent thoughts of death** or **suicide**. Research conducted with **magnetic resonance imaging (MRI)** revealed that depression is a disorder of the brain. However, its exact causes **remain unclarified**, although likely causes are genetic, biochemical, environmental, and psychological. The most common clinical treatments are **psychotherapy**, **medication**, and **electroconvulsive therapy (ECT)**.

treatable mental illness [trí:təbəl] 治療可能な精神疾患	**suicide** [sú:əsàid] 自殺
depression [dipréʃən] うつ病	**magnetic resonance imaging (MRI)** [rézənəns] 磁気共鳴画像診断
mental disorder 精神障害	**remain unclarified** [ʌnklǽrifàid] 不明なままである
lowered self-esteem 低い自己評価	**psychotherapy** [sàiko(u)θérəpi] 心理療法
guilt 罪悪感	**medication** [mèdəkéiʃən] 薬物療法
recurrent thoughts of death [riká:rənt] 死について頻繁に考えること	**electroconvulsive therapy (ECT)** [ilèktroukənválsiv] 電気けいれん療法

一般的かつ治療可能な精神疾患の1つと考えられているうつ病は低い自己評価および/または罪悪感という感情的状態を特徴とする精神障害であり、死について頻繁に考えるようになったり自殺に至ったりすることも多い。磁気共鳴画像診断（MRI）を用いて行われた研究により、うつ病は脳の障害であることが明らかとなった。しかしながら、遺伝的、生化学的、環境的、心理学的原因が考えられるものの、その正確な原因は不明なままである。最も一般的な治療法には心理療法、薬物療法、電気けいれん療法がある。

Q ❶ What is the definition of depression?
❷ What did research discover about depression?

天文学 地質学 気象学 生物学 心理学 物理学 歴史 芸術 政治 経済

GOAL

0511
☐☐☐☐☐
articulate
形 [ɑ:rtíkjələt]
動 [ɑ:rtíkjəlèit]

形 (意味が)明確な
動 はっきりと話す(≒ enunciate)

an articulate speaker ▶ 明確に話す講演者

0512
☐☐☐☐☐
bewilder
[bɪwíldər]

動 〜を当惑させる、〜をけむに巻く(≒ upset, confuse)

The doctor was bewildered by the cause of such severe hives.
▶ 医者はひどい蕁麻疹の原因に当惑した。

0513
☐☐☐☐☐
blaze
[bléiz]

名 炎、(感情などが)燃え立つこと(≒ conflagration)
動 燃え盛る

a blaze of glory ▶ 輝ける栄光
a blaze of colors ▶ 燃え立つ色彩

0514
☐☐☐☐☐
blink
[blíŋk]

動 まばたきする、点滅する(≒ flash, wink)

The light is blinking. ▶ 光が点滅している。
on the blink ▶ 調子が悪い、故障して

0515
☐☐☐☐☐
bountiful
[báuntifəl]

形 豊富な、気前の良い(≒ profuse, copious)

a bountiful harvest[crop] ▶ 豊作
bountiful forests ▶ 豊かな森

0516
☐☐☐☐☐
bulky
[bʌ́lki]

形 かさばる、(大きくて)扱いにくい(≒ voluminous)

bulky clothes[books] ▶ かさばる衣類[本]

0511
0520

0517
☐☐☐☐☐
capricious
[kəpríʃəs]

形 気紛れな、変わりやすい(≒ arbitrary, unstable)

capricious children ▶ 気紛れな子どもたち
capricious weather ▶ 変わりやすい天気

0518
☐☐☐☐☐
catastrophe
[kətǽstrəfi]

名 (突然の)大惨事、大災害(≒ calamity)
形 catastrophic 破滅的な

avert catastrophe ▶ 大災害を避ける

0519
☐☐☐☐☐
celebrated
[séləbrèitəd]

形 有名な、著名な(≒ famed, renowned)

a celebrated pianist[novel] ▶ 有名なピアニスト[小説]

0520
☐☐☐☐☐
censure
[sénʃər]

名 (激しい)批判、非難
動 〜を激しく批判[非難]する

censure the government ▶ 政府に対し激しい批判をする

START

第 **13** 日

06 Autism

139 SENTENCE

Autism is a complex **developmental disorder** that seriously undermines development of social and communication skills due to a complex combination of various factors including **congenital brain dysfunctions**. Characterized by **impaired social interaction** and communication as well as by **restricted and repetitive behavior**, autism has the **diagnostic criteria** requiring that symptoms become apparent before a child is three years old. A milder form of autism is called "**Asperger syndrome**," which is considered to be on the **high functioning** end of the spectrum. Children with Asperger syndrome may be only mildly affected and frequently have good language and cognitive skills.

140 WORDS

☐ **autism** [ɔ́tìzəm]　自閉症

☐ **developmental disorder**　発達障害

☐ **congenital brain dysfunction** [kəndʒénitəl]　先天性の脳機能障害

☐ **impaired social interaction** [impéəd]　社会的交流の障害

☐ **restricted and repetitive behavior**　限定的で繰り返しの多い行動

☐ **diagnostic criteria** [dàiəgnástik][kraitíəriə]　診断基準

☐ **Asperger syndrome** [ǽspə:dʒər]　アスペルガー症候群

☐ **high functioning**　高機能

自閉症とは、先天性の脳機能障害を含むさまざまな要因の複雑な組み合わせにより、社会的および意思伝達スキルの発達を著しく損なう複雑な発達障害である。限定的で繰り返しの多い行動、社会的交流およびコミュニケーションの障害を特徴とする自閉症では、子どもが3歳になる前に症状が顕著となることを条件とする診断基準が設けられている。自閉症の穏やかなものは、「アスペルガー症候群」と呼ばれ、高機能自閉症とみなされている。アスペルガー症候群の子どもは、軽度な症状があるだけで、言語能力や認識力は素晴らしい場合もよくある。

Q ❶ What are the characteristics of autism?
❷ What is Asperger syndrome?

天文学 地質学 気象学 生物学 心理学 物理学 歴史 芸術 政治 経済

141

0521 ☐☐☐☐☐

compelling
[kəmpélɪŋ]

形 強制的な、説得力のある (≒ strong)
動 compel ～を強いる

compelling evidence ▶ 有力な証拠
a compelling reason ▶ やむにやまれぬ理由

0522 ☐☐☐☐☐

complacent
[kəmpléɪsnt]

形 (現状に)安住した
副 complacently 自己満足して

be complacent about the future ▶ 将来についてのん気に構える

0523 ☐☐☐☐☐

compound
形 名 [kámpaund]
動 [kəmpáund]

形 合成の、複合の　名 混合物、構内　動 混合する[させる]

compound fractures ▶ 複雑骨折
compound effects ▶ 複合作用

0524 ☐☐☐☐☐

confer
[kənfə́r]

動 話し合う (≒ argue)、～を授ける
名 conference 会議

confer with the lawyer ▶ 弁護士と話し合う
A doctorate degree was conferred. ▶ 博士号が授与された。

0525 ☐☐☐☐☐

cordial
[kɔ́:rdʒəl]

形 心からの (≒ heartfelt)
副 cordially 心から

(a) cordial welcome[hospitality] ▶ 心からの歓迎[歓待]

0526 ☐☐☐☐☐

craving
[kréɪvɪŋ]

名 切望、渇望 (≒ appetite, hunger)
動 crave 切望する

a craving for sweets[alcohol] ▶ 甘いもの[アルコール]への渇望

0527 ☐☐☐☐☐

dazzle
[dǽzl]

動 (光で)目をくらませる (≒ overwhelm)
形 dazzling 魅力的な

be dazzled by the scenery[beauty] ▶ 景色[美しさ]に目を奪われる

0528 ☐☐☐☐☐

dent
[dént]

名 へこみ、減少 (≒ mark, reduction)
動 ～をへこませる

make a dent in the deficit[costs] ▶ 借金[費用]を減らす

0529 ☐☐☐☐☐

detrimental
[dètrəméntl]

形 有害な (≒ harmful, deleterious)
名 detriment 損害、損失

be detrimental to your health ▶ 健康に有害である
have a detrimental effect on humans ▶ 人間に有害な影響を及ぼす

0530 ☐☐☐☐☐

devoid
[dɪvɔ́id]

形 (良いものが)全くない[欠けている] (≒ bereft)

be devoid of humor[warmth] ▶ ユーモア[温かみ]がない

0521
0530

GOAL

START

07 PTSD

142 SENTENCE

Post-traumatic stress disorder (PTSD) is defined as an **anxiety disorder** which is often caused by exposure to one or more **traumatic events**, such as sexual assaults, serious injuries, or threats of death. Other **risk factors** are constant exposure in activities or occupations to violence or disasters. The symptoms include **recurrent flashbacks**, **numbing of memories** of traumatic events, and **gnawing anxieties** for more than a month after the event. The major effective treatments of this mental illness are **individual psychotherapy**, **cognitive behavioral therapy**, and **eye movement desensitization and reprocessing (EMDR)**.

143 WORDS

☐ **post-traumatic stress disorder (PTSD)**
[trəmǽtik]
心的外傷後ストレス障害

☐ **anxiety disorder** 不安障害
[æŋzáiəti]

☐ **traumatic event** トラウマ的出来事

☐ **risk factor** リスク要因

☐ **recurrent flashbacks**
[riká:rənt]
頻発するフラッシュバック

☐ **numbing of memories**
[nʌ́miŋ]
記憶に対する無感覚

☐ **gnawing anxieties** 常時さいなまれる不安
[nɔ́:iŋ]

☐ **individual psychotherapy** 個人心理療法

☐ **cognitive behavioral therapy**
認知行動療法

☐ **eye movement desensitization**
[disènsətəzéiʃən]
and reprocessing (EMDR)
眼球運動による脱感作および再処理法

TRANSLATION

心的外傷後ストレス障害［PTSD］は、性的暴行、重傷、あるいは命が脅かされることなどの1つ以上のトラウマ的出来事にさらされることにより、しばしば引き起こされる不安障害の1つである。この他、暴力や災害に常時さらされる活動や職業従事もリスク要因として挙げられる。症状には頻発するフラッシュバック、トラウマ事象の記憶に対する無感覚、事象後1カ月以上経っても常時さいなまれる不安などがある。この精神障害の主な有効な治療法に個人心理療法、認知行動療法、眼球運動による脱感作および再処理法［EMDR］などがある。

Q
❶ What are some of the factors that contribute to PTSD?
❷ What are the symptoms of PTSD?

天文学 地質学 気象学 生物学 心理学 物理学 歴史 芸術 政治 経済

144

0531 □□□□□

diffuse
[difjú:z]

動 〜を広める、〜を放散する (≒ disseminate, propagate)

diffuse information[light] ▶ 情報[光]を拡散する

0532 □□□□□

digress
[digrés]

動 (本題から)それる (≒ deviate, diverge)

digress from the subject[topic] ▶ 話が本題[トピック]からそれる

0533 □□□□□

discretion
[diskréʃən]

名 思慮分別、(自由)裁量
形 discreet 慎重な

Use your discretion. ▶ 自ら判断せよ。

0534 □□□□□

disperse
[dispə́:rs]

動 〜を追い散らす、(〜を)散り散りになる(する) (≒ scatter)
名 dispersal 散布

disperse the crowd[demonstrators] ▶ 群衆[デモ参加者]を追い散らす

0535 □□□□□

drowsy
[dráuzi]

形 眠い、緩慢な (≒ sleepy)
名 drowsiness 眠気

drowsy driving ▶ 居眠り運転
drowsy voice[eyes] ▶ 眠そうな声[目]

0536 □□□□□

duplicate
形名 [djú:plikət]
動 [djú:plikèit]

形 二重の、複製の (≒ replicate)
動 〜を複写する
名 複製

a duplicate copy[key] ▶ 複製した本[鍵]

0537 □□□□□

embody
[imbádi]

動 〜を体現する、〜を具体化する (≒ epitomize, exemplify)
名 embodiment 具現化

embody freedom in the UN charter
▶ 国連憲章で自由を具体的に表現する

0538 □□□□□

empathize
[émpəθàiz]

動 共感する (≒ sympathize, identify)
名 empathy 共感

empathize with her situation[feelings]
▶ 彼女の状況[気持ち]に共感する

0539 □□□□□

foe
[fóu]

名 敵、敵対者

political friends and foes ▶ 政友と政敵

0540 □□□□□

fortify
[fɔ́:rtəfài]

動 〜を強化する、〜を要塞化する、〜を元気づける (≒ strengthen)

fortify the defense[system] ▶ 防衛[システム]を強化する

GOAL

0531
｜
0540

START

08 Schizophrenia

145 SENTENCE

Schizophrenia is referred to as a **mental illness** characterized by **illogical thoughts**, **bizarre behavior and speech**, and **delusions** or **hallucinations**. Common symptoms include false beliefs, **auditory hallucinations**, confused thinking, and **inactivity**. However, diagnosis of this illness is based on observation and the patients' personal reporting. Genetics, early environment, psychological and social processes are considered to be major **contributory factors**. Despite the Greek origin of the term skhizein ("to split") and phrēn ("mind"), schizophrenia does not imply a "**split personality**," or "**multiple personality disorder**" often confused in public perception.

146 WORDS

☐ schizophrenia [skìtsəfrí:niə]	統合失調症	☐ hallucination [həlù:sənéiʃən]	幻覚
☐ mental illness	精神疾患	☐ inactivity	無気力
☐ illogical thoughts	非論理的思考	☐ auditory hallucination	幻聴
☐ bizarre behavior and speech [bizár]	奇矯な行動と言葉	☐ contributory factor [kəntríbjutri]	寄与する要因
☐ delusion [dilú:ʒən]	妄想	☐ split personality	分裂した人格
		☐ multiple personality disorder	多重人格障害

TRANSLATION

統合失調症は、非論理的思考、奇矯な行動と言葉、妄想あるいは幻覚を特徴とする精神疾患である。一般的な症状としては、誤った思い込み、幻聴、混乱した考え、無気力などが含まれる。行動観察および患者本人が報告する経験に基づいて、この疾患の診断は行われる。遺伝、幼少時の環境、心理学的・社会的過程が、発症に寄与する重要要因であると思われる。ギリシャ語の語源はskhizein（「分かれる」）とphrēn（「心」）であるが、統合失調症［Schizophrenia］自体は、世間でよく混同される「分裂した人格」あるいは「多重人格障害」の意を持たない。

Q
❶ What are the characteristic symptoms of schizophrenia?
❷ What is the diagnostic process for schizophrenia based on?

147

0541 ◻◻◻◻◻
fortitude
[fɔ́ːrtət(j)ùːd]

名 不屈の精神（≒ tenacity）

fortitude to deal with the problem ▶ 問題を解決する不屈の精神

0542 ◻◻◻◻◻
fragment
[frǽgmənt]

名 破片（≒ piece, fraction）
動 砕ける
形 分断した

fragments of glass[a story] ▶ ガラスの破片、話の断片

0543 ◻◻◻◻◻
fret
[frét]

動 心配する、苛立つ（≒ worry）

fret about the future ▶ 将来を心配する

0544 ◻◻◻◻◻
genial
[dʒíːniəl]

形 愛想の良い（≒ amiable, affable）、（気候が）温和な

a genial smile[nature] ▶ 愛想の良い笑み[親切な性格]

0545 ◻◻◻◻◻
graphic
[grǽfɪk]

形 名 グラフィック（の）、図形（の）（≒ diagram, chart）

a graphic display[chart] ▶ 図示[図表]

0541
0550

0546 ◻◻◻◻◻
groan
[gróun]

動 うめく、不満を言う、きしむ（≒ moan, grumble）
名 うめき声、不満の声、きしむ音

groan in pain ▶ 痛みでうめき声をあげる

0547 ◻◻◻◻◻
hectic
[héktik]

形 （目まぐるしく）非常に忙しい、慌しい

a hectic schedule[lifestyle] ▶ 慌しい予定[ライフスタイル]

0548 ◻◻◻◻◻
illegible
[ilédʒəbl]

形 読みにくい、判読できない（≒ unreadable）

illegible handwriting ▶ 読みにくい筆跡

0549 ◻◻◻◻◻
impersonate
[impə́ːrs(ə)nèit]

動 （人）をまねる、～を演じる
名 impersonation 演技

impersonate a cop[police officer] ▶ 警官になりすます

0550 ◻◻◻◻◻
implication
[ìmplikéiʃən]

名 将来予想される影響[結果]（≒ a possible effect）
動 implicate ～を（悪事・有害なものに）関与させる、巻き込む

the social implications of AI ▶ AIの社会的影響

第 **14** 日

09 Hypnosis

Hypnosis is an **artificially induced trance state** with physiological conditions similar to sleep and, according to Hilgard's neodissociation theory, a split consciousness with two different streams of mental activity. This particular state is typically induced by a procedure known as a **hypnotic induction** involving a series of **preliminary instructions and suggestions**. People under hypnosis that blocks out **sources of distraction** are said to have a **heightened focus and concentration** on a specific thought or memory. The **medical and therapeutic benefits** have recently been drawing public attention.

☐ **hypnosis** 催眠術
[hipnóusis]

☐ **artificially induced trance state**
[indú:sd]
人工的に誘発されたトランス状態

☐ **hypnotic induction** 催眠誘導
[hipnátik]

☐ **preliminary instructions and suggestions**
[prilímənèri]
準備段階での指示や暗示

☐ **sources of distraction** 気を散らす原因
[distrǽkʃən]

☐ **heightened focus and concentration**
関心および集中の高まり

☐ **medical and therapeutic benefits**
[θèrəpjú:tik]
医学および療法的利点

催眠術は睡眠に似た生理学的条件下で人工的に誘発されるトランス状態であり、ヒルガードの新分離理論によれば、2つの異なる精神活動の流れを伴う分離した意識である。この特殊状態は通常、一連の準備段階での指示や暗示を含む催眠誘導として知られる手順により誘発される。気を散らす原因を阻止して睡眠にかかった人々は、特別な思考または記憶への関心および集中が高まると言われている。近年、その医学および療法的利点が注目を集めている。

❶ What induces the particular state known as hypnosis?
❷ Why do people under hypnosis have an enhanced focus and concentration?

天文学
地質学
気象学
生物学
心理学
物理学
歴史
芸術
政治
経済

0551　□□□□□
implicit
[implísit]

形 暗黙の、絶対的な (≒ implied)
反 explicit 明白な

implicit agreements[rules] between two countries
▶ 二国間の暗黙の同意[ルール]

0552　□□□□□
incessant
[insésnt]

形 (不快で)絶え間ない (≒ continual, endless)

an incessant rain[noise] ▶ 絶え間ない雨[騒音]

0553　□□□□□
indebted
[indétid]

形 恩義がある、負債がある (≒ obligated)

heavily indebted countries ▶ 重負債国
be morally indebted to him ▶ 彼に恩義がある

0554　□□□□□
inflammable
[inflǽməbəl]

形 火のつきやすい、燃えやすい (≒ burnable, flammable)、
　興奮しやすい (≒ fiery)

inflammable in air ▶ 空中で燃えやすい

0555　□□□□□
intimidating
[intímədèitiŋ]

形 威嚇するような (≒ threatening)
動 intimidate 脅す

intimidating behavior[eyes] ▶ 威嚇するような態度[目つき]

0556　□□□□□
irrelevant
[iréləvənt]

形 不適切な、無関係の (≒ unrelated)
反 relevant 関連のある

irrelevant information[question] ▶ 無関係な情報[質問]

0557　□□□□□
lavish
[lǽviʃ]

形 ぜいたくな (≒ luxurious, gorgeous)
動 気前よく与える

a lavish lifestyle[wedding] ▶ ぜいたくなライフスタイル[結婚式]

0558　□□□□□
lofty
[lɔ́:fti]

形 そびえ立つ、高尚な (≒ noble, sublime)

a lofty goal[idea] ▶ 高尚な目標[考え]
a lofty mountain ▶ そびえ立つ山

0559　□□□□□
majestic
[məʤéstik]

形 雄大な、堂々とした (≒ magnificent)
副 majestically 雄大に

majestic scenery[mountains] ▶ 雄大な景色[山]

0560　□□□□□
memento
[məméntou]

名 思い出の品、記念品 (≒ souvenir, keepsake)

a memento of my trip to Paris ▶ パリ旅行の記念品

GOAL

0551
0560

START

第 **14** 日

⑩ Phobia

151 SENTENCE

A **phobia** is typically defined as a persistent fear of an object or situation. When a phobia cannot be avoided, the sufferers will endure the situation or the object with **marked distress** and significant **interference in** social or occupational activities. A phobia usually occurs when fear produced by an original threatening situation is transferred to other similar situations, with the original fear often **repressed** or forgotten. **Self-help strategies** (e.g. learning relaxation techniques, facing your fears gradually and repeatedly) and psychotherapies (e.g. **cognitive behavioral therapy**, **exposure therapy**) can be effective in the treatment of those intense fears.

phobia [fóubiə]	恐怖症	**self-help strategy** [strǽtədʒi]	自己救済法
marked distress [márkt] [distrés]	著しい苦痛	**psychotherapy**	心理療法
interference in ~ [intərfíərəns]	～への妨げ	**cognitive behavioral therapy** [kɔ́gnitiv]	認知行動療法
repressed [riprést]	抑圧された	**exposure therapy** [ikspóuʒər]	暴露療法

恐怖症とは一般的に、物または状況に対する持続的恐怖と定義される。恐怖症を完全に回避できない場合、患者は著しい苦痛と社会的または職業上の活動の妨げを経験してその状況に耐えねばならない。通常、恐怖症は、元々脅威を感じる状況で生じた恐怖が他の類似する状況に転移されて、元々あった恐怖が抑圧されたり、忘れられたりするときによく起こる。この緊張的恐怖の治療には、自己救済法［例：リラックス法の習得、徐々に何度も恐怖と対峙する］と心理療法［例：認知行動療法、暴露療法］の両者が有効となりうる。

Q ❶ What is the definition of a phobia?
　❷ What is the cause of a phobia?

GOAL

0561 ☐☐☐☐☐
meticulous
[mətíkjuləs]

形 細部に気を配った (≒ scrupulous, conscientious)

meticulous attention[care] ▶ 細心の注意
a meticulous accountant ▶ 几帳面な会計士

0562 ☐☐☐☐☐
minute
形 [main(j)úːt]
動 [mínit]

形 極小の、詳細な (≒ tiny, detailed)
動 議事録に書く

a minute amount of gas[particle] ▶ 微量の気体、極小の粒子
a minute examination of the evidence ▶ 詳細な証拠調査

0563 ☐☐☐☐☐
necessitate
[nəsésətèit]

動 ～を必要とする (≒ require, demand)

necessitate the use of force ▶ 武力行使を必要とする

0564 ☐☐☐☐☐
outburst
[áutbə̀ːrst]

名 (突発的な)噴出[爆発] (≒ explosion, burst)

an outburst of anger ▶ 怒りの爆発
an outburst of violence ▶ 暴力の突発

0565 ☐☐☐☐☐
outskirt
[áutskə̀ːrts]

名 町外れ、郊外、周辺 (≒ suburb, environs)

on the outskirts of the town ▶ 町の郊外で

0561
0570

0566 ☐☐☐☐☐
oversee
[òuvəsíː]

動 (人・作業など)を監督する (≒ supervise, inspect)

oversee the project[staff] ▶ 計画[社員]を監督する

0567 ☐☐☐☐☐
painstaking
[péinztèikiŋ]

形 綿密な、徹底した、骨の折れる (≒ careful, demanding)

painstaking research[work] ▶ 綿密な研究[仕事]

0568 ☐☐☐☐☐
perseverance
[pə̀ːrsəví(ə)rəns]

名 粘り強さ (≒ persistence)
動 persevere やり抜く

The job requires perseverance. ▶ 仕事には忍耐が必要だ。

0569 ☐☐☐☐☐
posture
[pá(ː)stʃər]

名 (体の)姿勢
動 ある態度を取る、気取る (≒ pose)

a good posture for meditation ▶ 瞑想に良い姿勢

0570 ☐☐☐☐☐
potent
[póutənt]

形 勢力のある、有力な、強力な (≒ powerful, influential)、
効き目のある

a potent drug[influence] ▶ 強力な薬、強い影響

START

01 The Biometrics

The biometrics refers to an **authentication system** for personal identification based on one or more **intrinsic** physical characteristics: shapes of body parts (**fingerprint**, **iris**, etc.) and behavior (voice, **gait**, etc.). The authentication is based on the capturing of the physical data with specialized apparatus and **verification** by one-to-one comparison of the captured data with a stored template. Because of its higher **reliability** than ordinary password-based systems, this authentication system has been introduced to high-security facilities ranging from **military facilities** to **immigration** at airports to research laboratories to ATMs.

☐ the biometrics [bàiəmétriks]	バイオメトリックス	
☐ authentication system [ɔθèntəkéiʃən]	認証システム	
☐ intrinsic [intrínzik]	固有な	
☐ fingerprint	指紋	
☐ iris [áiəris]	虹彩	
☐ gait [géit]	歩き方	
☐ verification [vèrəfikéiʃən]	認証	
☐ reliability	信頼性	
☐ military facility	軍関係の施設	
☐ immigration	入国管理局	

バイオメトリックスとは、個人に固有な1つまたは数個の身体的特徴に基づき個人を識別する認証システムである。身体的特徴とは身体の各部の形［指紋、虹彩など］や振る舞い［声、歩き方など］である。認証は特殊な装置で身体のデータを取得し、蓄積データと集めたデータを1つずつ比較することで行われる。通常のパスワードに基づいたシステムより信頼性が高いので、この認証システムは軍関係の施設から空港の入国管理局や研究所、ATMなどに導入されている。

右側見出し: 天文学 地質学 気象学 生物学 心理学 物理学 歴史 芸術 政治 経済

Q
❶ What kinds of personal features does the biometrics identify?
❷ How is authentication conducted through the biometrics system?

156

GOAL

0571　□□□□□
predecessor
[prédəsèsər]

名 前任者、前にあったもの、祖先 (≒ precursor)

the predecessor of the EU ▶ EUの前身
an immediate predecessor ▶ 前任者

0572　□□□□□
probability
[prà(:)bəbíləti]

名 可能性、確率 (≒ prospect)
副 probably おそらく

the probability of winning ▶ 勝つ可能性

0573　□□□□□
procure
[prəkjúər]

動 ～を入手[調達・獲得]する (≒ acquire, obtain)

procure computer equipment ▶ コンピューター機器を調達する
procure raw materials ▶ 原材料を調達する

0574　□□□□□
protract
[prətrǽkt]

動 ～を(時間的に)延ばす (≒ extend)
形 protracted 長引く

protract the discussion ▶ 議論を長引かせる
a protracted legal battle ▶ 長引く法廷闘争

0575　□□□□□
reproach
[rɪpróutʃ]

動 ～を非難する、～を叱る (≒ criticize)
名 非難、叱責

reproach him for his laziness ▶ 怠慢を非難する
His integrity is beyond reproach. ▶ 彼の誠実さは非の打ちどころがない。

0576　□□□□□
retort
[ritɔ́:rt]

名 鋭い言い返し
動 反論する、言い返す

retort to the teacher ▶ 先生に言い返す

0577　□□□□□
roam
[róum]

動 ぶらつく、放浪する (≒ wander, stroll)

roam the streets[desert] ▶ 通り[砂漠]を歩き回る

0578　□□□□□
rustle
[rʌ́sl]

名 擦れ合う音
動 カサカサ音を立てる (≒ swish)

a rustle of leaves[papers] ▶ 葉[紙]の擦れ合う音
rustle in the wind ▶ 風でサラサラ音を立てる

0579　□□□□□
scorn
[scɔ́rn]

動 ～を軽蔑する、～を冷笑する、～をさげすむ
名 冷笑、軽蔑 (≒ contempt)

pour scorn on the corrupt politician
▶ 汚職政治家に軽蔑の言葉を浴びせる

0580　□□□□□
sinister
[sínəstər]

形 不吉な、邪悪な (≒ ominous, evil)

a sinister plot[figure] ▶ 邪悪な企み、不吉な人影

0571
↓
0580

START

第 15 日

02 Hydraulic Power Generation

157 SENTENCE

Hydraulic power generation is a method of generating power by utilizing the **gravitational force** of falling or flowing water. When the water flows down, its **potential energy** is converted into **kinetic energy**, which in turn spins a **hydraulic turbine** and thus produces electricity. The advantages of **hydroelectricity** are **zero CO₂ emissions**, no **nuclear waste generation**, no fuel use, and low maintenance cost, whereas the disadvantages are destruction of surrounding **aquatic ecosystems** and loss of **biologically productive lands**.

158 WORDS

☐ **hydraulic power generation**
[haidrálik]　水力発電

☐ **gravitational force**
[grævitéiʃənəl]　重力

☐ **potential energy**
[pəténʃəl]　位置エネルギー

☐ **kinetic energy**
[kənétik]　運動エネルギー

☐ **hydraulic turbine**　水力タービン

☐ **hydroelectricity**
[hàidrəuilektrísiti]　水力電気

☐ **zero CO₂ emissions**
二酸化炭素排出量ゼロ

☐ **nuclear waste generation**
核廃棄物生成

☐ **aquatic ecosystems**
[əkwǽtik]　水界生態系

☐ **biologically productive lands**
生物学的に豊かな地域

TRANSLATION

水力発電は落下する水や流水の重力の利用によりエネルギーを得る方法である。水が下へ流れる場合、その位置エネルギーは運動エネルギーに変換される。そのエネルギーが順に水力タービンを回し、電気を生産する。水力電気の利点はCO₂の排出ゼロ、核廃棄物を生成しないこと、燃料を使用しないこと、および低い維持費である。しかし、不利な点は周囲の水界生態系の破壊および生物学的に豊かな地域が失われることである。

Q ❶ What is the mechanism of hydraulic power generation?
❷ What are the advantages and disadvantages of hydraulic power generation?

0581
☐☐☐☐☐
sizzle
[sízl]

動 ジュージューと音を出す (≒ fry)

a sizzling steak ▶ ジュージュー焼けるステーキ

0582
☐☐☐☐☐
stale
[stéil]

形 新鮮でない、つまらない (≒ not fresh, boring)

stale food ▶ 新鮮でない食べ物
stale jokes ▶ つまらない冗談

0583
☐☐☐☐☐
standstill
[stǽn(d)stil]

名 停止、行き詰まり (≒ deadlock, halt)

come to a complete standstill ▶ 完全に行き詰まる

0584
☐☐☐☐☐
stout
[stáut]

形 恰幅の良い、頑丈な (≒ fat, sturdy)

a stout man[wall] ▶ 恰幅の良い男、頑丈な壁

0585
☐☐☐☐☐
summon
[sʌ́mən]

動 ～を招集する、～を奮い起こす (≒ call, gather)

summon the courage to take action ▶ 勇気を奮い起こして取りかかる
be summoned to court ▶ 法廷に召喚される

0586
☐☐☐☐☐
terminate
[tə́:rmənèit]

動 ～を終える、終わる (≒ end, cease)
名 termination 終了

terminate a contract ▶ 契約を終了させる

0587
☐☐☐☐☐
testify
[téstəfài]

動 証言する、証明する (≒ certify, demonstrate)

The popular event testifies to its success.
▶ 人気のあるイベントは成功の証明である

0588
☐☐☐☐☐
thrifty
[θrífti]

形 倹約的な、やりくりがうまい (≒ provident)

a thrifty homemaker ▶ 倹約的な主婦[主夫]
thrifty shoppers ▶ 節約家の買物客

0589
☐☐☐☐☐
torment
動 [tɔ:rmént]
名 [tɔ́:rment]

動 いじめる、苦しめる (≒ torture, harass)
名 苦痛、苦悩

be tormented by guilt[regret] ▶ 罪悪感[後悔]で悩む

0590
☐☐☐☐☐
traitor
[tréitər]

名 裏切り者、内通者 (≒ betrayer)
名 treason 裏切り

a traitor to the country[revolution] ▶ 国[革命]の裏切り者

「なる」「始める」の類語の使い分けマスター

　「なる」を英語で言おうとするとすぐに頭に浮かぶのが、**become** や **get** ですが、意味の幅をとらえ、状況によって次のように使い分ける必要があります。**make** (a wonderful couple)「ある目的に必要な性質を持つ」、**go** (missing [public, international])「悪い状態になる・〜化する」、**come** (true)「ある状態に到達する」、**run** (late, short)「ある悪い状態に陥る」、**grow** (taller)「段々とある状態になって行く」、**turn** (professional)「急に異なる状態・性質に変わる」、「ある数値になる（**reach** \$1000）」、「最後に〜になる（**end up in** prison）」、「合計〜になる・決定に至る（**come to** a conclusion）」

　「始める」の類語グループで最も一般的な語は begin と start ですが、**begin** (raining) は「最初のアクションを始める」、**start** (a business) は「今までやっていないことを始め、それを続ける」という違いがあります。また、**kick off** (a meeting, a game)「試合、イベント、会議などを始める」という意味の口語があります。

　これをワンランク UP すると、**launch** (a campaign)「重要な事を鳴り物入りで始める」、**commence** (the operation)「（堅い語で）作戦・儀式などを始める」、**initiate** (the project)「（堅い語で）計画・行動などを開始する」や、**activate** (the device)「機械を作動させたり、化学反応を活性化させる」などがあり、さらにワンランク UP すると、**inaugurate** (a new policy)「正式に新しい政策・儀式・制度などを始める」、**embark** (on a mission [career])「新しくて重要で難しいものに着手する」、**originate** (the concept [idea])「新しいアイデアなどを生み出す」、**institute** (a lawsuit)「（堅い語で）訴訟・制度・法律などを起こす、制定する」などがあり、ライティングではそれらを使いこなせるようになりましょう。

GOAL

0591
☐☐☐☐☐

tribute

[tríbju:t]

名 賛辞、(感謝、尊敬、才能などの)証(≒gratitude)

pay tribute to soldiers ▶ 兵士に敬意を払う

0592
☐☐☐☐☐

trifling

[tráifliŋ]

形 取るに足らない、ささいな(≒trivial, negligible)

a trifling matter[sum] ▶ 取るに足らない事[額]

0593
☐☐☐☐☐

typify

[típəfài]

動 ～の典型となる、～を象徴する(≒exemplify, symbolize)

Non-violence is typified by Gandhi.
▶ 非暴力はガンジーがよい典型例である。

0594
☐☐☐☐☐

unveil

[ʌnvéil]

動 (正体、秘密など)を公にする(≒reveal, uncover)

unveil the secret[mystery] ▶ 秘密[謎]を解明する

0595
☐☐☐☐☐

vigilant

[vídʒələnt]

形 油断のない、寝ずの番をする(≒wary, circumspect)
名 vigilante 自警団

be vigilant about the danger[possibility]
▶ 危険性[可能性]に対して警戒する

0596
☐☐☐☐☐

void

[vɔid]

形 無効の(≒invalid) 名 空白、虚空 動 無効にする

The contract was void. ▶ その契約は無効だった。
void the check ▶ 小切手を無効にする

0597
☐☐☐☐☐

vow

[váu]

名 誓い、請願(≒oath, pledge)
動 ～を誓約する

marriage[wedding] vows ▶ 結婚の誓い

0598
☐☐☐☐☐

weary

[wí(ə)ri]

形 疲れた、退屈な(≒worn out, fed up)
動 (～を)うんざりする[させる]

be weary of life ▶ 世の中が嫌になる

0599
☐☐☐☐☐

wither

[wíðər]

動 枯れる、～を枯らす(≒die, fade)

A plant will wither without water.
▶ 植物は水なしでは枯れてしまう。

0600
☐☐☐☐☐

withhold

[wiðhóuld]

動 ～を差し控える、～を保留する(≒hold back)

withhold payment ▶ 支払いを保留する
withhold information about the case ▶ 訴訟の情報の公開を控える

0591
0600

START

問題 次の下線部の意味に近い語を、下から選んでください。

① **reproach** him for his laziness ················· 怠慢を非難する

② **irrelevant** information ······························· 無関係な情報

③ **fragment**s of a story ································· 話の断片

④ be **vigilant** about the danger ·············· 危険性に対して警戒する

⑤ avert **catastrophe** ·································· 大災害を避ける

⑥ **fortitude** to deal with the problem ········ 問題を解決する不屈の精神

⑦ the **predecessor** of the EU ··················· EUの前身

⑧ The storm **abate**d. ······························· 嵐が和らいだ。

⑨ come to a complete **standstill** ·············· 完全に行き詰まる

⑩ be **detrimental** to your health ·············· 健康に有害である

⑪ **procure** computer equipment ··············· コンピューター機器を調達する

⑫ a **minute** amount of particle ················· 極小の粒子

⑬ be **ambivalent** about the issue ············· その問題に対して複雑な気持ちである

⑭ **embody** freedom ·································· 自由を具現化する

⑮ **diffuse** information ······························· 情報を拡散する

選択肢

Ⓐ wary　Ⓑ deadlock　Ⓒ epitomize　Ⓓ calamity　Ⓔ disseminate
Ⓕ subside　Ⓖ tenacity　Ⓗ fraction　Ⓘ criticize　Ⓙ harmful
Ⓚ unrelated　Ⓛ precursor　Ⓜ tiny　Ⓝ equivocal　Ⓞ obtain

解答 ①I ②K ③H ④A ⑤D ⑥G ⑦L ⑧F
⑨B ⑩J ⑪O ⑫M ⑬N ⑭C ⑮E

Chapter ▶4

iBT® 80 突破 550 ITP®

161

0601
☐☐☐☐☐

acquit
[əkwít]

動 〜の無罪を宣告する、〜を放免する (≒ absolve, release)
名 acquittal 無罪放免

be acquitted of a crime ▶ 無罪放免となる
be acquitted of his responsibility ▶ 責任から解放された

0602
☐☐☐☐☐

afflict
[əflíkt]

動 〜を苦しめる、〜を悩ます (≒ suffer)
名 affliction

Many are afflicted with alcoholism[asthma].
▶ 多くの人がアルコール依存症[喘息]に苦しんでいる。

0603
☐☐☐☐☐

appalling
[əpɔ́:liŋ]

形 ぞっとするような (≒ horrendous)
動 appall 〜をぞっとさせる

an appalling crime[injury] ▶ ぞっとするような犯罪[負傷]

0604
☐☐☐☐☐

auspicious
[ɔ:spíʃəs]

形 幸先の良い、おめでたい (≒ lucky, favorable)

an auspicious occasion[moment] ▶ 幸先の良い出来事[瞬間]

0605
☐☐☐☐☐

avid
[ǽvid]

形 熱狂的な、熱心な (≒ enthusiastic, keen)

an avid reader[fan] ▶ 熱狂的な読者[ファン]

0606
☐☐☐☐☐

bicker
[bíkər]

動 口論する (≒ squabble, wrangle)

Stop bickering over the price!
▶ 値段のことで口げんかはもう止めなさい！

0607
☐☐☐☐☐

bleak
[blí:k]

形 非常に暗い、希望のない (≒ gloomy, dismal)

a bleak future ▶ お先真っ暗
a bleak life ▶ わびしい生活

0608
☐☐☐☐☐

clamor
[klǽmər]

動 叫ぶ、騒ぎ立てる
名 抗議の叫び (≒ uproar, demand)
形 clamorous 騒々しい

clamor for reform[higher wages] ▶ 改革[賃上げ]を強く要求する

0609
☐☐☐☐☐

commotion
[kəmóuʃən]

名 混乱、騒動 (≒ racket, uproar, tumult)

raise a commotion ▶ 騒動を引き起こす
What's the commotion? ▶ なんて騒ぎだ？

0610
☐☐☐☐☐

confiscate
[kánfəskèit]

動 〜を没収する、〜を差し押さえる (≒ impound, seize)
名 confiscation 押収

confiscate weapons[arms] ▶ 武器を押収する

GOAL

0601
｜
0610

START

第 **16** 日

03 Nuclear Power Generation

Nuclear power generation refers to any nuclear technology designed to extract usable energy from **atomic nuclei** via controlled **nuclear reactions**. The most common method today is **nuclear fission**, and the other method is **nuclear fusion**. Both current methods involve the heating of a working fluid, which is then converted into mechanical energy to generate electricity or **propulsion**. With rising concern over global warming and energy prices, nuclear energy has attracted renewed attention as an **alternative energy source**. Today about 13–14% of the world's electricity is generated by **nuclear power plants**, but high construction costs, safety concerns and **nuclear waste disposal** problems have hindered the development of nuclear power generation in many countries.

- [ ] **nuclear power generation** [njúkliər] 原子力発電
- [ ] **atomic nuclei** [núːkliài] 原子核
- [ ] **nuclear reaction** 原子核反応
- [ ] **nuclear fission** [fíʃən] 核分裂
- [ ] **nuclear fusion** 核融合
- [ ] **propulsion** [prəpʌ́lʃən] 推進力
- [ ] **alternative energy source** [ɔːltə́rnətiv] 代替エネルギー源
- [ ] **nuclear power plant** 原子力発電所
- [ ] **nuclear waste disposal** [dispóuzəl] 核廃棄物処分

原子力発電は、制御された原子核反応によって、原子核から使用可能なエネルギーを抽出する原子力技術を指す。今日の最も一般的な方法は核分裂であるが、他にも核融合がある。どちらも作動流体を熱して電気または推進力を起こすための力学的エネルギーに変換する方法を取っている。地球温暖化とエネルギー価格に対する関心が高まる中、核エネルギーは代替エネルギーとして新たな注目を浴びることとなった。今日では世界の電気の13〜14%は原子力発電所によって生成される。しかし、高い建設費、安全性に対する懸念および核廃棄物処分問題は、多くの国々で原子力発電の開発の妨げとなっている。

Q
❶ What is the mechanism of nuclear power generation?
❷ What are the advantages and disadvantages of nuclear power generation?

164

GOAL

0611
□□□□□
constraint
[kənstréint]

名 制約、強制、束縛 (≒ control, limit)

financial[budget] constraints ▶ 経済[予算]的制約
time constraints ▶ 時間的制約

0612
□□□□□
daunting
[dɔ́:ntiŋ]

形 ひるませる (≒ overwhelming)
動 daunt 〜を威圧する

a daunting challenge[task] ▶ やっかいな挑戦[任務]

0613
□□□□□
decry
[dikrái]

動 〜を公然と非難する (≒ lambaste)

decry human rights abuse ▶ 人権侵害を非難する

0614
□□□□□
defunct
[difʌ́ŋkt]

形 故人となった、消滅した (≒ dead, extinct)

a defunct company[organization] ▶ 消滅した会社[組織]

0615
□□□□□
degenerate
[didʒénərèit]

動 悪化する (≒ lapse)、〜を悪化させる
名 degeneration 退廃

degenerate into chaos[disorder] ▶ 混沌[混乱]に陥る

0611
0620

0616
□□□□□
delude
[dilú:d]

動 〜を欺く、〜を惑わす (≒ deceive, mislead)
名 delusion 妄想、思い違い

delude him into believing the story
▶ 彼をまんまと欺いてその話を信じ込ませる

0617
□□□□□
demolish
[dimáliʃ]

動 〜を取り壊す、〜を覆す (≒ wreck, raze)

demolish a building ▶ ビルを取り壊す
demolish an argument ▶ 主張を論破する

0618
□□□□□
dilute
[dailú:t]

動 (液体)を薄める、〜を弱める (≒ weaken, attenuate)

dilute alcohol ▶ 酒を薄める
dilute the power ▶ 権力を弱める

0619
□□□□□
dire
[dáiər]

形 ひどい、ものすごい (≒ terrible, urgent)

in dire consequences[straits] ▶ ひどい結果[苦境]で

0620
□□□□□
disoriented
[disɔ́:rièntid]

形 (方向感覚などが)混乱した
名 disorientation 認識不能

I was completely disoriented in the fog.
▶ 私は霧の中で完全に方向感覚を失った。

START

04 Geothermal Power Generation

165 SENTENCE

Geothermal power generation is a technology for generating power by utilizing high-temperature (over 250℃) water and steam **extracted from deep underground**. Rainwater seeping down into rocks is heated and subjected to immense pressure, creating **geothermal aquifers** from which energy is extracted. Its advantages are reliability and sustainability due to its low **greenhouse gas emissions**, whereas its disadvantages are limited **geographical location and availability** as well as **prohibitively high initial costs**. Recent technological advances have dramatically **increased the viability** of geothermal power, thus encouraging many countries to initiate projects to **tap this enormous energy** stored below **the earth's crust**.

166 WORDS

- geothermal power generation [dʒìːəuθéːməl] 地熱発電
- extracted from deep underground [ikstræktəd] 地中深くから抽出された
- geothermal aquifer [ækwifər] 地熱帯水層
- greenhouse gas emissions 温室効果ガス排出
- geographical location and availability 地理的な位置と利用可能性
- prohibitively high initial costs [prouhíbətivli] 非常に高い初期費用
- increase the viability [vàiəbíləti] 実行可能性を高める
- tap enormous energy 巨大なエネルギーを利用する
- the earth's crust [krʌst] 地殻

TRANSLATION

地熱発電は、地中深くから抽出された高温（250℃以上）の水および蒸気を利用してエネルギーを得る技術である。岩石の下へ滴り落ちる雨水は、加熱され非常に大きな圧力がかかり、エネルギーが抽出される地熱帯水層を作り出す。その利点には信頼性と温室効果ガス排出が低いことによる持続性がある一方、欠点には非常に高い初期費用のみならず、限られた地理的な位置およびその利用可能性が挙げられる。最近の技術的進歩のおかげで、劇的に地熱発電の実行可能性が高まっており、その結果、地殻下に貯められているこの巨大なエネルギーを利用するプロジェクトを始めるよう、多くの国々が前向きになっている。

Q
❶ What is the mechanism of geothermal power generation?
❷ What are the advantages and disadvantages of geothermal power generation?

天文学 地質学 気象学 生物学 心理学 物理学 歴史 芸術 政治 経済

167

GOAL

0621
☐☐☐☐☐
duration
[d(j)uréiʃən]

名 持続［経過、所要］期間（≒ continuance）

the duration of sunshine ▶ 日照時間

0622
☐☐☐☐☐
ecstatic
[ekstǽtik]

形 夢中の、有頂天の（≒ elated, euphoric）
名 有頂天

an ecstatic dance[welcome] ▶ 狂喜のダンス［歓迎］

0623
☐☐☐☐☐
elated
[iléitid]

形 大喜びで
名 elation 意気揚々

be elated with joy[by success] ▶ 大いに喜んで［成功に大喜びで］

0624
☐☐☐☐☐
elude
[ilú:d]

動 ～を（巧妙に）避ける、～を思い出せない（≒ dodge, evade）

elude the law[police] ▶ 法律［警察］から逃れる
His name eludes me. ▶ 彼の名前が思い出せない。

0625
☐☐☐☐☐
embed
[imbéd]

動 ～を組み込む、～を埋め込む（≒ implant, lodge）

A sensor is embedded in the robot.
▶ センサーがロボットに埋め込まれている。

0626
☐☐☐☐☐
enigmatic
[ènigmǽtik]

形 謎めいた、不可解な（≒ inscrutable）
名 enigma 謎

an enigmatic smile[expression] ▶ 謎めいた微笑み［表情］

0627
☐☐☐☐☐
entail
[intéil]

動 ～を伴う、～を必要とする（≒ necessitate, require）

entail a huge cost ▶ 莫大な費用を伴う
entail a loss of income ▶ 収入の損失を伴う

0628
☐☐☐☐☐
enticing
[entáisiŋ]

形 魅惑的な（≒ tantalizing, tempting）
動 entice ～を魅了する

an enticing aroma[smell] ▶ 魅惑的な香り［匂い］

0629
☐☐☐☐☐
enumerate
[injú:mərèit]

動 ～を列挙する、～を数える（≒ detail, list）

enumerate the benefits[reasons]
▶ 利点［理由］を並べ立てる

0630
☐☐☐☐☐
envision
[envíʒən]

動 （将来の出来事）を想像する（≒ visualize, imagine）、
　～に思いを巡らす

envision a bright future ▶ 明るい未来を心に描く

0621
↓
0630

START

05　Space-Based Solar Power

168 SENTENCE

Space-based solar power is a system for collecting solar energy in space for use on earth. In this system, a **collecting satellite** captures solar energy by **photovoltaic arrays** and then transmits it via **coherent microwaves** or laser beams to an Earth receiver, which in turn converts it into either **base-load electric power** or **synthetic fuels**. The satellite is unaffected by various **obstructions** that reduce the efficiency of solar power collection on earth, thus taking far more solar energy than solar power collection systems on earth. However, this system has problems including **radiation damage** or **micrometeoroid** impacts on the satellite.

169 WORDS

☐ **space-based solar power**　宇宙太陽光発電

☐ **collecting satellite** [sǽtəlàit]　収集衛星

☐ **photovoltaic array** [fòutəvaltéik] [əréi]　太陽電池アレイ

☐ **coherent microwave** [kouhíərənt]　干渉性のマイクロ波

☐ **base-load electric power**　ベースロード電力

☐ **synthetic fuel** [sinθétik]　合成燃料

☐ **obstruction** [əbstrʌ́kʃən]　障害物

☐ **radiation damage** [rèidiéiʃən]　放射線障害

☐ **micrometeoroid** [màikrəmítiərɔ̀id]　微小隕石

TRANSLATION

宇宙太陽光発電は、地球で使用するために、太陽エネルギーを宇宙空間で集めるシステムである。このシステムは、まず収集衛星が太陽エネルギーを太陽電池アレイで集めて蓄え、そのエネルギーを地球上の受信部に、干渉性のマイクロ波あるいはレーザー光線によって送信し、受信部がベースロード電力か合成燃料のいずれかに変換する。収集衛星は、地球では効率を下げる様々な障害物に影響されずに太陽エネルギーを収集できる。従って、地球で収集するよりもはるかに多くの太陽エネルギーを得ることができる。しかし、このシステムには衛星への放射線障害または微小隕石による衝撃などの問題がある。

Q

❶ What is the mechanism of space-based solar power?
❷ What is one advantage of space-based solar power over terrestrial solar power collection systems?

天文学 / 地質学 / 気象学 / 生物学 / 心理学 / 物理学 / 歴史 / 芸術 / 政治 / 経済

170

GOAL

0631 □□□□□
erratic
[irǽtik]

形 突飛な、不規則な、不安定な（≒ unpredictable）

erratic behavior ▶ 突飛な振る舞い
erratic sleeping ▶ 不規則な睡眠

0632 □□□□□
evict
[ivíkt]

動 〜を立ち退かせる（≒ expel, oust）
名 eviction 追立て

evict a tenant from the building ▶ テナントをビルから退去させる

0633 □□□□□
excerpt
名 [éksərpt]
動 [eksərpt]

名 抜粋、引用（≒ extract）
動 〜を抜粋[引用]する

an excerpt from a book ▶ 本からの抜粋

0634 □□□□□
exemplify
[igzémpləfài]

動 〜を体現する、〜を例証する（≒ epitomize, illustrate）

exemplify the spirit[ideals] of the nation
▶ その国の精神[理想]を体現する

0635 □□□□□
fervent
[fə́:rvənt]

形 熱烈な、熱心な（≒ ardent, vehement）

fervent supporters[believers] ▶ 熱烈な支持者[信者]

0636 □□□□□
festive
[féstiv]

形 祝祭の、祭日の、浮かれる（≒ joyful, merry）

festive atmosphere of a market ▶ 市場の陽気な雰囲気
festive food for Christmas ▶ クリスマスのお祝いのご馳走

0637 □□□□□
full-fledged
[fùlflédʒd]

形 一人前の、本格的な（≒ full-grown, full-blown）

a full-fledged member of society ▶ 立派な社会人
a full-fledged scientist ▶ 一人前の科学者

0638 □□□□□
gauge
[géidʒ]

動 （状況）を判断する、〜を測定する（≒ assess, evaluate）

gauge the mood of voters[the effectiveness of the policy]
▶ 投票者のムード[政策の有効性]を判断する

0639 □□□□□
grope
[gróup]

動 手探り[模索]する（≒ search blindly）
名 手探り

grope around in the darkness ▶ 暗がりの中、手探りする
grope for my glasses ▶ メガネを手探りで探す

0640 □□□□□
gullible
[gʌ́ləbl]

形 だまされやすい（≒ credulous, naive）

gullible investors[fools] ▶ だまされやすい投資家[愚か者]

0631
0640

START

06 | Smart Grid

The **smart grid** is a new electrical power grid that **optimizes the co-ordination** of power **supply and demand** by computer-based remote control and communications. Its central control server manages the measurement of **power generation**, **storage**, and consumption to provide a **real-time view** to both supply and demand sides. Based on the information, consumers can shift their electric usage to low-cost off-peak hours, while **utility companies** can prevent **system overloads** during peak hours. Thus the smart grid reduces costs for energy consumption and **distribution** as well as CO_2 emissions, while ensuring power distribution without **outage**.

☐ **smart grid** [gríd]	スマートグリッド	
☐ **optimize the coordination** [ɔ́ptəmàiz] [kouɔ̀rdənéiʃən]	調整を最適化する	
☐ **supply and demand**	需要と供給	
☐ **power generation**	発電	
☐ **storage** [stɔ́ridʒ]	蓄積	

☐ **real-time view**	リアルタイムの情報の表示	
☐ **utility company** [juːtíləti]	電力会社	
☐ **system overload**	システムの過負荷	
☐ **distribution** [dìstribjúːʃən]	分配	
☐ **outage** [áutidʒ]	停電	

スマートグリッドは、電力の需要と供給の最適な調整を可能にする新しい電力供給網で、コンピューターを使った遠隔制御および通信技術によって作動する。その集中管理サーバーは、発電量、蓄積量、消費量の測定を管理し、需要側と供給側の双方にリアルタイムの情報を表示する。その情報を基に、消費者は低コストの閑散時に電気の使用を移すことができ、電力会社の方はピーク時にシステムの過負荷を防ぐことができる。つまりスマートグリッドは停電はせずに配電を確保しながら、CO_2排出量、エネルギーの消費量や分配コストを下げるのである。

Q
❶ How does the smart grid optimize the coordination of power supply and demand?
❷ What are the advantages of the smart grid?

0641　☐☐☐☐☐

gulp

[gʌ́lp]

動 ～を丸飲みにする、～を飲み干す、(驚きで)息を飲む
名 丸飲み (≒ swallow)

gulp down food[a drink] ▶ 食べ物を丸飲みにする、飲み物を飲み干す

0642　☐☐☐☐☐

hamper

[hǽmpər]

動 ～を妨害する、～を邪魔する (≒ impede, hinder)

hamper national progress[development]
▶ 国家の進歩[発展]を妨げる

0643　☐☐☐☐☐

hefty

[héfti]

形 重い、屈強の、たくさんの (≒ substantial, burly)

a hefty fine[salary] ▶ 多額の罰金[給料]

0644　☐☐☐☐☐

herald

[hérəld]

動 ～の先触れを示す、～を歓迎する (≒ signal)
名 先触れ

herald the arrival[start] of spring ▶ 春の到来[始まり]を告げる

0645　☐☐☐☐☐

homage

[hάmidʒ]

名 敬意、忠誠の誓い (≒ tribute, reverence)

pay homage to the war dead ▶ 戦死者に敬意を表する

0646　☐☐☐☐☐

imminent

[ímənənt]

形 差し迫った、切迫した (≒ impending)

an imminent danger[threat] ▶ 差し迫った危険[脅威]

0647　☐☐☐☐☐

impending

[impéndiŋ]

形 (危険などが)切迫した (≒ imminent)

an impending danger[disaster] ▶ 差し迫った危険[災害]

0648　☐☐☐☐☐

infest

[infést]

動 ～を荒らす、～に寄生する (≒ overrun, invade)

be infested with insects[snakes] ▶ 虫[蛇]に荒らされる

0649　☐☐☐☐☐

innumerable

[in(j)úːm(ə)rəbl]

形 (数え切れないほど)非常に多くの

(an) innumerable number[examples] of successes
▶ 非常に多くの成功数[例]

0650　☐☐☐☐☐

instill

[instíl]

動 ～を徐々に教え込む、～を植え付ける (≒ inculcate, implant)

instill confidence[discipline] into children
▶ 子どもに自信[規律]を教え込む

GOAL

0641
0650

START

07 Battery

174 SENTENCE

A **battery** is a device that produces electricity through chemical reactions (**chemical batteries**) or physical energy such as heat and light (**physical batteries**). First invented in 1800 by Alessandro Volta, batteries have become a common power source with various types and shapes for many applications through years of improvements. The former is mainly divided into two categories: **primary batteries**, or **disposable batteries** designed to be used only once (e.g. **zinc-carbon batteries** and **alkaline batteries**), and **secondary batteries**, or **rechargeable batteries** to be used multiple times (e.g. **lead-acid batteries** and **lithium-ion batteries**).

175 WORDS

☐ battery [bǽtəri]	電池	☐ alkaline battery [ǽlkəlàin]	アルカリ電池
☐ chemical battery	化学電池	☐ secondary battery	二次電池
☐ physical battery	物理電池	☐ rechargeable battery	充電池
☐ primary battery [práiməri]	一次電池	☐ lead-acid battery [léd-ǽsəd]	鉛酸蓄電池
☐ disposable battery [dispóuzəbəl]	使い捨て電池	☐ lithium-ion battery [líθiəm-áiɔn]	リチウムイオン電池
☐ zinc-carbon battery [zink-kárbən]	亜鉛炭素電池		

TRANSLATION

電池は、化学反応（化学電池）や、熱や光のような物理的なエネルギー（物理電池）によって、電気を発生させる装置である。アレッサンドロ・ヴォルタによって1800年に最初に発明され、長年にわたる改良を経て、電池は一般的な動力源となり、さまざまな種類および形のものが多くの用途に使用されている。化学電池とは、亜鉛炭素電池、アルカリ電池のように、一回のみ使用できる一次電池［使い捨て電池］と、鉛酸蓄電池、リチウムイオン電池のように、何度も使用できる二次電池［充電池］の2つのカテゴリーに主に分類される。

Q
❶ What are the two major types of batteries and what are the differences?
❷ What are the two major types of chemical batteries and what are the differences?

176

GOAL

0651
☐☐☐☐☐
intercept
[ìntərsépt]

動 〜を傍受する、〜を迎撃する、〜を妨害する(≒obstruct)
intercept calls ▶ 電話を傍受する
intercept missiles ▶ ミサイルを迎撃する

0652
☐☐☐☐☐
intriguing
[intríːgiŋ]

形 興味をそそる、面白い
名 動 intrigue 陰謀、〜の好奇心をそそる
intriguing stories[questions] ▶ 興味をそそる話[質問]

0653
☐☐☐☐☐
knack
[nǽk]

名 技巧、こつ(≒technique, skill)
have a knack for business[making money]
▶ ビジネス[金儲け]のこつを知っている

0654
☐☐☐☐☐
maxim
[mǽksim]

名 金言、格言(≒proverb, adage, aphorism)
the maxim of the writer's invention ▶ 作家創作の金言

0655
☐☐☐☐☐
mired
[máiəd]

形 窮地に陥って、ぬかるみにはまって(≒stuck)
be mired in poverty[a controversy]
▶ 貧困[論争]にはまって抜け出せない

0651
0660

0656
☐☐☐☐☐
oust
[áust]

動 (ある場所・地位から)〜を追放する(≒banish, expel)
be ousted from his position[the board]
▶ 地位[理事会]から追放される

0657
☐☐☐☐☐
outcast
[áutkæst]

名 のけ者、見放された人
形 軽蔑された
be treated as a social outcast ▶ 社会的のけ者として扱われる

0658
☐☐☐☐☐
outcry
名 [áutkrài]
動 [àutkrái]

名 絶叫、怒号、激しい抗議(≒complaint)
動 大声を出す、やじり倒す
a public outcry for reform ▶ 改革に対する国民の激しい抗議

0659
☐☐☐☐☐
overcast
[óuvərkæst]

形 雲に覆われた、どんよりした
(an) overcast sky[weather] ▶ 曇った空[どんよりした天気]

0660
☐☐☐☐☐
override
[òuvərráid]

動 〜を無視する、〜を覆す(≒overrule)
override the decision[ruling] ▶ 決定[判決]を覆す

START

第**17**日

08 Fuel Cell

177 SENTENCE

A **fuel cell** is a device that converts chemical energy into electricity through **chemical reactions** between fuels (e.g. **hydrogen**, hydrocarbons and alcohols), and **oxidants** (e.g. oxygen, **chlorine** and chlorine dioxide). Consisting of an **anode**, a **cathode**, and an **electrolyte**, fuel cells produce **direct current** electricity when **electrons** are drawn from the anode to the cathode through an external circuit. Unlike traditional batteries, this device efficiently produces clean energy because of its use of hydrogen instead of fossil fuels, and continuously produces electricity as long as a fuel and an oxidant are supplied. Since its invention, it has found wide applications as a **power source** for commercial, industrial and residential buildings as well as for fuel cell vehicles.

178 WORDS

☐ **fuel cell** [fjúːəl][sél]	燃料電池		☐ **cathode** [kǽθoud]	陽極
☐ **chemical reaction**	化学反応		☐ **electrolyte** [iléktrəlàit]	電解質
☐ **hydrogen** [háidrədʒən]	水素		☐ **direct current**	直流
☐ **oxidant** [áksidnt]	酸化剤		☐ **electron**	電子
☐ **chlorine** [klɔ́rìn]	塩素		☐ **power source**	電源
☐ **anode** [ǽnòud]	陰極			

燃料電池は、燃料（例えば水素、炭化水素およびアルコール）と酸化剤（例えば酸素、塩素および二酸化塩素）間の化学反応によって化学エネルギーを電気に変換する装置である。陰極、陽極および電解質から成り、電子が外部回路を通り陰極から陽極に引き付けられる時に、燃料電池は直流電流を発生させる。従来型の電池と異なり、この装置は化石燃料の代わりに水素を使用するため、効率的にクリーンエネルギーを生み出し、燃料と酸化剤が供給される限り、連続的に電気を生産する。その発明以来、それは、燃料電池車と同様に、商用、産業用、および居住用の建物のための電源として広く利用されている。

Q ❶ What chemical reactions are employed in fuel cells?
❷ What allows fuel cells to efficiently produce clean energy?

179

0661 □□□□□
paramount
[pǽrəmàunt]

形 最高の、主要な (≒ utmost)

an issue of paramount importance ▶ 最重要の問題

0662 □□□□□
peddle
[pédl]

動 行商[密売]する、広める
名 peddler 行商人

peddle goods ▶ 商品を行商する
peddle drugs ▶ 薬を密売する

0663 □□□□□
pending
[péndiŋ]

形 未決定の、差し迫った (≒ unresolved)
前 〜まで

a pending trial[issue] ▶ 係争中の裁判、懸案事項

0664 □□□□□
permeate
[pə́:rmièit]

動 浸透する、普及する (≒ pervade, fill)
形 permeable 通過性の

permeate the air[room] ▶ 大気中[部屋]に充満する

0665 □□□□□
perpetrate
[pə́:rpətrèit]

動 (犯罪など)を犯す (≒ commit)
名 perpetrator 犯人

perpetrate a crime[bank robbery] ▶ 罪[銀行強盗]を犯す

0666 □□□□□
pivotal
[pívətl]

形 中枢の、重要な (≒ crucial)

play a pivotal role in the government ▶ 政府において重要な役割を担う
a pivotal figure ▶ 中心人物

0667 □□□□□
plight
[pláit]

名 窮状、苦境、窮地 (≒ predicament)

the plight of refugees[the homeless] ▶ 難民[ホームレス]の窮状

0668 □□□□□
precinct
[prí:siŋkt]

名 構内、所轄署、近隣 (≒ premise)

in the shrine[temple] precincts ▶ 神社[寺]の境内で

0669 □□□□□
prolific
[prəlífik]

形 多作の、多産の (≒ productive, fertile)

prolific writers ▶ 多作の作家
prolific birds ▶ 多産の鳥

0670 □□□□□
propriety
[prəpráiəti]

名 礼儀正しさ、妥当性 (≒ etiquette, correctness)

utmost[feminine] propriety ▶ 最高の[女性らしい]礼儀正しさ
observe the proprieties in public ▶ 人前で礼儀正しくする

0661
0670

GOAL

START

09 Smart Card and E-money

180 SENTENCE

A **smart card** refers to any pocket-sized plastic card with **embedded integrated circuits**, which provides **identification**, authentication, data storage and application processing. Its applications include multiple **banking credentials**, **medical entitlement**, driver's licenses, and public transport entitlement. However, it poses some problems such as lack of perfect security and standards for **functionality**. **E-money** is electronically exchanged money or **scrip** that involves the use of computer networks, and **digitally stored value systems**. Its examples are Suica (JR East), ICOCA (JR West), and iD (NTT DOCOMO). The use of e-money poses potential problems such as the possibility of money laundering.

181 WORDS

- ☐ **smart card** スマートカード
- ☐ **embedded integrated circuit** [imbédid] 埋め込まれた集積回路
- ☐ **identification** 身分証明
- ☐ **banking credential** [krədénʃəl] 銀行取引証明書
- ☐ **medical entitlement** [entáitlmənt] 医療給付
- ☐ **functionality** 機能性
- ☐ **e-money** 電子マネー、Eマネー
- ☐ **scrip** [skríp] 代用貨幣
- ☐ **digitally stored value system** デジタル的に保存された価値システム

TRANSLATION

スマートカードは、集積回路が埋め込まれたポケットサイズのプラスティックのカードで、身分証明、認証、データの保存、アプリケーションの処理ができる。利用範囲は、複数銀行での銀行取引証明書、医療給付、運転免許証、交通機関の支払いカードなどとしてである。しかしこのカードは、セキュリティが不完全であることや、機能範囲の基準がないなどの問題がある。電子マネーとはインターネット上で取引される貨幣、すなわち代用貨幣で、コンピューターネットワークやデジタル的に保存された価値システムを使用している。JR東日本のSuica、JR西日本のICOCAとNTTドコモのiDなどがその例である。電子マネーの利用により起こりうる問題として、マネーロンダリングが挙げられる。

Q

❶ What functions does a smart card offer to its users?
❷ What problem does the use of e-money involve?

0671　□□□□□
prosecute
[prάsikjùːt]

動 (〜を)起訴する(≒sue)、〜を遂行する
名 prosecution 起訴、告訴
名 prosecutor 検事

prosecute a defendant ▶ 被告人を訴追する

0672　□□□□□
proximity
[prɑksíməti]

名 近いこと、近接(≒vicinity)

in close proximity to the airport ▶ 空港のすぐそばに

0673　□□□□□
rampant
[rǽmpənt]

形 蔓延した、はびこる(≒pervasive, epidemic)

a rampant crime[disease] ▶ はびこる犯罪[病気]

0674　□□□□□
rapport
[ræpɔ́ːr]

名 良好な関係、信頼(≒bond)

build rapport with a client[patient] ▶ 顧客[患者]と信頼関係を築く

0675　□□□□□
ravage
[rǽvidʒ]

動 〜を荒廃させる、〜を略奪する(≒devastate)
名 破壊、損害

be ravaged by war[fire] ▶ 戦争[火災]で荒廃した

0676　□□□□□
rectify
[réktəfài]

動 〜を是正する、〜を改善する(≒ameliorate, redress)

rectify the problem[mistake] ▶ 問題[失敗]を正す

0677　□□□□□
redeem
[ridíːm]

動 (名誉)を回復する、(財産)を取り戻す(≒retrieve)

redeem my honor ▶ 名誉を回復する
redeem my property ▶ 財産を取り戻す

0678　□□□□□
reiterate
[riːítərèit]

動 〜を繰り返して言う
名 reiteration 繰り返し

reiterate my point[support, position]
▶ 要点[支持、立場]を繰り返して言う

0679　□□□□□
rejuvenate
[ridʒúːvənèit]

動 〜を活性化させる(≒revitalize, reinvigorate)

rejuvenate the system[economy] ▶ 制度[経済]を活性化させる

0680　□□□□□
relapse
[rilǽps]

動 ぶり返す、再発する(≒revert)
名 再発、逆戻り

have[suffer] a relapse ▶ 再発する

GOAL

0671
-
0680

START

⑩ E-Paper

183 SENTENCE

E-Paper (**electronic paper**) is a display technology that is designed to mimic the appearance of ordinary papers. E-paper can keep texts and images **indefinitely** without using electricity, while **leaving room for** later revision. Compared with **conventional** displays, it has the advantages of a stable image and **higher visibility**, wider **viewing angles**, lower **power consumption**, **quick responsivity**, **compactness**, and the capability of reflecting **ambient light** like ordinary paper. Its applications include mobile phone displays, e-Paper magazines and **time tables**, and electronic pricing labels.

☐ **e-Paper (electronic paper)** 電子ペーパー、Eペーパー	☐ **power consumption** 電力消費
☐ **indefinitely** [indéfənitli] いつまでも	☐ **quick responsivity** [rəspɔ̀nsívəti] 速い反応
☐ **leave room for ~** ～の余地を残す	☐ **compactness** コンパクトさ
☐ **conventional** [kənvénʃənəl] 従来の	☐ **ambient light** [ǽmbiənt] 周囲の光
☐ **higher visibility** [vìzəbíliəti] より見やすいこと	☐ **time table** 時刻表
☐ **viewing angle** 視野角	

電子ペーパーとは、表示技術の1つで、通常の紙の外観に似せて作られている。電子ペーパーは後で修正する余地を残しながらも、電気を使用せず、文章や画像をいつまでも保存できる。従来の表示と比べると、利点は画像が安定しており、より見やすく、より広い視野角をもち、低電力消費で、反応が速く、コンパクトであり、通常の紙のように周囲の光を反射することができることだ。モバイルフォンの液晶画面や電子ペーパー雑誌、時刻表、電子価格札などに利用されている。

Q
❶ What are the advantages of the E-paper display over conventional displays?
❷ What can the e-Paper technology be applied to?

🔊 185

0681
☐☐☐☐☐

relic
[rélik]

名 遺物、名残、記念品(≒remains)

the relics of the past ▶ 過去の遺物
historical[cultural] relics ▶ 史跡[文化遺跡]

0682
☐☐☐☐☐

revoke
[rivóuk]

動 〜を無効にする(≒rescind, annul)

revoke the contract[license] ▶ 契約[認可]を無効にする

0683
☐☐☐☐☐

rift
[ríft]

名 不和、亀裂(≒schism, fissure)

a rift between the two countries ▶ 2国間の対立

0684
☐☐☐☐☐

rigorous
[rígərəs]

形 (徹底的に)厳しい、厳密な
副 rigorously 厳密に

rigorous testing[standards] ▶ 厳しい検査[基準]

0681
￤
0690

0685
☐☐☐☐☐

savor
[séivər]

動 〜を味わう、〜を楽しむ(≒relish)
名 味わい、楽しみ

savor the moment[victory] ▶ その瞬間[勝利]を味わう

0686
☐☐☐☐☐

sedentary
[sédəntèri]

形 座りがちの、座業の(≒seated, deskbound)

sedentary lifestyles[work] ▶ 座りがちな生活[仕事]

0687
☐☐☐☐☐

shabby
[ʃǽbi]

形 みすぼらしい、(態度が)卑しい、卑劣な

shabby clothes ▶ みすぼらしい服装
the shabby treatment of workers ▶ 労働者のひどい待遇

0688
☐☐☐☐☐

showcase
[ʃóukèis]

動 〜を展示[紹介]する
名 ショーケース(≒cabinet)、展示の場

showcase a new product ▶ 新しい製品を紹介する
museum showcases ▶ 博物館のショーケース

0689
☐☐☐☐☐

stalk
[stɔ́:k]

動 〜に忍び寄る、大またで歩く(≒shadow)
名 茎

stalk a woman[prey] ▶ 女性[獲物]に忍び寄る

0690
☐☐☐☐☐

stigma
[stígmə]

名 汚名、烙印(≒disgrace, blemish)
動 stigmatize 〜に烙印を押す、〜に汚名を着せる

a stigma attached to mental illness ▶ 精神疾患に伴う汚名

「現れる」の類語の使い分けマスター

　「現れる」の類語で一般的なものは**appear, show up, turn up**ですが、**appear**（on a TV show）は「突如出現する、出演する［登場する］、出版される」、**show up**（for the appointment）は「約束の場所に現れる」、（the missing wallet）**turn up**は「探し物が出て来る、到着する」の意味です。

　これをワンランクUPすると、（facts）**emerge**は「見えない所から現れる、事実が明るみに出る」、**arise**（from fear）は「困難や機会などが起こる」、（sun）**rise**は「天体が現れたり、水域が上がったり、社会的に台頭する」、（problems）**surface**は「問題・感情・情報などが明るみに出る」、（new industries）**spring up**は「突然、素早く泉のように現れる・育つ」、（new problems）**crop up**は「ひょっこりと現れる（口語）」、**pop**（into my head）「突然予期しないときに考え［疑問］などが現れる」、（disease）**originate**は「ある場所や状況で初めて起こる［現れる］」、などがあります。

　これをさらにワンランクUPすると、**loom**（on the horizon）「不吉でぞっとするようにぼんやりと大きな形で現れる」、**manifest**（itself in various ways）「（堅い語で）〜の形ではっきりとしてくる」、（storms began to）**form**「自然物が起こり始めて、段々と特定の形になってくる」、（figure）**materialize**は「予測していた状況が現れたり、不思議なことに霊などが突然現れる」などがあり、これを文脈によって使い分けることができれば表現力がグーンとUPします。

GOAL

0691
☐☐☐☐☐
suffocate
[sʌ́fəkèit]

動 ～を窒息死させる、(発展)を妨げる (≒ smother, stifle)

suffocate him to death ▶ 彼を窒息死させる

0692
☐☐☐☐☐
temper
[témpər]

名 短気、気分 (≒ mood)
動 ～を和らげる、～を加減する (≒ moderate)

lose one's temper ▶ 怒りを爆発させる
a bad[calm] temper ▶ 不機嫌[穏やかな気質]

0693
☐☐☐☐☐
throng
[θrɔ́:ŋ]

名 大群、群集 (≒ flock, swarm)
動 押し寄せる

a throng of shoppers[tourists] ▶ 買物[観光]客の群れ

0694
☐☐☐☐☐
tremble
[trémbəl]

動 身震いする、震動する、～を恐れる
名 震え (≒ shiver, shudder)

tremble with fear[anger] ▶ 恐怖[怒り]で震える

0691
0700

0695
☐☐☐☐☐
tyranny
[tírəni]

名 暴君政治、独裁国、絶対権力、残虐さ

the tyranny of nature[the state] ▶ 自然の過酷さ[国の圧政]
be freed from tyranny ▶ 独裁政治から解放される

0696
☐☐☐☐☐
unearth
[ʌnə́:rθ]

動 ～を発掘する、～を暴く (≒ excavate, discover)

unearth the body[the treasure] ▶ 死体[財宝]を掘り出す
unearth the truth[information] ▶ 真実[情報]を暴く

0697
☐☐☐☐☐
uphold
[ʌphóuld]

動 ～を支持する、(名声など)を維持する (≒ support)

uphold the law[the decision] ▶ 法[決定事項]を遵守する

0698
☐☐☐☐☐
uplifting
[ʌplíftiŋ]

形 気分を高揚させる、励みになる (≒ inspiring)
動 名 uplift 高揚(させる)、上昇(させる)

uplifting music[news] ▶ 気分が高揚する音楽[ニュース]

0699
☐☐☐☐☐
viable
[váiəbl]

形 実行可能な、成長できる
名 viability 生存率

a viable alternative[solution] ▶ 実行可能な代替案[解決策]

0700
☐☐☐☐☐
waver
[wéivər]

動 (物、決心などが)揺れる、震える (≒ tremble)
名 震え、動揺

waver between hope and despair ▶ 悲喜こもごもである

START

問題 次の下線部の意味に近い語を、下から選んでください。

① **enumerate** the benefits …… 利点を並べ立てる
② **override** the decision …… 決定を覆す
③ **be afflicted with** alcoholism …… アルコール依存症に苦しんでいる
④ **rampant** crime …… はびこる犯罪
⑤ **evict** tenants from the building …… テナントをビルから退去させる
⑥ **redeem** my honor …… 名誉を回復する
⑦ **dilute** alcohol …… 酒を薄める
⑧ a **viable** alternative …… 実行可能な代替案
⑨ **prolific** writers …… 多作の作家
⑩ pay **homage** to the war dead …… 戦死者に敬意を表する
⑪ a **rift** between the two countries …… 2国間の対立
⑫ the **plight** of refugees …… 難民の窮状
⑬ **relics** of the past …… 過去の遺物
⑭ financial **constraint** …… 経済的制約
⑮ an **imminent** danger …… 差し迫った危険

選択肢

Ⓐ pervasive Ⓑ predicament Ⓒ productive Ⓓ remains Ⓔ feasible
Ⓕ schism Ⓖ overrule Ⓗ retrieve Ⓘ suffer Ⓙ tribute
Ⓚ limitation Ⓛ impending Ⓜ list Ⓝ weaken Ⓞ remove

解答 ①M ②G ③I ④A ⑤O ⑥H ⑦N ⑧E ⑨C ⑩J ⑪F ⑫B ⑬D ⑭K ⑮L

GOAL

0701　□□□□□
abbreviate
[əbríːvièit]

動 ～を短縮する、～を簡潔にする(≒ shorten)
abbreviate "verb" to "v" ▶ verb(動詞)をvと略す
abbreviate a phrase ▶ 語句を短縮する

0702　□□□□□
abyss
[əbís]

名 奈落の底、どん底、格差(≒ chasm, disparity)
in the abyss of despair ▶ 絶望のどん底で

0703　□□□□□
adamant
[ǽdəmənt]

形 断固たる(≒ inflexible)
副 adamantly 断固として
(an) adamant refusal[opposition] ▶ 断固たる拒絶

0704　□□□□□
adversary
[ǽdvərsèri]

名 敵、敵対者、対戦相手(≒ opponent, enemy)
a political adversary ▶ 政敵
a formidable adversary ▶ 手ごわい敵

0701
0710

0705　□□□□□
allot
[əlát]

動 ～を分配する、(時間やお金)を充てる(≒ allocate)
allot 10 minutes for lunch ▶ 昼食に10分割く
allot 20 dollars for each ▶ 各自に20ドル分配する

0706　□□□□□
anguish
[ǽŋgwiʃ]

形 苦痛(≒ agony, pain)
動 ～を苦しめる、苦悶する
the anguish of despair ▶ 絶望の苦しみ
my anguish at his death ▶ 彼を亡くした悲しみ

0707　□□□□□
animated
[ǽnəmèitəd]

形 生き生きとした、快活な(≒ lively)、アニメの
animated movies[films] ▶ アニメーション映画
an animated debate ▶ 活発なディベート

0708　□□□□□
apprehend
[æprihénd]

動 ～を捕まえる(≒ arrest)、～を理解する、～を感知する
apprehend a murderer[criminal] ▶ 殺人犯[犯人]を逮捕する

0709　□□□□□
ascertain
[æsərtéin]

動 ～を解明する、～を確かめる(≒ find out, establish)
ascertain the cause of the accident ▶ 事故の原因を解明する

0710　□□□□□
assail
[əséil]

動 ～を激しく攻撃[非難]する(≒ assault, castigate)
名 assailant 攻撃者
形 assailable 攻撃できる
assail him with insults ▶ 彼を激しく侮辱する

START

天文学
地質学
気象学
生物学
心理学
物理学
歴史
芸術
政治
経済

01 Boston Tea Party

188 SENTENCE

In 1773, the British Parliament **enacted the Tea Act**, which granted the **exclusive right to market tea** to **the British East India Company**. However, **colonists** were extremely frustrated because the act seemed to violate their rights to "**No taxation without representation**," which meant colonists should rightly have **their own elected representatives** in the British Parliament for taxation. Therefore, on December 16, 1773, some **radical colonists opposed to the Tea Act** boarded ships in Boston Harbor and then threw all tea shipments into the ocean. This protest movement, referred to as **the Boston Tea Party**, **triggered a series of events leading to the American War of Independence**.

189 WORDS

- [ ] **enact the Tea Act** 茶法を制定する
- [ ] **exclusive right to market tea** 茶の独占販売権
- [ ] **the British East India Company** イギリス東インド会社
- [ ] **colonist** 入植者
- [ ] **No taxation without representation** [tækséiʃən] 代表なくして課税なし
- [ ] **their own elected representatives** 彼ら自身で選出した代議士
- [ ] **radical colonists opposed to the Tea Act** 茶法に反対の急進的入植者たち
- [ ] **the Boston Tea Party** ボストン茶会事件
- [ ] **trigger a series of events leading to ~** ～につながる一連の事件のきっかけとなる
- [ ] **the American War of Independence** アメリカ独立戦争

TRANSLATION

1773年、イギリス議会は茶法を制定して茶の独占販売権をイギリス東インド会社に与えた。しかし同法は「代表なくして課税なし」、つまり課税に際しては植民地側が本国議会で公正に代議士を選出すべきだ、という権利を侵害している印象があり、植民地側は極めて不満だった。そこで1773年12月16日、茶法に反対する急進的な入植者がボストン港に入港中の船に乗り込んで茶の積み荷をすべて海に投棄した。ボストン茶会事件といわれるこの抗議運動は、アメリカ独立戦争へつながる一連の事件のきっかけとなった。

Q
❶ What aspect of the Tea Act annoyed colonists?
❷ What did radical colonists do in the Boston Tea Party?

190

GOAL

0711 ☐☐☐☐☐
astute
[əst(j)úːt]

形 鋭敏な、抜け目のない (≒ shrewd, adroit)

astute management[investments] ▶ 抜け目のない経営[投資]

0712 ☐☐☐☐☐
autocratic
[ɔ̀ːtəkrǽtik]

形 独裁的な、横暴な (≒ dictatorial, despotic)

an autocratic government[leader] ▶ 独裁政権[独裁的なリーダー]

0713 ☐☐☐☐☐
avaricious
[æ̀vəríʃəs]

形 欲の深い (≒ greedy)
名 avarice どん欲

avaricious nature[eyes] ▶ 欲深い性格[目]

0714 ☐☐☐☐☐
bashful
[bǽʃfəl]

形 人見知りする、はにかみ屋の (≒ coy, diffident)

a bashful smile[grin] ▶ はにかんだ笑み[笑い]

0711
0720

0715 ☐☐☐☐☐
bask
[bǽsk]

動 (in を伴い) 日光浴をする、(恩恵に) 浴する (≒ revel)

bask in the sun ▶ 日光浴をする
bask in the glory ▶ 栄光に浸る

0716 ☐☐☐☐☐
bolster
[bóulstər]

動 ～を強化する、～を支持する (≒ boost, buttress)

bolster the relationship[economy] ▶ 関係[経済]を強化する

0717 ☐☐☐☐☐
capsize
[kǽpsaiz]

動 ひっくり返る[返す]、転覆する[させる] (≒ turn over)

A fishing boat capsized. ▶ 漁船が転覆した。

0718 ☐☐☐☐☐
circumvent
[sèːrkəmvént]

動 ～を回避する、～を避ける (≒ evade, bypass, get around)

circumvent the problem[law] ▶ 問題[法律]を回避する

0719 ☐☐☐☐☐
coffin
[kɔ́ːfin]

名 棺 (≒ bier, casket)

a coffin lid ▶ 棺の蓋
The coffin was carried out. ▶ 棺が運び出された。

0720 ☐☐☐☐☐
complexion
[kəmplékʃən]

名 顔色、肌の色、外観、状況 (≒ skin color, aspect)

a fair[healthy] complexion ▶ 色白な[健康的な]顔色

START

02 George Washington

George Washington, born in Virginia in 1732 as a son of a wealthy family who managed **tobacco plantations**, became the first President of the United States through winning a victory in the American War of Independence. After his **inauguration**, he appointed Thomas Jefferson, the **drafter** of **the Unanimous Declaration of the Thirteen United States of America**, as **the Secretary of State**, and Alexander Hamilton, a chief **proponent** of **the Philadelphia Convention**, as **the Secretary of the Treasury**. However, Washington, "**Father of His Country**," owned more than 300 slaves in total throughout his life and treated Indians like animals, calling them "**beasts of prey**."

- ☐ tobacco plantations　煙草プランテーション
- ☐ inauguration [inɔ́:gjəréiʃən]　就任
- ☐ drafter　起草者
- ☐ the Unanimous Declaration of the [ju(:)nǽnəməs] Thirteen United States of America　アメリカ独立宣言
- ☐ the Secretary of State　国務長官
- ☐ proponent　発案者
- ☐ the Philadelphia Convention　フィラデルフィア憲法制定会議
- ☐ the Secretary of the Treasury [tréʒəri]　財務長官
- ☐ Father of His Country　建国の父
- ☐ beasts of prey　肉食獣

ジョージ・ワシントンは1732年にヴァージニア州で煙草プランテーションを経営する富豪の息子として生まれ、アメリカ独立戦争での勝利を経てアメリカ合衆国初代大統領となった。彼は大統領就任後、アメリカ独立宣言の起草者のトマス・ジェファーソンを国務長官に、フィラデルフィア憲法制定会議の発案者のアレクサンダー・ハミルトンを財務長官に任命した。「建国の父」と呼ばれるワシントンはその一方で、生涯にわたって計300人以上の奴隷を所有し、またインディアンを「肉食獣」と呼んで動物扱いした。

Q
❶ What was achieved by George Washington in the 18th century?
❷ What was the downside of George Washington?

GOAL

0721
□□□□□
concerted
[kənsə́:rtid]

形 協調した、一致した (≒ coordinated, collaborative)

concerted efforts[actions] ▶ 協調した努力[行為]

0722
□□□□□
concoct
[kankákt]

動 ～をでっち上げる、～を作る (≒ fabricate, contrive)

concoct a plan[story] ▶ 計画[話]をでっち上げる

0723
□□□□□
confide
[kənfáid]

動 (秘密)を打ち明ける、(貴重なもの)を委託する

confide his fear to her ▶ 彼の不安を彼女に打ち明ける
confide in my friend ▶ 友人に打ち明ける

0724
□□□□□
conflagration
[kànfləgréiʃən]

名 大火災 (≒ fire, blaze, inferno)

conflagrations in the town ▶ その町の大火災

0721
0730

0725
□□□□□
confound
[kanfáund]

動 ～を困惑させる、～を狼狽させる (≒ nonplus, confuse)

confound the experts ▶ 専門家を困惑させる

0726
□□□□□
conjure
[kándʒər]

動 呼び出す、心に呼び起こす (≒ evoke, call up)

conjure up images of Santa Claus
▶ サンタクロースのイメージを心に呼び起こす

0727
□□□□□
converge
[kənvə́rdʒ]

動 合流する (≒ merge)　反 diverge 分岐する

Two roads[opinions] converge. ▶ 2つの道路[意見]が1つになる。
Many people converge on the town for the festival.
▶ 多くの人が祭りのために町に集まる。

0728
□□□□□
crook
[krúk]

動 ～を曲げる、～をだます (≒ hook)
名 ねじれ、不正直な人

crooked teeth ▶ ゆがんだ歯並び
a crooked smile ▶ ゆがんだ笑み

0729
□□□□□
crumpled
[krámpld]

形 しわくちゃの (≒ creased)

crumpled paper[newspaper] ▶ くしゃくしゃの紙[新聞]

0730
□□□□□
curt
[kə́:rt]

形 ぶっきらぼうな、素っ気ない (≒ brusque)

a curt reply[response] ▶ ぶっきらぼうな返事[返答]

START

03 Abraham Lincoln

194 SENTENCE

Abraham Lincoln, born as a son of a poor peasant family in 1809, was the 16th president, who **abolished slavery**. His **assumption of the presidency** resulted in the outbreak of **the American Civil War** in 1861 due to opposition by white southerners. He issued **the Emancipation Proclamation** in 1863 to **ensure legal liberty for slaves**. When the Union Army won a decisive victory in the battle of Gettysburg, Lincoln delivered a famous address: "**Government of the people, by the people, for the people shall not perish from the earth**." Lincoln was **hailed as "the Great Emancipator"**, but in 1865 he was assassinated by an actor named John Wilkes Booth for unknown reasons.

195 WORDS

- [ ] Abraham Lincoln [líŋk(ə)n] エイブラハム・リンカン
- [ ] abolish slavery 奴隷制度を廃止する
- [ ] assumption of the presidency 大統領就任
- [ ] the American Civil War 南北戦争
- [ ] the Emancipation Proclamation [imǽnsəpéiʃən] [pràkləméiʃən] 奴隷解放宣言
- [ ] ensure legal liberty for slaves 奴隷の法的自由を保証する
- [ ] "Government of the people, by the people, for the people shall not perish from the earth." 「人民の人民による人民のための政治を、断じて世界から消滅させまい」
- [ ] hail as "the Great Emancipator" [imǽnsəpéitər] 「偉大なる解放者」として称賛する

TRANSLATION

エイブラハム・リンカンは1809年に貧しい農家の息子として生まれたが、第16代大統領となり、奴隷制を廃止した。彼の大統領就任は、南部の白人による反対にあい、1861年に南北戦争が勃発した。1863年、彼は奴隷解放宣言を発布し、奴隷に法の下の自由主義を保証した。北軍がゲティスバーグの戦いで決定的な勝利を得ると、リンカンは、「人民の人民による人民のための政治を、断じて世界から消滅させまい」という有名な演説を行った。リンカンは「偉大なる解放者」として称賛されたが、1865年に俳優のジョン・ウィルクス・ブースに暗殺された。暗殺の理由は不明である。

Q
❶ What triggered the American Civil War?
❷ What was the celebrated phrase delivered by Lincoln at Gettysburg?

天文学 地質学 気象学 生物学 心理学 物理学 歴史 芸術 政治 経済

GOAL

0731　□□□□□

dainty

[déinti]

形 きゃしゃな、繊細な、上品な、(少量で)美味な

dainty shoes[a dainty dress] ▶ 上品な靴[ドレス]
a dainty meal ▶ 美味な食事

0732　□□□□□

dangle

[dǽŋgl]

動 ぶら下がる、ぶらぶら揺れる (≒ hang)

monkeys dangling from trees ▶ 木にぶら下がる猿たち

0733　□□□□□

dearth

[də́:rθ]

名 不足、欠乏 (≒ scarcity)

a dearth of jobs[information] ▶ 仕事[情報]不足

0734　□□□□□

defuse

[di:fjú:z]

動 (緊張、危険など)を和らげる (≒ disable, mitigate)

defuse the tension[crisis] ▶ 緊張[危機]を和らげる

0735　□□□□□

deluge

[dél(j)u:ʤ]

名 大洪水、殺到
動 ～に殺到する (≒ inundate, swamp)

a deluge of letters[applications] ▶ 手紙[申し込み]の殺到

0736　□□□□□

derision

[diríʒən]

名 嘲笑 (≒ ridicule, mockery)　動 deride ～を嘲る、～をあざ笑う
形 derisive 冷笑的な

the target of derision ▶ 嘲笑の的
be greeted with derision ▶ 嘲笑で迎えられる

0737　□□□□□

detest

[ditést]

動 ～をひどく嫌う (≒ abhor, loathe)
形 detestable 大嫌いな

detest violence[smoking] ▶ 暴力[たばこ]をひどく嫌う

0738　□□□□□

discredit

[diskrédit]

動 (証言)を信用しない、(評判)を落とす

discredit his testimony ▶ 彼の証言を信用しない
discredit his reputation ▶ 彼の評判を落とす

0739　□□□□□

dreary

[drí(ə)ri]

形 うんざりして退屈な (≒ gloomy)、陰うつな

a dreary life[routine] ▶ うんざりして退屈な人生[仕事]
dreary weather[rooms] ▶ 陰うつな天気[わびしい部屋]

0740　□□□□□

elicit

[ilísit]

動 ～を引き出す、～を引き起こす (≒ induce, engender)

elicit information[responses] ▶ 情報[反応]を引き出す

0731
0740

START

04 Martin Luther King Jr.

197 SENTENCE

Martin Luther King Jr. was an American **clergyman** and a leader in the African-American **Civil Rights Movement**. Even after **the Emancipation Proclamation** by Lincoln, non-white people were unfairly treated, with white people and non-white people forced to use different public facilities including schools and restrooms. King, who was **enlightened by Gandhi's philosophy**, stood up for liberty based on Gandhi's **nonviolent resistance**. He made a famous speech that begins with "**I have a dream**" at the Lincoln Memorial in 1961. His protest movements successfully led to the establishment of **the Civil Rights Act**. However, he was assassinated by James Earl Ray in Memphis in 1968.

198 WORDS

☐ **clergyman** [klə́rdʒimən] 聖職者

☐ **Civil Rights Movement** 公民権運動

☐ **the Emancipation Proclamation** [imænsəpéiʃən] [pràkləméiʃən] 奴隷解放宣言

☐ **enlightened by Gandhi's philosophy** ガンジーの思想に啓蒙されて

☐ **nonviolent resistance** 非暴力の抵抗

☐ **"I have a dream"** 「私には夢がある」

☐ **the Civil Rights Act** 公民権法

TRANSLATION

マーティン・ルーサー・キングは、アメリカの聖職者かつアフリカ系アメリカ人の公民権運動の指導者である。リンカンの奴隷解放宣言後も、非白人はいまだに不当な扱いを受けていて、白人と非白人は、学校やトイレなどの公共施設に関しては別々の施設を使用することになっていた。キングはガンジーの思想に啓蒙され、ガンジーの非暴力の抗議に基づいて自由のために立ち上がった。彼はまた、「私には夢がある」で始まる有名な演説を1961年にリンカン記念堂で行った。彼の活動は首尾よく公民権法制定に至ったが、1968年にメンフィスにおいてジェームズ・アール・レイに暗殺された。

Q
❶ What was the reason why Martin Luther King Jr. began the Civil Rights Movement?
❷ Who inspired King to start the movement?

天文学

地質学

気象学

生物学

心理学

物理学

歴史

芸術

政治

経済

199

GOAL

0741 ▢▢▢▢▢
elucidate
[ilúːsədèit]

動 〜を明らかにする、〜を説明する (≒ clarify, illuminate)

elucidate the theory[mystery] ▶ 学説を説明する[神秘を解明する]

0742 ▢▢▢▢▢
embellish
[imbéliʃ]

動 〜を飾る、〜を粉飾する (≒ decorate, adorn)

embellish the story ▶ 話を飾り立てる
embellish the dress with ribbons ▶ ドレスをリボンで飾る

0743 ▢▢▢▢▢
empirical
[impírikəl]

形 経験による、実験に基づいた

empirical evidence[data] ▶ 実験による証拠[データ]

0744 ▢▢▢▢▢
engross
[ingróus]

動 〜を没頭させる (≒ absorb)
形 engrossing 夢中にさせる

be engrossed in reading[my work] ▶ 読書[仕事]に没頭する

0741
|
0750

0745 ▢▢▢▢▢
engulf
[ingʌ́lf]

動 〜を巻き込む、〜を飲み込む (≒ envelop, swallow up)

be engulfed in flames[war] ▶ 炎[戦争]に巻き込まれる

0746 ▢▢▢▢▢
enlist
[inlíst]

動 (支持・協力など)を求める、入隊する (≒ obtain, enroll)

enlist the help[support] of professionals ▶ プロの助け[支持]を求める

0747 ▢▢▢▢▢
enmity
[énməti]

名 憎しみ、憎悪 (≒ animosity, antagonism)

have no[stir up] enmity ▶ 何の恨みもない[憎しみを煽る]

0748 ▢▢▢▢▢
equivocal
[ikwívəkəl]

形 曖昧な、はっきりしない、疑わしい (≒ ambiguous, vague)

an equivocal answer ▶ あいまいな返事

0749 ▢▢▢▢▢
exterminate
[ikstə́ːrmənèit]

動 絶滅させる、せん滅する (≒ annihilate, wipe out)

exterminate pests ▶ 害虫を駆除する
exterminate the people ▶ その民族を滅ぼす

0750 ▢▢▢▢▢
fetter
[fétər]

動 〜を拘束する (≒ shackle)
名 足かせ、束縛

be fettered by tradition[the rules] ▶ 伝統[規則]に縛られた

START

第**19**日

05 The Spanish-American War

The Spanish-American War was a conflict between Spain and the United States, which was started in 1898 by the United States **in retaliation for** the **seeming Spanish attack** on the USS Maine (ACR-1) and for the support of the **independence of Cuba**. The war ended in a **one-sided victory for** the United States in only four months. **The Treaty of Paris**, signed in December 1898, recognized the independence of Cuba and **ceded to** the United States the **Spanish territories**: **the Philippine Archipelago**, Puerto Rico, and Guam. In 1959, however, **Fidel Castro** successfully conducted **the Cuban Revolution**, thus establishing a **socialist regime** outside "the Old World" for the first time in history.

the Spanish-American War 米西戦争	cede to ~ [síːd] ～に割譲する
in retaliation for ~ ～の報復として	Spanish territories スペインの領土
seeming Spanish attack 表面上スペインの攻撃、スペインの攻撃と見せかけて	the Philippine Archipelago フィリピン群島
independence of Cuba キューバの独立	Fidel Castro フィデル・カストロ
one-sided victory for ~ ～の一方的な勝利	the Cuban Revolution キューバ革命
the Treaty of Paris パリ条約	socialist regime [rəʒíːm] 社会主義政権

米西戦争とは、戦艦メイン（ACR-1）の爆発を口実に、またキューバの独立支援の目的でアメリカが始めたスペインとアメリカ間の争いである。戦争はわずか4カ月でアメリカの一方的な勝利で終わり、1898年12月に調印されたパリ条約では、キューバの独立を認め、それまでスペインが占領していたフィリピン群島、プエルトリコ、グアムを割譲した。しかしフィデル・カストロは1959年にキューバ革命を成功させ、旧世界以外で初めて社会主義体制を確立した。

Q ❶ What was the cause of the Spanish-American War?
❷ What was the outcome of the Spanish-American War?

天文学 / 地質学 / 気象学 / 生物学 / 心理学 / 物理学 / 歴史 / 芸術 / 政治 / 経済

202

0751 ☐☐☐☐☐
forgo
[fɔrɡóu]
動 (望ましいもの)を諦める (≒ relinquish, renounce)、(行為)を控える

forgo alcohol[a vacation] ▶ 酒[休暇]をあきらめる

0752 ☐☐☐☐☐
frantic
[frǽntik]
形 必死の、大急ぎの (≒ frenetic, distraught)

a frantic search ▶ 必死の捜索
the frantic pace of life ▶ 大急ぎの生活のペース

0753 ☐☐☐☐☐
frivolous
[frívələs]
形 (分別がなく)軽薄な、ふざけた (≒ silly, foolish)

frivolous lawsuits[claims] ▶ ふざけた訴訟[主張]

0754 ☐☐☐☐☐
gaudy
[ɡɔ́:di]
形 派手な、けばけばしい (≒ ostentatious)

a gaudy dress[tie] ▶ 派手なドレス[ネクタイ]

0755 ☐☐☐☐☐
gist
[dʒíst]
名 要点、主旨 (≒ essence, crux, point, core)

the gist of a story[an argument] ▶ 話[主張]の要点

0756 ☐☐☐☐☐
grimace
[ɡríməs]
名 しかめ面、険しい表情 (≒ frown)

a grimace of pain ▶ 苦痛にゆがんだ顔

0757 ☐☐☐☐☐
heinous
[héinəs]
形 凶悪な、悪質な (≒ iniquitous, nefarious)

a heinous crime[offence] ▶ 凶悪な犯罪

0758 ☐☐☐☐☐
hone
[hóun]
動 (既に良いもの)を磨く、(刃)を研ぐ (≒ sharpen)

hone my driving skills ▶ 運転技術を磨く

0759 ☐☐☐☐☐
immerse
[imə́:rs]
動 ～に浸す、～を没頭させる (≒ submerge, involve)
名 immersion 浸水、没頭

be deeply immersed in study ▶ 勉強に没頭する

0760 ☐☐☐☐☐
implore
[implɔ́:r]
動 ～を懇願する、～を嘆願する (≒ beg, plead)

implore the government to help the socially vulnerable
▶ 政府に社会的弱者を助けるように懇願する

GOAL

0751
0760

START

第 **19** 日

06 The Gold Rush

203
SENTENCE

The Gold Rush refers to the period of **rapid migration of gold-seekers** aiming to be **overnight millionaires**, which started in 1848 in California. This movement resulted in the development of agriculture, construction of many buildings, and completion of **the first transcontinental railroad** in 1869. While California finally became a populated, **mushroom area**, the rush also had negative consequences including **driving out numerous native Indians**. Years later from the discovery of gold dust in California, the name of this area was **permanently associated with** the Gold Rush as well as "the California Dream." This overnight success dream spread into other parts of the United States and **supplanted** the existent puritanical dream.

204
WORDS

☐ **the Gold Rush**	ゴールドラッシュ	☐ **mushroom area**	新興地域
☐ **rapid migration of gold-seekers**	金を求める人の急激な移住	☐ **drive out numerous native Indians**	多くのインディアンを駆逐する
☐ **overnight millionaires**	一攫千金	☐ **permanently associate with ~**	～と永久的に関連づける
☐ **the first transcontinental railroad** [trænskɑntənèntəl] 最初の大陸横断鉄道		☐ **supplant ~**	～に取って代わる

TRANSLATION

ゴールドラッシュとは、一攫千金をめざす人々が金を求めて移住した時代であり、1848年にカリフォルニアで始まった。結果的に農業の発達、建設物の整備、1869年の最初の大陸横断鉄道完成へとつながった。カリフォルニアは人口の多い新興地域となったが、多くのインディアンが駆逐されるなど、ゴールドラッシュには負の側面もあった。カリフォルニアでの砂金発見から数年後には、カリフォルニアという地域名は永久にゴールドラッシュと「カリフォルニアドリーム」を連想させるようになった。カリフォルニアドリームは同国の他の地域に拡散し、従来の清教徒的で厳格な夢と取って代わったと言われる。

Q ❶ What were the positive and negative results of the Gold Rush?
❷ What do American people associate California with?

天文学 / 地質学 / 気象学 / 生物学 / 心理学 / 物理学 / 歴史 / 芸術 / 政治 / 経済

205

0761
☐☐☐☐☐

infuse
[infjúːz]

動 〜を注入する、〜を吹き込む (≒ imbue, instill)

be infused with love[energy] ▶ 愛[活力]が注がれた

0762
☐☐☐☐☐

juggle
[dʒʌ́gl]

動 曲芸する、〜をやりくりする
名 juggler 手品師、詐欺師

juggle work and family ▶ 仕事と家庭を両立させる

0763
☐☐☐☐☐

lenient
[líːniənt]

形 寛大な (≒ clement, forgiving)
名 leniency 哀れみ、慈悲深さ

a lenient sentence ▶ 寛大な判決
a lenient punishment ▶ 寛大な刑罰

0764
☐☐☐☐☐

lucid
[lúːsid]

形 明快な、わかりやすい (≒ articulate, rational)

a lucid explanation[argument] ▶ 明快な説明[主張]

0765
☐☐☐☐☐

luster
[lʌ́stər]

名 光沢、艶、栄光
動 〜に光沢を付ける、〜を輝かせる

the luster of gold[silk] ▶ 金[絹]の光沢
a lack of luster ▶ 艶がない

0766
☐☐☐☐☐

mar
[máːr]

動 (外観・質)を台無しにする (≒ spoil, impair)

mar the beauty of the sea ▶ 海の美しさを損なう
mar the landscape ▶ 景観を台無しにする

0767
☐☐☐☐☐

monumental
[mànjuméntəl]

形 重要な、歴史的価値のある、不朽の

monumental structures ▶ 記念碑的造物
a monumental contribution to the field of medicine
▶ 医学分野への金字塔とも言うべき貢献

0768
☐☐☐☐☐

mundane
[mʌ́ndein]

形 平凡な、面白みのない (≒ humdrum, tedious)

a mundane job[life] ▶ 平凡な仕事[生活]

0769
☐☐☐☐☐

novice
[návis]

名 初心者、新米、見習い (≒ neophyte, probationer)

a novice teacher[driver] ▶ 新米の教師[ドライバー]

0770
☐☐☐☐☐

opaque
[oupéik]

形 不透明な、不明瞭な
反 transparent 透き通った、透明な

opaque glass[paper] ▶ すりガラス[不透明の紙]

GOAL

0761
0770

START

07 Franklin Roosevelt

Franklin Roosevelt, the 32nd President of the United States, enacted **the New Deal program** to overcome **the Great Depression**. Until the Great Depression, the US government had not been actively involved in the market economy because of its economic policy called **"laissez-faire."** However, Franklin Roosevelt's administration implemented economic policies based on the New Deal program in order to create **effective demand** and **boost production**. Roosevelt was probably the first to **enact the Keynesian theory**, a **modified version of capitalism**, for economic reconstruction. During World War II, he promoted **the Manhattan Project**, which resulted in the creation of the atomic bombs to be dropped on Hiroshima and Nagasaki.

☐ **the New Deal program** ニューディール政策	☐ **boost production** 生産を拡大する
☐ **the Great Depression** 世界恐慌	☐ **enact the Keynesian theory** [kéinziən] ケインズ理論を実行する
☐ **laissez-faire** [lèseiféə] レッセフェール、自由競争主義の経済政策	☐ **modified version of capitalism** 修正資本主義
☐ **effective demand** 有効需要	☐ **the Manhattan Project** マンハッタン・プロジェクト

アメリカ合衆国第32代大統領フランクリン・ルーズベルトは、世界恐慌を克服するためにニューディール政策を実行した。世界恐慌以前のアメリカ経済は、レッセフェール、つまり自由競争主義の経済政策に立脚するものであった。そのため政府は市場経済には積極的に関与しなかったが、ルーズベルト政権はニューディール政策に基づく経済政策を実行して、有効需要の創出と生産拡大を試みた。恐らくルーズベルトは、修正資本主義の一種であるケインズ派理論を実行に移した最初の人物である。その一方で、彼は第二次世界大戦中にマンハッタン・プロジェクトを推進し、広島と長崎に投下される原爆を作りだした。

Q
❶ What countermeasures did Franklin Roosevelt take to recover from the Great Depression?
❷ What was the downside of Franklin Roosevelt?

天文学
地質学
気象学
生物学
心理学
物理学
歴史
芸術
政治
経済

0771　□□□□□

outset
[áutsèt]

名 手始め、発端、着手（≒ beginning）

at the outset of the war[administration] ▶ 戦争[政権]の始まりに

0772　□□□□□

penitent
[pénət(ə)nt]

形 後悔している（≒ rueful, repentant）

a penitent sinner ▶ 後悔している罪人
penitent tears ▶ 後悔の涙

0773　□□□□□

poise
[pɔ́iz]

名 冷静、平衡（≒ composure）

lose[keep] her poise ▶ 落ち着きを失う[維持する]

0774　□□□□□

precursor
[prikə́:rsər]

名 先駆け、前兆、前触れ（≒ pioneer, forerunner）
形 precursory 先駆けの

a precursor of modern computers ▶ 現代のコンピュータの先駆け

0775　□□□□□

predicament
[pridíkəmənt]

名 苦境、窮地（≒ plight, quandary, quagmire）

a(n) political[economic] predicament ▶ 政治[経済の]苦境

0776　□□□□□

premise
[prémis]

名 前提、根拠（≒ preposition, hypothesis）、
　（複数形 premises で）土地、建物

the premise of political stability ▶ 政局安定の前提
vacate the premises ▶ 建物を明け渡す

0777　□□□□□

quip
[kwíp]

名 動 気の利いた言葉（を言う）（≒ jest, joke, pun）

witty[funny] quips ▶ 機知に富んだ[面白い]言葉

0778　□□□□□

racket
[rǽkit]

名 不正な商売、大騒ぎ（≒ fraud, uproar）

make[raise] a racket ▶ 大騒ぎを起こす

0779　□□□□□

remnant
[rémnənt]

名 （後に残ったわずかの）残骸、名残、面影（≒ remains）

the remnants of the building[castle] ▶ 建物[城]の残骸
the remnants of the past ▶ 過去の遺物

0780　□□□□□

repercussion
[rì:pərkʌ́ʃən]

名 影響、波紋、反動（≒ consequence）

political[social] repercussions ▶ 政治的[社会的]影響

GOAL

0771
↓
0780

START

08 John F. Kennedy

John F. Kennedy, the 35th president, was **the first-ever Catholic president** and the youngest elected president, who took office under the policy "**New Frontier.**" **Proactively dealing with intractable problems** including **racial discrimination** and poverty, he **strived to realize** a peaceful world through **ratification of the Partial Test Ban Treaty (PTBT)** and search for **peaceful coexistence with the East**. Kennedy also tried to inspire national pride and self-sacrifice, aiming at educational and economic reforms. However, he was also involved in **the Cold War** confrontations, especially **the Cuban missile crisis**, which heightened the tension between the East and the West.

- [ ] **the first-ever Catholic president** 初のカトリック教徒の大統領
- [ ] **New Frontier** [frʌntíər] ニュー・フロンティア
- [ ] **proactively deal with ~** [pròuæktivli] ～に積極的に取り組む
- [ ] **intractable problems** 難問
- [ ] **racial discrimination** 人種差別
- [ ] **strive to realize** 懸命に実現しようとする
- [ ] **ratification of the Partial Test Ban Treaty (PTBT)** [ræ̀təfikéiʃən] 部分的核実験禁止条約（PTBT）の批准
- [ ] **peaceful coexistence with the East** 旧ソ連など東側諸国との平和的共存
- [ ] **the Cold War** 冷戦
- [ ] **the Cuban missile crisis** [mísəl] キューバ危機

第35代大統領ジョン・F・ケネディは初のカトリック教徒の大統領、かつ歴代最年少で当選した大統領であり、人種差別、教育に関する問題、貧困などの難題に積極的に取り組む目的で、「ニュー・フロンティア」というスローガンの下で就任した。彼は、部分的核実験禁止条約（PTBT）の批准などの課題に取り組むことで平和な社会の実現と、旧ソ連のような東側の諸国との平和共存の模索に尽力した。ケネディはまた、国民のプライドと自己献身の精神を鼓舞することに努め、教育改革と経済の活発化を目指した。しかしその一方で、キューバ危機など冷戦での対立を避けられず、東西の諸国の間で緊張を高めた。

Q ❶ What was J. F. Kennedy's aim under the policy, "New Frontier"?
❷ What did he ratify to stop the proliferation of nuclear weapons?

211

GOAL

0781
□□□□□
reprimand
[rèprəmǽnd]

動 〜を叱責する、〜を懲戒する (≒ rebuke, berate)

be reprimanded for my carelessness[negligence]
▶ 不注意[怠慢]を叱責される

0782
□□□□□
reservoir
[rézərvwàːr]

名 貯水池、(大量の情報などの)蓄積 (≒ storage)

a fuel[gas] reservoir ▶ 燃料タンク[ガス貯留層]
a reservoir of knowledge ▶ 知識の宝庫

0783
□□□□□
schism
[skízm]

名 分裂、分立 (≒ division, rift, rupture)

a schism between the two parties ▶ 2党間の分裂

0784
□□□□□
shroud
[ʃráud]

動 〜を隠す、〜を包む (≒ veil, envelop, swathe, cloak)

The story is shrouded in mystery. ▶ その話は謎に包まれている。

0781
～
0790

0785
□□□□□
shudder
[ʃʌ́dər]

動 震える (≒ tremble, shiver)
名 身震い、激しい揺れ

shudder with fear[cold] ▶ 恐怖[寒さ]で震える

0786
□□□□□
snag
[snǽg]

名 思わぬ障害 (≒ impediment)
動 引っ掛かる、ほつれる

hit a snag ▶ 思わぬ難問にぶち当たる

0787
□□□□□
steadfast
[stédfæst]

形 揺るぎない、不動の (≒ staunch, unwavering)

his steadfast love[support] for her
▶ 彼女に対する揺るぎなき彼の愛[支援]
be steadfast in his faith[belief] ▶ 信念を曲げない

0788
□□□□□
stoop
[stúːp]

動 身をかがめる、(悪事)に身を落とす
名 前かがみ

stoop down to pat a dog ▶ 犬をなでるためにかがむ
stoop to cheating ▶ 人をだますことに身を落とす

0789
□□□□□
stuffy
[stʌ́fi]

形 風通しの悪い、鼻が詰まった (≒ airless, blocked)

a stuffy room ▶ 息苦しい部屋
a stuffy nose ▶ 詰まった鼻

0790
□□□□□
substantiate
[səbstǽnʃièit]

動 (主張・証言・理論など)を立証する (≒ verify, corroborate)、実証する

substantiate the theory[allegations] ▶ その理論[主張]を立証する

START

第20日

09 The Golden-Age Egyptian Pharaoh

212 SENTENCE

Ramses II was **the Egyptian pharaoh** in the 13th century BC, the **last golden age** of ancient Egypt. **During his reign**, he repeated expeditions abroad **in an attempt to expand his territory**, vying **primarily with the Hittite Empire for Syria**. Failing to **settle the dispute** in the Battle of Kadesh, he agreed to a **ceasefire with the Hittite**, the oldest peace treaty in human history. The pharaoh **was also passionate about** construction projects, including the transfer of the capital to Pi-Ramses and the building of **Abu Simbel** and other temples during his reign.

213 WORDS

- ☐ **Ramses II** ラムセス2世
- ☐ **the Egyptian pharaoh** [féərou] エジプトのファラオ
- ☐ **last golden age** 最後の最盛期
- ☐ **during his reign** [réin] 彼の在位中、彼が統治している間
- ☐ **in an attempt to expand his territory** 領土を拡張しようと試みて
- ☐ **vie primarily with the Hittite** [vái] [hítait] **Empire for Syria** もっぱらシリアを求めてヒッタイト帝国と争う
- ☐ **settle the dispute** 争いを収める(雌雄を決する)
- ☐ **ceasefire with the Hittite** ヒッタイト帝国との停戦
- ☐ **is also passionate about ~** ～することにも熱心である
- ☐ **Abu Simbel temples** アブ・シンベル神殿

TRANSLATION

ラムセス2世は、紀元前13世紀、古代エジプト最後の最盛期における、エジプトのファラオである。その在位中、領土を拡大すべく国外への遠征を繰り返し、専らシリアを求めてヒッタイト帝国と争った。カデシュの戦いではその雌雄を決することができず、ヒッタイトと停戦することに同意し、これが人類史最古の平和条約となった。ファラオは、首都をピ・ラムセスに移したり、アブ・シンベル等の神殿を建立したりと、建設事業にも熱心であった。

Q
❶ What was the first peace treaty in human history?
❷ What did Ramses II do during his reign?

0791 succumb [səkʌ́m]
動 屈服する (≒ surrender, capitulate)
succumb to temptation[the pressure] ▶ 誘惑[圧力]に屈する

0792 superfluous [su:pə́:rfluəs]
形 必要以上に多く、過剰な (≒ excess, redundant)
superfluous information[decoration] ▶ 過剰な情報[装飾]

0793 swindle [swíndl]
動 (金・財産など)をだまし取る (≒ defraud)
swindle him out of his money ▶ 彼から金をだまし取る

0794 tattered [tǽtərd]
形 ぼろぼろの (≒ torn)
動 tatter ぼろぼろに裂ける
tattered jeans[clothes] ▶ ぼろぼろのジーパン[服]

0795 thwart [θwɔ́:rt]
動 〜を阻止する、〜を妨害する (≒ forestall, impede)
thwart a plan[terrorist attack] ▶ 計画[テロリストの攻撃]を阻止する

0796 torrid [tɔ́rid]
形 灼熱の、熱烈な (≒ sweltering, scorching)
torrid summer[sun] ▶ 灼熱の夏[太陽]

0797 unravel [ʌnrǽv(ə)l]
動 ほぐす、〜を解明する (≒ untangle, unwind)
unravel the mystery[truth] ▶ 謎[真実]を解明する

0798 vanquish [vǽŋkwiʃ]
動 〜を征服する、〜に打ち勝つ (≒ subjugate)
vanquish the enemy[army] ▶ 敵[軍隊]を征服する

0799 whine [(h)wain]
動 泣き言を言う
名 泣き声、ヒューという音
whine about my job[circumstances] ▶ 仕事[境遇]について泣き言を言う

0800 wrath [rǽθ]
名 激怒、天罰、復讐 (≒ rage, fury)
the wrath of God ▶ (神の怒り)

問題 次の下線部の意味に近い語を、下から選んでください。

① a fuel **reservoir** ·· 燃料タンク

② **monumental** contribution to the field ··· その分野への重要な貢献

③ a **lucid** explanation ·· 明快な説明

④ **concerted** actions ··· 協調した行為

⑤ be **engross**ed in reading ································· 読書に没頭する

⑥ **substantiate** the theory ································· その理論を立証する

⑦ the **outset** of the crisis ································ 危機の始まり

⑧ **succumb** to the pressure ······························ 圧力に屈する

⑨ have no **enmity** ·· 何の恨みもない

⑩ a **deluge** of letters ·· 手紙の殺到

⑪ based on a wrong **premise** ························· ある間違った前提に基づいて

⑫ the **gist** of the argument ······························ 主張の要点

⑬ **allot** 10 minutes for lunch ····························· 昼食に10分割く

⑭ **unravel** the mystery ·· 謎を解明する

⑮ **conjure up** images of Santa Claus ········· サンタのイメージを心に呼び起こす

選択肢

Ⓐ coordinated　Ⓑ storage　Ⓒ articulate　Ⓓ proposition　Ⓔ flood

Ⓕ allocate　Ⓖ point　Ⓗ evoke　Ⓘ outstanding　Ⓙ verify

Ⓚ absorb　Ⓛ beginning　Ⓜ animosity　Ⓝ solve　Ⓞ surrender

解答
① B　② I　③ C　④ A　⑤ K　⑥ J　⑦ L　⑧ O
⑨ M　⑩ E　⑪ D　⑫ G　⑬ F　⑭ N　⑮ H

Chapter ▸5

iBT®
90
突破
575
ITP®

0801 abstinence [ǽbstənəns]
名 節制、禁欲 (≒ temperance)
動 abstain 控える
abstinence from alcohol[sex] ▶ 禁酒[禁欲]

0802 adept 形 [ədépt] 名 [ǽdept]
形 熟達した (at, in) (≒ skillful, expert)
名 名人、達人
be adept at money-making ▶ 金稼ぎが上手である

0803 allay [əléi]
動 ～を和らげる、～を静める (≒ assuage, alleviate)
allay his fear[anxiety] ▶ 彼の恐れ[不安]を和らげる

0804 atrocious [ətróuʃəs]
形 凶悪な、ひどい (≒ savage)
名 atrocity 残虐行為
atrocious crimes ▶ 凶悪犯罪
an atrocious war ▶ 残虐な戦争

0805 audacious [ɔ:déiʃəs]
形 大胆な (≒ daring, dauntless)
名 audacity 大胆不敵
an audacious attack[adventure] ▶ 大胆な攻撃[冒険]

0806 aversion [əvə́:rʃən]
名 嫌がること、嫌悪 (≒ revulsion, disgust)
動 avert (目)を背ける[そらす]
have an aversion to snakes[alcohol] ▶ 蛇[酒]が大嫌いである

0807 baffle [bǽfl]
動 ～を困惑させる (≒ perplex)
形 baffling 当惑させる
be baffled by his question ▶ 彼の質問に困惑する
a baffling mystery ▶ 困惑させるような謎

0808 blatant [bléit(ə)nt]
形 露骨な、はなはだしい (≒ flagrant, glaring)
blatant discrimination[lies] ▶ 露骨な差別[嘘]

0809 boon [bú:n]
名 恩恵、恵み (≒ blessing)
a boon to the world economy ▶ 世界経済への恩恵

0810 buoyant [bɔ́iənt]
形 上り調子の、回復力のある (≒ booming)
a buoyant economy[market] ▶ 上り調子の経済[市場]

⑩ Alexander the Great

Alexander the Great was the Macedonian king in the 4th century BC and the founder of **the Alexander Empire**. After **acceding to the throne**, he **solidified his supremacy** over the entire Greece and launched into an expedition against the Persian Empire. Even after **overthrowing the Persian king** Darius III, he continued his expedition eastward up to India, consequently establishing a vast empire stretching over 3,500 miles from east to west. Although his empire was **posthumously split among his subordinates**, his expedition encouraged Greek culture to spread over Asia and to **blend with Oriental culture**, resulting in the **dawn of the Hellenistic period**.

- [ ] **Alexander the Great**　アレクサンドロス大王
- [ ] **the Alexander Empire**　アレクサンドロス帝国
- [ ] **accede to the throne** [θróun]　即位する
- [ ] **solidify his supremacy**　支配権を固める
- [ ] **overthrow the Persian king**　ペルシア王を王座から追放する
- [ ] **posthumously split among his subordinates** [pástʃuməsli] [səbórdənit]　彼の死後、配下の将軍たちの間で分裂する
- [ ] **blend with Oriental culture**　オリエント文化と融合する
- [ ] **dawn of the Hellenistic period**　ヘレニズム時代の幕開け

アレクサンドロス大王は、紀元前4世紀のマケドニア王で、アレクサンドロス帝国の創設者であった。即位後、全ギリシアへの支配権を固め、ペルシア遠征へ着手した。ペルシア王ダレイオス3世を王座から追放した後も、インドまで東征を継続、東西3,500マイル以上にわたる広大な帝国を築き上げた。彼の死後、帝国は配下の将軍たちの間で分裂したが、彼の東征は、ギリシア文化を東方へ伝播しオリエント文化と融合させ、ヘレニズム時代の幕開けをもたらした。

Q
❶ What was the positive outcome of Alexander the Great's expedition?
❷ What was the territory of the Alexander Empire at its peak?

218

GOAL

0811 ☐☐☐☐☐

burgeon
[bə́:rdʒən]

動 急成長する、開花する (≒ skyrocket, mushroom)

the burgeoning market[industry] ▶ 拡大する市場[産業]

0812 ☐☐☐☐☐

coercion
[kouə́rʒən]

名 強制、支配 (≒ constraint)　動 coerce 〜を強要する

sexual[police] coercion ▶ 性行為の強制[警官の圧力]
make a false confession under coercion
▶ 強制されて間違った供述をする

0813 ☐☐☐☐☐

composure
[kəmpóuʒər]

名 沈着、平静

keep[lose] my composure ▶ 平静を保つ[失う]

0811
0820

0814 ☐☐☐☐☐

conducive
[kənd(j)úːsiv]

形 〜の助けとなる、〜に貢献する (≒ helpful)

be conducive to economic development ▶ 経済発展に貢献する

0815 ☐☐☐☐☐

construe
[kənstrúː]

動 〜を解釈する (≒ interpret)
反 misconstrue 誤解する

The message is construed as an agreement.
▶ そのメッセージは同意とみなされている。

0816 ☐☐☐☐☐

covert
[kóuvərt]

形 秘密の、隠された (≒ furtive, clandestine)

a covert operation[meeting] ▶ 秘密作戦[会議]

0817 ☐☐☐☐☐

culminate
[kʌ́lmənèit]

動 (in を伴う) 最後に〜になる
名 culmination 全盛

culminate in marriage[murder] ▶ 最後に結婚[殺人]で終わる

0818 ☐☐☐☐☐

culprit
[kʌ́lprit]

名 犯人、原因、元凶 (≒ source)

the culprit of global warming ▶ 温暖化の原因

0819 ☐☐☐☐☐

decimate
[désəmèit]

動 〜を大量殺害する (≒ annihilate, exterminate)

decimate the enemy[natives] ▶ 敵[原住民]を大量に殺す

0820 ☐☐☐☐☐

defraud
[difrɔ́ːd]

動 〜をだまし取る (≒ swindle, cheat)
名 defraudation 詐欺

defraud the company[investors] ▶ 会社に詐欺を働く[投資家を欺く]

START

第 21 日

⑪ The Renaissance

219 SENTENCE

The Renaissance was a cultural movement that occurred in Italy in the 14th century and spread into other European countries. Replacing the **prevailing religious perspective** with a **secular** one, it became a **critical turning point** in Western thinking and culture. During the Renaissance, people became "human-centered" rather than "God-centered," creating the ideology called "**humanism**." This ideology released people from the **mental restraints of religion** and **inspired open query and criticism**, promoting a **newfound confidence** in human thinking and creation. Today, the Renaissance is considered a transitional period between the Middle Ages and the Age of Enlightenment characterized by the **"rebirth" of culture, politics, and economics.**

220 WORDS

- [ ] the Renaissance　ルネサンス
- [ ] prevailing religious perspective　支配的だった宗教的観点
- [ ] secular [sékjələr]　宗教とは無関係で現世的な
- [ ] critical turning point　重要な転機
- [ ] humanism [hjú:mənìzəm]　人文主義

- [ ] mental restraints of religion　宗教がもたらす心理的な束縛
- [ ] inspire open query and criticism　公然と疑問を述べ批判する気持ちをかき立てる
- [ ] promote a newfound confidence　新たな視点で信じることを促進する
- [ ] "rebirth" of culture, politics, and economics　文化、政治、経済の「再生」

TRANSLATION

ルネサンスは14世紀にイタリアで起こりヨーロッパの他の国々に広まった文化活動で、当時支配的だった宗教的観点から世俗的なものへと変換し、西洋の思想や文化にとって重要な転機となった。ルネサンスで、人々は「神中心」ではなく「人間中心」の人文主義へと移行した。そして人々は宗教がもたらす心理的な束縛から解放され、公然とした疑念や批判もかき立てられ、人間の思考と創造を新たな視点で信じることになった。今日、ルネサンスは中世と啓蒙思想の時代の過渡（文化、政治、経済の「再生」）とみなされている。

Q ❶ What ideology restricted people before the Renaissance?
❷ What did the ideology of humanism allow people to do?

天文学／地質学／気象学／生物学／心理学／物理学／歴史／芸術／政治／経済

221

GOAL

0821 ☐☐☐☐☐

deft
[déft]

形 器用な、すばやい (≒ nimble, dexterous)

deft fingers[handling] ▶ 器用な指[処理]

0822 ☐☐☐☐☐

delve
[délv]

動 探求する、詮索する (≒ inquire into, investigate)

delve into the matter ▶ その問題を掘り下げる
delve into the details ▶ 詳細を徹底的に調べる

0823 ☐☐☐☐☐

demoralize
[dimɔ́:rəlàiz]

動 〜の士気をくじく (≒ dishearten, deject)

have a demoralizing effect on the workers
▶ 従業員の士気を下げる効き目がある

0821
0830

0824 ☐☐☐☐☐

demure
[dimjúər]

形 控えめな、慎み深い (≒ reserved, reticent)

a demure lady[smile] ▶ 控えめな女性[笑み]

0825 ☐☐☐☐☐

derogatory
[dirágətɔ̀:ri]

形 軽蔑的な (≒ belittling, defamatory)

derogatory remarks[terms] ▶ 軽蔑的な発言[言葉]

0826 ☐☐☐☐☐

disband
[disbǽnd]

動 (〜を)解散する (≒ break up, disperse)

disband the organization[parliament] ▶ 組織[議会]を解散する

0827 ☐☐☐☐☐

discreet
[diskrí:t]

形 慎重な (≒ circumspect, cautious)
名 discretion 分別

discreet inquires ▶ 慎重な調査
discreet questions ▶ 控えめな質問

0828 ☐☐☐☐☐

discrepancy
[diskrépənsi]

名 不一致、食い違い (≒ inconsistency, incongruity)

discrepancies between the two statements ▶ 2つの証言の食い違い

0829 ☐☐☐☐☐

eclectic
[ikléktik]

形 多岐にわたる、折衷主義の、広い (≒ diverse)

an eclectic collection of paintings
▶ 多岐のジャンルにわたる絵画コレクション
eclectic styles of architecture ▶ 折衷的な建築様式

0830 ☐☐☐☐☐

elusive
[ilú:siv]

形 とらえどころのない (≒ difficult to catch[find])
動 elude 〜から逃れる

an elusive criminal[animal] ▶ 捕らえ難い犯人[動物]

START

第**21**日

12 Martin Luther

Martin Luther, a German monk and Catholic priest born in 1483 in Eisleben, played an important role in the 16th-century movement in Christianity commonly known as **the Protestant Reformation**. Through his "**95 Theses**," he expressed his concerns about **indulgences** that **Pope Leo X** permitted to raise money for reconstructing **St. Peter's Basilica**. Luther taught that **salvation** was not related to indulgences but could be received **only through faith in Jesus Christ**. Luther refused to **retract all his writings** despite the demand of Pope Leo X, thus leading to his **excommunication** from the Catholic Church.

☐ **Martin Luther** [lúːθər] マルティン・ルター	☐ **St. Peter's Basilica** [bəsílikə] サン・ピエトロ大聖堂
☐ **the Protestant Reformation** 宗教改革	☐ **salvation** [sælvéiʃən] 救済
☐ **95 Theses** [θíːsis] 95カ条の論題	☐ **only through faith in Jesus Christ** キリストを信仰することによってのみ
☐ **indulgences** [indʌ́ldʒənsis] 贖宥状（免罪符・罪の償いを免除することを証した書類）	☐ **retract all his writings** 論文を撤回する
	☐ **excommunication** [èkskəmjùːnəkéiʃən] 破門
☐ **Pope Leo X** [líːou ðə ténθ] 教皇レオ10世	

マルティン・ルターは1483年にアイスレーベンで生まれたドイツの修道士、カトリックの教会の司祭で、宗教改革として知られる16世紀の運動で重要な役割を担った。教皇レオ10世がサン・ピエトロ大聖堂の再建費用を捻出する目的で贖宥状（免罪符）の販売を許可した際、ルターは「95カ条の論題」により贖宥状に対する懸念を表明した。ルターは、救済は贖宥状と無関係で、キリストを信仰することによってのみ得られると説いた。レオ10世が全論文の撤回を要求しても、ルターは応じず、カトリック教会から破門された

Q ❶ What did people believe they could receive by buying indulgences?
❷ What did Luther consider important to receive salvation?

0831　□□□□□
emanate
[émənèit]

動 (光・香・自信などが)生ずる、発する(≒ exude, emit)

Confidence[Energy] emanates from her.
▶ 彼女から自信[エネルギー]がにじみ出ている。

0832　□□□□□
emulate
[émjulèit]

動 〜を見習う(≒ imitate)、〜と競う(≒ vie with)
名 emulation 見習うこと、競争

emulate the achievement of my father ▶ 父の功績と張り合う
emulate his virtues ▶ 彼の善行をまねる

0833　□□□□□
enunciate
[inʌ́nsièit]

動 〜を明確に発音する、〜を明確に述べる(≒ articulate)
名 enunciation 発音、発表

enunciate my words ▶ 言葉を明確に発音する
enunciate my principles ▶ 原則を明確に述べる

0834　□□□□□
epitomize
[ipítəmàiz]

動 〜の典型となる(≒ embody)
名 epitome 典型

The character epitomized the spirit of the time.
▶ その人物はその時代の精神の典型となった。

0835　□□□□□
exacerbate
[igzǽsərbèit]

動 悪化させる(≒ aggravate)
名 exacerbation 悪化

exacerbate the problem[situation] ▶ 問題[事態]を悪化させる

0836　□□□□□
excruciating
[ikskrúːʃièitiŋ]

形 耐え難い、極度の(≒ agonizing, unbearable)
動 excruciate 〜を苦しめる

an excruciating pain ▶ 耐え難い痛み
excruciating torture ▶ 耐え難い拷問

0837　□□□□□
ferocious
[fəróuʃəs]

形 猛烈な、どう猛な(≒ fierce, brutal)

ferocious attacks[animals] ▶ 猛烈な攻撃、猛獣

0838　□□□□□
fiasco
[fiǽskou]

名 大失敗、失策(≒ failure, debacle)

suffer a miserable fiasco in business ▶ 商売で惨敗する

0839　□□□□□
fickle
[fíkl]

形 気まぐれな、飽きっぽい(≒ capricious)

fickle weather ▶ 移り気な天気
a fickle boy ▶ 飽きっぽい少年

0840　□□□□□
flagrant
[fléigrənt]

形 はなはだしい、目に余る(≒ blatant, glaring)

a flagrant violation[crime] ▶ 目に余る違反[犯罪]

⑬ The United Nations

The United Nations is an international organization which was founded in October in 1945 based on **the Atlantic Charter** to prevent the **scourge of war** such as **the Second World War**. The United Nations **supplanted the League of Nations**, which was established after the First World War. Unlike the League of Nations based on **unanimity rule**, the United Nations **espouses the principle of majority rule**. It also allows the five **permanent members**, the United States, the United Kingdom, France, Russia, and China, to **exercise their veto power** to prevent the **adoption of a UN resolution**.

☐ **the United Nations**　　　国際連合

☐ **the Atlantic Charter**　　　大西洋憲章

☐ **scourge of war**　　戦争の惨劇
[skə́rdʒ]

☐ **the Second World War**　第二次世界大戦

☐ **supplant the League of Nations**　　　国際連盟を引き継ぐ

☐ **unanimity rule**　　　全会一致制
[jùːnəníməti]

☐ **espouse the principle of majority rule**
[ispáuz]　　　多数決制を採用する

☐ **permanent members**　　常任理事国

☐ **exercise their veto power**
[víːtou]
　　　拒否権を行使する

☐ **adoption of a UN resolution**
　　　国連決議の採択

国際連合は大西洋憲章に基づいて1945年10月に発足した国際機構である。国際連合は、第二次世界大戦のような惨劇を二度と繰り返さないようにする目的で、第一次世界大戦後に発足した国際連盟を引き継いだ。全会一致制を採用した国際連盟とは違い、多数決制を採用している。また国際連合は米、英、仏、露、中からなる常任理事国に、国連決議の採択を止める拒否権を行使することを認めている。

Q ❶ What was the difference in the voting system between the United Nations and the League of Nations?
❷ What is the special right that allows each permanent member to rule out any decisions made by other member states?

天文学
地質学
気象学
生物学
心理学
物理学
歴史
芸術
政治
経済

GOAL

0841
☐☐☐☐☐
foment
[foumént]

動 ～を扇動する、～を煽る (≒ instigate, incite, abet)

foment a riot[revolution] ▶ 暴動[革命]を扇動する

0842
☐☐☐☐☐
gallant
[gǽlənt]

形 勇敢な、勇ましい (≒ valiant, intrepid)

a gallant soldier[fight] ▶ 勇敢な兵士[戦い]

0843
☐☐☐☐☐
grueling
[grú:(ə)liŋ]

形 つらい、過酷な (≒ exhausting)
名 ひどい仕打ち、厳罰

(a) grueling training[schedule] ▶ 過酷なトレーニング[スケジュール]

0841
-
0850

0844
☐☐☐☐☐
haggle
[hǽgl]

動 値切る、交渉する、言い争う (≒ wrangle)

haggle over the price ▶ 値段交渉をする

0845
☐☐☐☐☐
haphazard
[hæphǽzərd]

形 場当たり的な、計画性のない (≒ random)

a haphazard manner[approach] ▶ 場当たり的な方法[やり方]

0846
☐☐☐☐☐
havoc
[hǽvək]

名 破壊、大混乱 (≒ devastation, disorder)

wreak[play] havoc on the economy ▶ 経済に大惨事をもたらす

0847
☐☐☐☐☐
hilarious
[hilé(ə)riəs]

形 非常に面白い (≒ comical, humorous)

a hilarious joke[book] ▶ 非常に面白いジョーク[本]

0848
☐☐☐☐☐
hunch
[hʌ́nʧ]

名 予感、直感 (≒ premonition, intuition)
動 (背など)を丸める

have a hunch that it will rain ▶ 雨の降る予感がする

0849
☐☐☐☐☐
impeccable
[impékəbl]

形 完璧な、非の打ち所がない (≒ flawless, immaculate)

impeccable service[work] ▶ 完璧なサービス[仕事]

0850
☐☐☐☐☐
impoverished
[impʌ́v(ə)riʃt]

形 貧困に陥った (≒ destitute)
動 impoverish ～を貧乏にする

an impoverished family[country] ▶ 貧しい家族[国]

START

14 The Cold War

228 SENTENCE

The Cold War, generally believed to have continued from 1947 to 1991, was a **sustained state of political and military tension** between powers in the Western and Eastern Blocs. During this period, major crises occurred, including the Cuban Missile Crisis, and Vietnam War. **NATO**, **an alliance of Western countries**, and **the Warsaw Treaty Organization**, an alliance of Eastern countries, frequently **operated with a balance of power in mind**, thus leading to their large-scale production of **mass-destruction weapons**. However, problems with the **stagnant Soviet economy** and **foreign currency earnings** drove Mikhail Gorbachev to seek solutions and finally prompted Gorbachev and George H. W. Bush to declare the end of the Cold War at **the Malta Summit** in 1989.

229 WORDS

- ☐ **the Cold War** 冷戦
- ☐ **sustained state of political and military tension** 継続的な政治・軍事的緊張状態
- ☐ **NATO, an alliance of Western countries** [əláiəns] 西側諸国同盟のNATO
- ☐ **the Warsaw Treaty Organization** [wɔ́ːrsɔː] ワルシャワ条約機構
- ☐ **operate with a balance of power in mind** 勢力均衡を意識して活動する
- ☐ **mass-destruction weapons** 大量破壊兵器
- ☐ **stagnant Soviet economy** 伸び悩むソ連経済
- ☐ **foreign currency earnings** 外貨収入
- ☐ **the Malta Summit** マルタ会談

TRANSLATION

一般に1947～1991年まで続いたとされる冷戦とは、西側陣営と東側陣営の国家間における継続的な政治・軍事的緊張状態であり、キューバ・ミサイル危機やヴェトナム戦争などの重大な危機が起きた。冷戦中、西側諸国同盟のNATOと東側諸国の軍事同盟ワルシャワ条約機構は勢力均衡を意識して活動しており、大規模な大量破壊兵器の製造を招いた。しかし伸び悩むソ連経済と外貨収入を受けて、ミハイル・ゴルバチョフは解決策を模索し始め、その結果、ジョージ・H・W・ブッシュと共に1989年にマルタ会談で冷戦終結を宣言した。

Q

❶ What contributed to the production of mass-destruction weapons?
❷ What factors led the governments to end the Cold War?

230

GOAL

0851

☐☐☐☐☐

inception

[insépʃən]

名 始まり、開始 (≒ initiation, commencement)

the inception of the organization[system] ▶ 組織[制度]の発足

0852

☐☐☐☐☐

incite

[insáit]

動 ～を扇動する、～を駆り立てる (≒ instigate, foment)

incite violence[a riot] ▶ 暴力[暴動]を煽る

0853

☐☐☐☐☐

indigent

[índidʒənt]

形 困窮した、貧相な (≒ impoverished)

indigent patients[defendants] ▶ 貧しい患者[被告]

0851
↓
0860

0854

☐☐☐☐☐

inscrutable

[inskrú:təbl]

形 謎めいた、不可解な、測り知れない (≒ enigmatic)

an inscrutable face[smile] ▶ 謎めいた顔[微笑み]

0855

☐☐☐☐☐

intractable

[intrǽktəbl]

形 頑固な、解決困難な (≒ obstinate)

intractable problems[diseases] ▶ 手に負えない問題[難病]

0856

☐☐☐☐☐

invincible

[invínsəbl]

形 征服できない、頑強な (≒ unassailable, impregnable)

an invincible army[warrior] ▶ 無敵の軍隊[戦士]

0857

☐☐☐☐☐

jeopardy

[dʒépərdi]

名 危険 (≒ danger, peril)
動 jeopardize ～を危険にさらす

My life is in jeopardy. ▶ 私の人生は危険な状態にある。

0858

☐☐☐☐☐

memoir

[mémwɑ:r]

名 回想録、memoirs で自叙伝 (≒ autobiography)

the memoirs of his wartime experiences ▶ 彼の戦争体験の回想録

0859

☐☐☐☐☐

misnomer

[misnóumər]

名 間違った名称

misnomers in science[biology] ▶ 科学[生物学]における間違った名称

0860

☐☐☐☐☐

morbid

[mɔ́:rbid]

形 恐ろしい、病的な、病気の (≒ sick, abnormal)

morbid curiosity[fascination] ▶ 病的な好奇心[病的に魅了された状態]

START

第22日

⑮ Genghis Khan

231 SENTENCE

Genghis Khan was the founder and the first emperor of **the Mongol Empire** from the late 12th century to the early 13th century. Originally named Temujin, he was **proclaimed Khan**, or the Mongolian emperor, in 1206 for his **accomplishment of uniting all the tribes** of **the Mongolian Plateau**. He then **launched into expeditions** all over Asia to expand his territory and **annihilated such dynasties as Xi Liao, Khwarazm, and Xi Xia**. His territory was **posthumously** expanded by the expeditions of his **successors** into the empire stretching from China to Western Asia and Russia.

232 WORDS

☐ **Genghis Khan** [dʒéŋgiskà:n]　チンギス・ハーン

☐ **the Mongol Empire**　モンゴル帝国

☐ **proclaim Khan** [proukléim] [ká:n]　ハーン（皇帝）の称号を与える

☐ **accomplishment of uniting all the tribes**　全部族を統一した功績

☐ **the Mongolian Plateau** [plætóu]　モンゴル高原

☐ **launch into expeditions**　遠征に繰り出す

☐ **annihilate such dynasties as ~** [ənáiəlèit] [dáinæsti]　～のような王朝を滅ぼす

☐ **Xi Liao, Khwarazm, and Xi Xia** [ʃí: liáu] [kwáræzm] [ʃí: ʃiá:]　西遼、ホラズム、西夏

☐ **posthumously** [pástʃuməsli]　死後

☐ **successors**　後継者たち

TRANSLATION

チンギス・ハーンは、12世紀後半から13世紀前半の、モンゴル帝国創始者にして、同帝国の初代皇帝である。幼名をテムジンといったが、モンゴル高原の諸部族統一の功績をたたえられ、1206年にハーン（モンゴル皇帝）の称号を得た。その後、版図を拡大すべく、アジア各方面へと遠征を繰り返し、西遼、ホラズム、西夏の各王朝を滅ぼした。彼の死後、その領土は後継者の遠征によりさらに大きくなり、中国から西アジア・ロシアにいたる大帝国となった。

Q
❶ What achievement led Genghis Khan to be the first emperor of the Mongol Empire?
❷ How far did the Mongol Empire expand its territory after his death?

天文学
地質学
気象学
生物学
心理学
物理学
歴史
芸術
政治
経済

0861
□□□□□
myriad
[míriəd]

形 数えられないほど多くの (≒ countless, innumerable)
名 無数

a myriad of options[stars] ▶ 無数の選択肢[星]

0862
□□□□□
obliterate
[əblítərèit]

動 〜を跡形もなく消す、〜を完全に破壊する (≒ annihilate)

obliterate my memories ▶ 記憶を忘れ去る
obliterate the enemy ▶ 敵を撃破する

0863
□□□□□
obstruct
[əbstrʌ́kt]

動 〜を遮る、〜を妨害する (≒ hinder)
名 obstruction 妨害

obstruct the view[passage, access] ▶ 視界[通行、アクセス]を妨げる

0864
□□□□□
overrun
動 [òuvərrʌ́n]
名 [óuvərràn]

動 〜を超過する、〜を圧倒する、〜を侵略する (≒ exceed, invade)
名 オーバーラン、行き過ぎ

overrun the embassy ▶ 大使館を侵略する
overrun the budget ▶ 予算を超過する

0865
□□□□□
philanthropist
[filǽnθrəpist]

名 博愛主義者、慈善家 (≒ benefactor, donor)

an animal philanthropist ▶ 動物愛護家
a donation from a wealthy philanthropist
▶ 金持ちの慈善家からの寄付

0866
□□□□□
plummet
[plʌ́mit]

動 急落する、真っ逆さまに落ちる (≒ nosedive)

plummeting stock[land] prices ▶ 急落する株価[地価]

0867
□□□□□
poignant
[pɔ́injənt]

形 痛切な、強く胸を刺す (≒ agonizing, harrowing)

a poignant memory[reminder] ▶ 胸を刺すような思い出[の人・物]

0868
□□□□□
precarious
[priké(ə)riəs]

形 不安定な、危険な (≒ perilous, hazardous)

a precarious position[state] ▶ 不安定な立場[状態]

0869
□□□□□
preclude
[priklú:d]

動 〜を排除する、〜を妨げる (≒ exclude, rule out)
名 preclusion 妨げ

preclude the possibility ▶ 可能性を排除する

0870
□□□□□
preposterous
[pripást(ə)rəs]

形 途方もない、ばかげた (≒ absurd)

a preposterous idea ▶ とんでもなく非常識な考え

GOAL

0861
0870

START

16 The Opium War

The Opium War broke out in 1840 between Great Britain and **the Qing Dynasty** over **opium smuggling**, as its name indicates. In 1838, the Daoguang Emperor appointed Lin Zexu as **the Imperial Commissioner** to control opium trafficking. Lin **imposed strict controls on** such trafficking without receiving **bribes** offered by opium merchants. The Dynasty also **banned trading** with Great Britain, which led Great Britain to **proclaim war** on China in order to break through trade barriers. After the war, Great Britain concluded unequal treaties including **extraterritoriality**, **renunciation of tariff autonomy**, and **most-favored-nation treatment** as well as the **cession of Hong Kong.**

☐ the Opium War [óupiəm]	アヘン戦争	☐ ban trading	貿易を禁止する
☐ the Qing Dynasty [tʃíŋ]	清	☐ proclaim war	宣戦布告する
☐ opium smuggling [smʌ́gliŋ]	アヘンの密輸	☐ extraterritoriality [èkstrəterìtɔːríæliti]	治外法権
☐ the Imperial Commissioner	欽差[特命]大臣	☐ renunciation of tariff autonomy [ɔtánəmi]	関税自主権の放棄
☐ impose strict controls on ~	～を厳格に取り締まる	☐ most-favored-nation treatment	最恵国待遇
☐ bribes [bráibs]	賄賂	☐ cession of Hong Kong [séʃən]	香港の割譲

アヘン戦争とは1840年に英国と清の間で、その名の通りアヘンの密輸をめぐって勃発した戦争である。1838年に道光帝は、アヘン密輸を取り締まる目的で林則徐を欽差大臣（特命大臣）に任じた。林則徐はアヘン商人による贈賄をものともせず、アヘン密輸を厳格に取り締まったが、英国は外交上の障壁を打破しようと宣戦布告した。戦後、英国は治外法権、関税自主権の放棄、最恵国待遇、香港の割譲などを含む不平等条約を締結させた。

Q
❶ What was Great Britain's purpose of the Opium War?
❷ What unequal treaties did Great Britain force China to sign after the Opium War?

236

0871
□□□□□
presumably
[prizú:məbli]

副 おそらく (≒ probably)
形 **presumable** 推定できる

The politician is presumably involved in the crime.
▶ その政治家はおそらくその犯罪に関与している。

0872
□□□□□
prod
[prád]

動 ～を駆り立てる、～を促す、～を突く (≒ spur, prompt)

prod the government into action ▶ 政府を行動するように促す

0873
□□□□□
profuse
[prəfjú:s]

形 多量の、むやみやたらに多い (≒ copious)

profuse sweating[bleeding] ▶ 多量の発汗[出血]

0874
□□□□□
propagate
[prápəgèit]

動 ～を広める (≒ disseminate)、繁殖する
名 **propagation** 広まること
名 **propaganda** (主義・思想の)宣伝

propagate the information ▶ 情報を広める

0875
□□□□□
recuperate
[rik(j)ú:pərèit]

動 回復する (≒ recoup, convalesce)
名 **recuperation** 回復

recuperate from illness[the flu] ▶ 病気[インフルエンザ]から回復する

0876
□□□□□
reinstate
[rì:instéit]

動 ～を復帰[復職・復活]させる (≒ restore)
名 **reinstatement** 復職

reinstate her as president ▶ 彼女を社長に復帰させる
reinstate the death penalty ▶ 死刑を復活させる

0877
□□□□□
relegate
[réləgèit]

動 ～を降格させる、～を左遷する (≒ demote)

be relegated to a lower position[status] ▶ 左遷される

0878
□□□□□
relentless
[riléntlis]

形 情け容赦のない (≒ unrelenting, merciless)
動 **relent** 優しくなる

relentless attacks[criticism] ▶ 情け容赦ない攻撃[批判]

0879
□□□□□
remorse
[rimɔ́:rs]

名 自責の念、強い後悔 (≒ repentance, contrition)
形 **remorseful** 後悔の

feel remorse for my crime[sin] ▶ 犯罪[罪悪]への自責の念を感じる

0880
□□□□□
reticent
[rétəs(ə)nt]

形 無口な、控えめな (≒ reserved)
名 **reticence** 寡黙

be reticent about his private life ▶ 私生活について話したがらない

天文学
地質学
気象学
生物学
心理学
物理学
歴史
芸術
政治
経済

01 Opera

237 SENTENCE

Originated in the late Renaissance era, **opera** is an entirely musical drama consisting of vocal pieces with the **instrumental accompaniment** and sometimes dance. This musical drama gained popularity during the Baroque period, when **Handel** was widely recognized for his **oratorios** such as *Messiah*. During the Classical period, the prolific German composer, Gluck created one of the most famous operas, *Orfeo ed Euridice* in **the opera seria** style, and the prolific Austrian genius, **Mozart**, created as many as 20 operas. The 18th to mid-19th century was the age of **the bel canto opera** exemplified by the works of Rossini and Bellini, which showcased a singer's vocal range, power and flexibility. This type of opera was followed by **a grand opera** by Verdi and Wagner in the mid- to late-19th century, and later by **verismo ("realism") operas** by Mascagni and Puccini in the late 19th to early 20th century.

238 WORDS

☐ opera [ápərə]	オペラ	☐ Mozart [móutsɑːrt]	モーツァルト
☐ instrumental accompaniment	器楽伴奏	☐ the bel canto opera	ベルカント・オペラ
☐ Handel	ヘンデル	☐ a grand opera	グランド・オペラ
☐ oratorios [ɔ̀rətóriòu]	オラトリオ	☐ verismo ("realism") operas	ヴェリズモ[リアリズム]・オペラ
☐ the opera seria	オペラ・セリア（正歌劇）		

TRANSLATION

オペラは歌唱曲、器楽伴奏、時に舞踏から構成された完全な音楽劇で、その起源は後期ルネサンス期までさかのぼる。この音楽劇は、ヘンデルが『メサイア』のようなオラトリオで広く認められたバロック期に人気を博した。古典派時代にはドイツの多作の作曲家グルックが最も有名なオペラの1つ『オルフェオとエウリディーチェ』をオペラ・セリア（正歌劇）スタイルで生み出し、多作なオーストリアの天才モーツァルトは20ものオペラを創った。18〜19世紀中期は歌手の声域、力量、柔軟性を見せるベルカント・オペラの時代で、ロッシーニやベッリーニの作品が代表例である。このオペラ様式の後、19世紀中期・後期には、ヴェルディやワーグナーによるグランド・オペラが、そして次に19世紀後半から20世紀初頭にはマスカーニやプッチーニによるヴェリズモ（リアリズム）オペラが続いた。

Q ❶ What is the major characteristic of opera?
❷ Who were the most renowned opera composers?

239

GOAL

0881
0890

START

0881 ☐☐☐☐☐

retract
[ritrǽkt]

動 〜を撤回する、(爪など)を引っ込める(≒revoke)

retract the statement[decision] ▶ 発言[決定]を撤回する

0882 ☐☐☐☐☐

revamp
[rìːvǽmp]

動 改善する、改装する(≒renovate, refurbish)

revamp the system[building] ▶ 制度[建物]を改良する

0883 ☐☐☐☐☐

revelation
[rèvəléiʃən]

名 暴露(≒disclosure)、啓示(≒oracle)
動 reveal 明かす、漏らす

a God-given revelation ▶ 神の啓示
the Book of Revelations ▶ ヨハネの黙示録《新約聖書》

0884 ☐☐☐☐☐

rustic
[rʌ́stik]

形 田舎の、素朴な(≒rural, simple)

a rustic cottage[hut] ▶ 田舎の小別荘[小屋]

0885 ☐☐☐☐☐

ruthless
[rúːθlis]

形 無慈悲な、非情な(≒brutal)

a ruthless killer[dictator] ▶ 残酷非道な殺害者[独裁者]

0886 ☐☐☐☐☐

saturate
[sǽtʃərèit]

動 〜を満たす、〜を詰め込む(≒permeate)
名 saturation 飽和

saturate the market ▶ 市場を飽和状態にする

0887 ☐☐☐☐☐

smear
[smíər]

動 〜をけがす、〜を汚す(≒tarnish, stain)
名 染み、非難

smear his reputation ▶ 彼の名声をけがす
smear his face with mud ▶ 泥で彼の顔を汚す

0888 ☐☐☐☐☐

squabble
[skwάbl]

動 言い争う
名 口論(≒spat, altercation)

a family squabble ▶ 内輪もめ
squabble over money ▶ お金をめぐって言い争う

0889 ☐☐☐☐☐

squander
[skwάndər]

動 (金・時など)を浪費[散財]する(≒dissipate)

squander money[time] on gambling
▶ ギャンブルにお金[時]を浪費する

0890 ☐☐☐☐☐

taint
[téint]

動 〜を汚染する、〜を汚す(≒tarnish, pollute)

tainted blood[food] ▶ 汚染された血液[食物]

「変わる・変える」の類語の使い分けマスター

　「変わる・変える」の類語で一般的なのは、**change**（trains, clothes）「新しい・異なるものに変わる・切り替える」、**目 vary**（in color[size, shape]）「同じものが時・場所・状況に応じて段階的に・部分的に変化する」、**他 vary**（the size[rate, height]）「〜のサイズ［割合・高さ］が異なる」、**replace**（the old system）「主に劣化した既存のものから新しいものに取り替える・取って代わる」、**exchange**（the dollars for yen）「同じような価値を持つ物と物を交換する」、**alter**（the building, dress）「性格や構造などをわずかだが重要な変更をする」、**translate**（the passage into English）「翻訳する」などがあります。

　これをワンランクUPすると、頻度順に、**convert**（light into electricity）「新しい用途や目的に応じて大幅に変える・改宗させる」> **adjust**（the size[schedule]）「相手・状況に合わせて調節する」> **transform**（the educational system）「形・構造・機能などを一変させる」> **modify**（the machine, plan）「新しいものを付け加えて改良する」> **adapt**（a novel for the stage）「改作する」> **reform**（the economy, criminals）「より公平で効果的になるようシステムを改善する、犯罪者を更正させる」> **shift**（the position [focus, direction]）「位置・方向・力点などを変える」> **remodel**（the house）「改築する」> **turn to**（vapor, Christianity）「ある状態から異なるものに変化する」> **revise**（the document, law）「改訂する・見直す」> **upgrade**（the software）「バージョンアップする」> **amend**（the constitution）「法律などを改正する」> **renovate**（the building）「改装・改修する」> **revamp**（the system）「改善してモダンにする」などがあります。

0891 □□□□□

unfounded
[ʌnfáundid]

形 根拠のない (≒ groundless, unproven)

unfounded fears[rumors] ▶ 根拠のない不安[うわさ]

0892 □□□□□

unruly
[ʌnrúːli]

形 手に負えない、粗暴な (≒ recalcitrant)

an unruly child[mob] ▶ 手に負えない子ども[暴徒]

0893 □□□□□

venerable
[vénərəbl]

形 尊敬すべき、由緒ある (≒ respectable)

a venerable saint ▶ 尊敬すべき聖人
a venerable tradition ▶ 由緒ある伝統

0894 □□□□□

venomous
[vénəməs]

形 悪意に満ちた、有毒な (≒ virulent)
名 venom 毒

venomous attacks ▶ 悪意に満ちた攻撃
venomous snakes ▶ 毒蛇

0895 □□□□□

versatile
[və́ːrsətl]

形 多芸の、多用途の (≒ multi-talented, all-round)
名 versatility 多才

versatile entertainers ▶ 芸達者
versatile equipment ▶ 万能な装置

0896 □□□□□

vicarious
[vaiké(ə)riəs]

形 代理的な、代行の (≒ substitute)

vicarious experience[pleasure] ▶ 疑似体験[擬似的な喜び]

0897 □□□□□

vice versa
[váis və́ːsə]

副 逆に、逆もまた同様

I don't like him, and vice versa.
▶ 私は彼のことが好きではなく、彼も然り。(彼も私のことが好きではない。)

0898 □□□□□

vie
[vái]

動 争う、競う (≒ compete, contend)

vie for power[seats] ▶ 権力[席]を奪い合う

0899 □□□□□

volatile
[válətl]

形 不安定な、激しやすい (≒ mercurial, temperamental)
名 volatility 不安定さ

volatile situations in the Middle East ▶ 中東の不安定な状態
the volatile stock market ▶ 不安定な株式市場

0900 □□□□□

voracious
[vɔːréiʃəs]

形 貪欲な、大食いの (≒ insatiable, greedy)

a voracious appetite ▶ 旺盛な食欲
voracious readers ▶ むさぼり読む読者

GOAL

0891
0900

START

問題 次の下線部の意味に近い語を、下から選んでください。

① the **culprit** of global warming ················· 温暖化の原因

② **a myriad of** stars ······························· 無数の星

③ **exacerbate** the problem ····················· 問題を悪化させる

④ **profuse** sweating ····························· 多量の発汗

⑤ **vie** for power ································· 権力を奪い合う

⑥ be **adept** at making money ················ 金稼ぎが上手である

⑦ **impeccable** service ····························· 完璧なサービス

⑧ be **relegate**d to a lower position ··········· 左遷される

⑨ **discrepancy** between the two statements ······ 2つの証言の食い違い

⑩ **versatile** entertainers ························· 芸達者

⑪ **unfounded** fears ····························· 根拠のない不安

⑫ be **conducive** to economic development ··· 経済発展に貢献する

⑬ **preclude** the possibility ······················ 可能性を排除する

⑭ the **memoirs** of his wartime experiences ··· 彼の戦争体験の回想録

⑮ **delve into** the matter ························· その問題を掘り下げる

選択肢

A aggravate **B** autobiography **C** copious **D** groundless **E** investigate

F demote **G** inconsistency **H** skillful **I** compete **J** flawless

K helpful **L** cause **M** innumerable **N** exclude **O** multi-talented

解答 ①L ②M ③A ④C ⑤I ⑥H ⑦J ⑧F
⑨G ⑩O ⑪D ⑫K ⑬N ⑭B ⑮E

241

0901
☐☐☐☐☐
admonish
[ædmániʃ]

動 (悪い行為)を叱責する、(懸命)に忠告する

admonish the student for being late ▶ 遅刻したことで生徒を叱責する

0902
☐☐☐☐☐
affable
[ǽfəbl]

形 愛想の良い (≒ amiable, genial)

an affable personality[character] ▶ 愛想良い性格[人物]

0903
☐☐☐☐☐
barrage
[bərá:ʒ]

名 集中砲撃、質問攻め (≒ bombardment)

a barrage of questions[criticism] ▶ 質問[非難]の連続

0904
☐☐☐☐☐
bestow
[bistóu]

動 (名誉・学位)を授ける (≒ confer)

bestow an honor on[upon] him ▶ 彼に名誉を与える
bestow a title on her ▶ 彼女に称号を授ける

0905
☐☐☐☐☐
captive
[kǽptiv]

形 捕われた 名 捕虜 名 captivity 捕われ
動 captivate ~を魅了する

captive animals ▶ 捕獲動物
captive soldiers ▶ 捕虜の兵士

0906
☐☐☐☐☐
cardinal
[kárdnəl]

形 基本的な、非常に重要な (≒ fundamental, basic)
名 (カトリックの)枢機卿、基数

a cardinal rule[error] ▶ 非常に重要なルール[根本的なミス]
cardinal numbers ▶ 基数

0907
☐☐☐☐☐
coax
[kóuks]

動 ~をなだめて説得する (≒ cajole, wheedle)

coax the child to take medicine ▶ 子どもをなだめて薬を飲ませる

0908
☐☐☐☐☐
collusion
[kəlú:ʒən]

名 共謀、談合 (≒ conspiracy)
動 collude 共謀[談合]する

in collusion with the enemy ▶ 敵と共謀して

0909
☐☐☐☐☐
compliant
[kəmpláiənt]

形 従順な (≒ amenable)
名 compliance 順守

be compliant with the standard[rule] ▶ 基準[規則]に従う

0910
☐☐☐☐☐
conciliatory
[kənsíliətɔ̀:ri]

形 なだめるような (≒ appeasing, pacifying, mollifying)

a conciliatory tone of voice ▶ なだめるような口調
a conciliatory gesture ▶ 和解の意思表示

GOAL

0901
↓
0910

START

02 The Birth of Jazz

242 SENTENCE

Jazz is a style of music of African American origin in the early 20th century, which is characterized mainly by **improvisation and syncopation**. Its forceful rhythms that derived from **African work and religious songs** allowed the slaves to communicate with each other on plantations and celebrate weddings, outings, and parades. Originally, it was outdoor music centered on **powerful brass playing**, but in the 1900s, many budding players were found performing in **brothels in New Orleans**. In the 1920s, migrant workers and bands playing aboard the Mississippi riverboats carried jazz further north, particularly to Chicago and New York. Boasting various styles including **Dixieland, swing, bebop, and free jazz**, jazz has won many **aficionados** around the world.

243 WORDS

□ **improvisation and syncopation**
[ìmprɑvaizéiʃən]
即興演奏とシンコペーション

□ **African work and religious songs**
アフリカの労働歌や宗教歌

□ **powerful brass playing**
力強い管楽器の演奏

□ **brothels in New Orleans**
[brɑ́θəls]
ニューオーリンズの売春宿

□ **Dixieland, swing, bebop, and free jazz**
ディキシーランド、スウィング、ビーバップ、フリージャズ

□ **aficionados**
[əfìʃənádous]
愛好家

TRANSLATION

ジャズは、アフリカ系アメリカ人に起源をもつ20世紀初頭に登場した音楽様式で、即興演奏とシンコペーションを主な特徴とする。アフリカの労働歌や宗教歌からきたジャズの力強いリズムにより、大農園の奴隷たちが、気持ちを伝え合い、婚礼・ピクニック・パレードを祝った。本来は力強い管楽器の演奏を中心とする野外音楽だったが、1900年代には駆け出しのプレイヤーの多くがニューオーリンズの売春宿で演奏する姿が見られた。1920年代には、出稼ぎ労働者やミシシッピー河を行き来する船に乗り込み演奏する楽団らが、ジャズをさらに北部に、とりわけシカゴやニューヨークに伝えた。ジャズは、ディキシーランド、スウィング、ビーバップ、フリージャズなどさまざまな様式を誇り、世界中に多くのジャズ愛好家が生まれた。

Q ❶ What is the major characteristic of jazz?
❷ What is the origin of its unique forceful rhythms?

天文学 / 地質学 / 気象学 / 生物学 / 心理学 / 物理学 / 歴史 / 芸術 / 政治 / 経済

244

GOAL

0911
☐☐☐☐☐
concur
[kənkə́r]

動 同意する(≒agree)、同時に起きる(≒coincide)

concur with the opinion ▶ 意見に同意する
Two events concur. ▶ 2つの出来事が同時に起こる。

0912
☐☐☐☐☐
conjecture
[kəndʒéktʃər]

名 推測、憶測
動 ～を推測[臆測]する(≒surmise)

a language of conjecture ▶ 察しの言葉

0913
☐☐☐☐☐
copious
[kóupiəs]

形 大量の、豊富な(≒ample)

copious notes[amounts of food] ▶ 大量の注釈[食料]

0914
☐☐☐☐☐
credulous
[krédʒuləs]

形 だまされやすい(≒gullible, naive)

credulous investors[shoppers]
▶ だまされやすい投資家たち[買い物客たち]

0915
☐☐☐☐☐
cumbersome
[kámbərsəm]

形 厄介な、面倒な(≒troublesome)

a cumbersome task[procedure] ▶ 面倒な仕事[手続き]

0916
☐☐☐☐☐
decorous
[dékərəs]

形 礼儀正しい、上品な(≒polite)
名 decorum 礼儀正しさ

decorous behavior[manner] ▶ 上品な振る舞い[物腰]

0917
☐☐☐☐☐
defer
[difə́:r]

動 ～を延ばす、～を延期する(≒postpone)
名 deferment 延期

defer the final decision ▶ 最終決定を延ばす

0918
☐☐☐☐☐
deference
[défərəns]

名 敬意(≒respect)
形 deferential 敬意を表する

show deference to the boss[elderly] ▶ 上司[年配者]に敬意を示す

0919
☐☐☐☐☐
demean
[dimí:n]

動 ～の品位を傷つける、
　　～を卑しめる(≒degrade, debase, devalue)
形 demeaning 屈辱的な

demean women[the profession] ▶ 女性[その職]の品位を傷つける

0920
☐☐☐☐☐
dispassionate
[dispǽʃənət]

形 (感情にとらわれずに)公平な(≒impartial)

a dispassionate observer[thinker] ▶ 公平に物事を見る人[考える人]

0911
-
0920

START

03 William Shakespeare

William Shakespeare (1564–1616) was the most acclaimed play-wright of the Elizabethan theater, in the greatest period in the history of English theater. He created some of the greatest dramas in the world: the tragedies, *Hamlet*, *King Lear*, *Othello* and *Macbeth*; the comedies, *A Midsummer Night's Dream*, and *Twelfth Night*; and the chronicle plays, *Richard III* and *Henry V*. His plays have been highly acclaimed by a wide variety of audiences for their poetic language, character creation, dra-matic techniques and literary styles. He also created a unique style of poetry, the sonnets, which is famous for the use of its exquisite lan-guage and expression of powerful emotions. In addition, performing as an actor at the Globe Theatre in London, he was considered the most popular entertainer of his day. Many well-known English proverbs find their roots in Shakespeare's works, such as **"Brevity is the soul of wit"** from *Hamlet*, and **"Life's but a walking shadow"** from *Macbeth*.

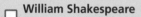

☐ **William Shakespeare**
　　　　　ウィリアム・シェイクスピア

☐ **"Brevity is the soul of wit"**
　　　　　「簡潔こそが機知の真髄」

☐ **"Life's but a walking shadow"**
　　　　　「人生は歩く影にすぎない」

ウィリアム・シェイクスピア（1564–1616）は、英国演劇史において最も輝かしい時代のエリザベス朝演劇で最も高く評価される劇作家であった。世界で最も偉大な演劇作品である、悲劇『ハムレット』『リア王』『オセロ』『マクベス』と、喜劇『夏の夜の夢』『十二夜』と、史劇『リチャード三世』『ヘンリー五世』などを書いた。その詩的情緒あふれる言葉の使い方、登場人物、劇的な技巧と文体により幅広い読者に大いに賞賛されてきた。また、優美な言葉と力強い感情表現で有名な『ソネット』など独自の詩の様式を生み出した。ロンドンのグローブ座では俳優として演じ、当時、最も人気のあるエンターテイナーとみなされていた。『ハムレット』より「簡潔こそが機知の真髄」、『マクベス』より「人生は歩く影にすぎない」など、多くの有名な英語のことわざは、シェイクスピアの作品が出典である。

Q

❶ What types of plays did Shakespeare write?

❷ What are the renowned phrases of William Shakespeare mentioned in the passage?

247

GOAL

0921 ☐☐☐☐☐
dissect
[disékt]

動 〜を解剖する、〜を詳細に分析する (≒ anatomize, analyze)

dissect a body ▶ 死体を解剖する
dissect the problem ▶ 問題を詳細に分析する

0922 ☐☐☐☐☐
divisive
[diváisiv]

形 対立させる、不和を生じさせる (≒ contentious)

a divisive issue[problem] ▶ 対立を引き起こす問題

0921
0930

0923 ☐☐☐☐☐
ebb
[éb]

名 引き潮
動 (潮が)引く、弱くなる (≒ retreat)

the ebb and flow of the tide ▶ 潮の干満

0924 ☐☐☐☐☐
encroach
[inkróutʃ]

動 侵入[侵害]する (≒ intrude)
名 encroachment 侵入

encroach on their territory[privacy] ▶ 領土[プライバシー]を侵す

0925 ☐☐☐☐☐
encumber
[inkámbər]

動 〜を妨げる、〜の邪魔をする (≒ hamper, hinder, impede)

encumber the development[process] ▶ 開発[進行]を妨げる

0926 ☐☐☐☐☐
equitable
[ékwətəbl]

形 公平な、公正な (≒ fair)
名 equity 公正さ

an equitable distribution[treatment] ▶ 均等配分[公平な待遇]

0927 ☐☐☐☐☐
exalt
[igzɔ́:lt]

動 〜を称賛する (≒ praise, raise)、〜を出世させる

exalt him to the sky ▶ 褒めちぎる
be exalted to the managing director ▶ 専務に出世する

0928 ☐☐☐☐☐
exhaustive
[igzɔ́:stiv]

形 徹底的な (≒ extremely thorough and complete)

an exhaustive analysis[discussion] ▶ 徹底的な分析[議論]

0929 ☐☐☐☐☐
extrapolate
[ikstrǽpəlèit]

動 〜を推定する (≒ estimate)
名 extrapolation 推定

extrapolate the future from the past ▶ 過去から将来を推測する

0930 ☐☐☐☐☐
fallacy
[fǽləsi]

名 誤った考え、誤信 (≒ misconception, delusion)
形 fallacious 誤った

a logical[an argument] fallacy ▶ 論理的[議論の]誤り

START

04 Jane Austen

248 SENTENCE

Jane Austen was an English novelist, whose works of romantic fiction earned her an outstanding reputation as one of the most widely read writers in English literature. In her signature novels such as *Sense and Sensibility, Pride and Prejudice,* and *Emma*, she explored **her own circumscribed world of the country gentry** with **precision, delicacy and wit**. Her plots, though fundamentally comic, **highlight women's dependence on marriage** to secure social standing and financial stability. Because of her skillful characterization, **biting irony** and **penetrating social observation**, she has received **worldwide acclaim among critics and scholars**.

249 WORDS

☐ Jane Austen　ジェーン・オースティン

☐ *Sense and Sensibility, Pride and Prejudice,* and *Emma*　『分別と多感』,『高慢と偏見』,『エマ』

☐ her own circumscribed world of [sɚ́rkəmskràibd] the country gentry　彼女自身の、地方の地主階級の閉鎖的な世界

☐ precision, delicacy and wit　緻密で優美、かつ機知に富む

☐ highlight women's dependence on marriage　女性が結婚に頼ることをヤマ場にしている

☐ biting irony [báitiŋ]　辛辣な皮肉

☐ penetrating social observation　鋭い社会洞察

☐ worldwide acclaim among critics and scholars　評論家や学者間での世界的絶賛

TRANSLATION

ジェーン・オースティンはそのロマンチックな小説により、最も広く読まれている英文学作家の一人としての高き名声を得た英国の小説家であった。代表小説『分別と多感』『高慢と偏見』『エマ』などの中で、地方の地主階級の閉鎖的な世界を、緻密で、優美、かつ機知に富む文章で描いた。筋は、基本的には喜劇で、女性が社会的立場や経済的な安定を確保するために、結婚に頼ることをヤマ場にしている。オースティンは巧みな性格描写と、辛辣な皮肉、鋭い社会洞察により、評論家や学者の間で世界的に絶賛されている。

Q
❶ What was the main theme of Jane Austen's novels?
❷ What are the characteristics of Austen's writing?

250

GOAL

0931
0940

0931 ☐☐☐☐☐
falter
[fɔ́:ltər]
動 ためらう、よろける、低迷する（≒ waver）
(a) faltering economy[steps] ▶ よろめく経済[足取り]

0932 ☐☐☐☐☐
fastidious
[fæstídiəs]
形 入念な、潔癖な（≒ fussy）
be fastidious about cleanliness ▶ 潔癖である
a fastidious taste ▶ 好みがうるさい

0933 ☐☐☐☐☐
forestall
[fɔ:rstɔ́:l]
動 ～を未然に防ぐ、～の機先を制する（≒ preempt, thwart）
forestall the danger[attempt] ▶ 危険[企て]を未然に防ぐ

0934 ☐☐☐☐☐
gracious
[gréiʃəs]
形 （目下に）親切な、丁重な、優雅な（≒ polite, elegant）
gracious living[hosts] ▶ 優雅な生活[愛想のよい主人]

0935 ☐☐☐☐☐
hue
[hjú:]
名 色相、色合い（≒ tint, shade）、（抗議の）叫び声
green hues ▶ 緑の色合い
a hue and cry against the war ▶ 戦争に対する抗議の叫び

0936 ☐☐☐☐☐
imbue
[imbjú:]
動 ～を吹き込む、～を染み込ませる（≒ infuse, instill）
be imbued with a sense of mission ▶ 使命感に燃えている

0937 ☐☐☐☐☐
immaculate
[imǽkjulət]
形 欠点のない、完璧な（≒ pristine, impeccable）
an immaculate performance[reputation] ▶ 完璧な演技[評判]

0938 ☐☐☐☐☐
impart
[impá:rt]
動 （情報）を広める、（香り）を加える（≒ promulgate）
impart knowledge[information, wisdom] to him
▶ 彼に知識[情報、知恵]を伝える

0939 ☐☐☐☐☐
impasse
[ímpæs]
名 行き詰まり、袋小路（≒ deadlock, stalemate）
a political[an economic] impasse ▶ 政治[経済]の行き詰まり

0940 ☐☐☐☐☐
incarcerate
[inká:rsərèit]
動 ～を投獄する（≒ imprison, jail）
名 incarceration 投獄
be incarcerated in prison[labor camps]
▶ 刑務所[労働収容所]に収監される

START

05 Hemingway

Ernest Miller Hemingway (1899–1961) is an American journalist and **Nobel Prize winner in Literature**, who had so profound an influence on the 20th-century fiction. Many of his works, created in a **direct, economical, and understated style**, have been considered the classics of American literature. Most of his masterpieces are characterized by an obsession with the themes of love and adventures of tough men, such as war and hunting. His **lean, muscular prose with occasional use of epithets** have found numerous **copycats**, particularly in the field of crime writing. His signature novel is *The Sun Also Rises* (1926), which reflected the **disillusionment of the post-war "Lost Generation."**

☐ **Ernest Miller Hemingway**
　　アーネスト・ミラー・ヘミングウェイ

☐ **Nobel Prize winner in Literature**
　　ノーベル文学賞受賞作家

☐ **direct, economical, and understated style**
　　直接的で無駄のない抑制された文体

☐ **lean, muscular prose with occasional use of epithets**
　　[épəθèt]
　　時折口汚い言葉が使われている、余計な飾りを削ぎ落とした男らしい散文体

☐ **copycats**　　模倣者

☐ ***The Sun Also Rises***　　『日はまた昇る』

☐ **disillusionment of the post-war "Lost Generation"**
　　第一次世界大戦後の「ロスト・ジェネレーション（失われた世代）」の幻滅

アーネスト・ミラー・ヘミングウェイ（1899–1961）は、20世紀の小説に多大な影響を与えたアメリカのジャーナリストでノーベル文学賞受賞作家である。彼の作品の多くは、直接的で、無駄のない、抑制された文体で書かれ、アメリカ文学の古典と考えられている。彼の傑作の特徴として、愛や、戦争・狩猟といった屈強な男の冒険が頻繁に主題になっていることが挙げられる。彼の余計な飾りをそぎ落とした、男らしい散文体は、時折口汚い言葉が現れるのだが、とりわけ犯罪小説などで数多く模倣されてきた。彼の代表的小説に、第一次世界大戦後の「ロスト・ジェネレーション（失われた世代）」の幻滅を描いた『日はまた昇る』（1926）がある。

Q ❶ What are the characteristics of Hemingway's masterpieces?
❷ What are the subjects of his novels?

天文学
地質学
気象学
生物学
心理学
物理学
歴史
芸術
政治
経済

GOAL

0941
0950

START

0941 □□□□□

incipient
[insípiənt]

形 始まりの、初期の (≒ embryonic, nascent)

an incipient stage of development ▶ 発展の初期段階

0942 □□□□□

insurrection
[ìnsərékʃən]

名 反乱、暴動
形 insurrectionary 乱を好む

an insurrection against the government ▶ 政府に対する暴動

0943 □□□□□

invoke
[invóuk]

動 ～を実施する、～を発動する (≒ implement)、
　 ～を呼び起こす (≒ conjure up)

invoke a law ▶ 法律を実施する
invoke an image of a nation ▶ ある国のイメージを呼び出す

0944 □□□□□

jeer
[ʤíər]

動 野次る、あざける (≒ taunt, mock)
名 あざけり

Protesters jeered at the president. ▶ 抗議者たちは大統領を野次った。

0945 □□□□□

judicious
[ʤuːdíʃəs]

形 思慮深い、賢明な (≒ prudent, shrewd, sagacious)

a judicious choice[decision] ▶ 思慮深い選択[決定]

0946 □□□□□

languish
[læŋgwiʃ]

動 やつれる、惨めに暮らす (≒ weaken)
形 languishing 衰弱する、長引く

languish in prison ▶ 獄中で惨めに暮らす
languishing economies ▶ 沈滞する経済

0947 □□□□□

loathe
[lóuð]

動 ～をひどく嫌う (≒ hate)

loathe the evil[violence] ▶ 悪[暴力]をひどく嫌う
loathe each other ▶ 憎み合っている

0948 □□□□□

loquacious
[loukwéiʃəs]

形 おしゃべりな、多弁な (≒ talkative, garrulous)

a loquacious lady[girl] ▶ おしゃべりな女性[少女]

0949 □□□□□

ludicrous
[lúːdəkrəs]

形 滑稽な、ばかげた (≒ ridiculous)

a ludicrous story[explanation] ▶ ばかげた話[説明]

0950 □□□□□

luscious
[lʌ́ʃəs]

形 甘い、おいしい、官能的な (≒ savory)

luscious fruits[food] ▶ おいしい果物[食物]
luscious lips ▶ 官能的な唇

06 Baroque

Baroque is a grandiose, theatrical and elaborate style of architecture, music and art, which flourished in Europe, particularly in **Roman Catholic countries**, during the 17th and early 18th centuries. This style originated from **the Counter-Reformation**, when the Catholic Church launched an overly emotional appeal to its followers through art and architecture. Its major architectural characteristics are **curvaceousness**, a dizzying array of rich **surface treatments**, **twisting elements**, **gilded statuary**, and vividly painted ceilings. The **outstanding practitioners** are **Bernini in sculpture**, **Rubens in paintings**, and **Monteverdi, Bach and Handel in music**.

☐ **Baroque** [bəróuk] バロック	☐ **gilded statuary** [stǽtʃuəri] 金箔を貼った彫像
☐ **Roman Catholic countries** [kǽθəlik] ローマ・カトリック諸国	☐ **outstanding practitioners** 傑出しているバロック芸術家
☐ **the Counter-Reformation** 反宗教改革	☐ **Bernini in sculpture** [bərní:ni] 彫刻の分野でベッリーニ
☐ **curvaceousness** [kə:rvéiʃəsnis] 曲線美	☐ **Rubens in paintings** [rú:benz] 絵画の分野でルーベンス
☐ **surface treatments** 表面の処理	☐ **Monteverdi, Bach and Handel in music** [mà(:)ntəvéərdi][bá:k] [hǽndəl] 音楽の分野でモンテヴェルディ、バッハ、ヘンデル
☐ **twisting elements** ねじれ	

バロックは、17〜18世紀初期にヨーロッパ、特にローマ・カトリック諸国で盛んとなった、建築・音楽・芸術上の、荘厳・劇的・複雑な様式である。この様式はカトリック教会が忠実な信徒に、絵画や建築を通じて直接的に感情に訴えた、反宗教改革に由来する。主要な建築上の特徴は、曲線美と、目もくらむような豪華な表面の処理、ねじれ、金箔を貼った彫像、鮮やかな天井画などである。バロックで傑出する例は、彫刻ではベッリーニ、絵画ではルーベンス、音楽ではモンテヴェルディ、バッハ、ヘンデルなどである。

Q ❶ What are the major characteristics of baroque architecture?
❷ Who are the renowned artists of the baroque style?

天文学 / 地質学 / 気象学 / 生物学 / 心理学 / 物理学 / 歴史 / 芸術 / 政治 / 経済

256

GOAL

0951
0960

START

0951 ☐☐☐☐☐
luxuriant
[lʌgʒú(ə)riənt]

形 青々と茂った、豊かに生える (≒ lush, profuse)

a luxuriant garden[forest] ▶ 植物が生い茂る庭[森]
a luxuriant hair ▶ 豊かに生える髪

0952 ☐☐☐☐☐
malleable
[mǽliəbl]

形 可鍛性の、影響されやすい (≒ ductile, pliable)

malleable metals ▶ 打ち延ばしできる金属
malleable children ▶ 影響されやすい子どもたち

0953 ☐☐☐☐☐
misgiving
[misgíviŋ]

名 懸念、不安 (≒ apprehension, qualm)

misgivings about the future ▶ 将来の不安

0954 ☐☐☐☐☐
mystical
[místikəl]

形 神秘的な、超常的な、不可思議な (≒ spiritual)

the mystical experience[atmosphere] ▶ 神秘的な体験[雰囲気]

0955 ☐☐☐☐☐
oblique
[əblíːk]

形 斜めの (≒ slanting)、遠回しの (≒ roundabout)

an oblique glance ▶ 横目
an oblique reference to the problem ▶ 問題への遠回しな言及

0956 ☐☐☐☐☐
onset
[ά:nsèt]

名 開始、着手 (≒ inception)、襲撃、発病

at the onset of disease[cancer] ▶ 病気[ガン]の始まりに

0957 ☐☐☐☐☐
overt
[ouvə́:rt]

形 公然の、あからさまな (≒ patent, blatant)

overt discrimination[criticism] ▶ 露骨な差別[批判]

0958 ☐☐☐☐☐
paltry
[pɔ́:ltri]

形 わずかな、無価値な (≒ meager, trifling)

a paltry sum[amount] of money ▶ わずかなお金

0959 ☐☐☐☐☐
paucity
[pɔ́:səti]

名 少量、不足 (≒ dearth, deficiency)

a paucity of information[resources] ▶ 情報[資金]不足

0960 ☐☐☐☐☐
pertinent
[pə́:rt(ə)nənt]

形 適切な、関連する (≒ relevant, germane)
動 pertain 関連する

pertinent questions[information] ▶ 関連する質問[情報]

07 Realism

257 SENTENCE

Originated in France in the 1850s as a **backlash against Romanticism**, **realism** is a style of art that **truthfully represents subject matter** by **emphasizing the sordid elements of life**. Realism movements also include the **verismo style of opera**, **literary realism, theatrical realism** and **Italian neorealist cinema**. Realist painters selected as their subjects ordinary people engaged in everyday activities or farming. Its chief practitioners are **Gustave Courbet, Jean-François Millet, and Jean-Baptiste-Camille Corot**.

258 WORDS

□ **backlash against Romanticism**
[roumǽntəsìzəm]
ロマン主義への反動

□ **realism**　写実主義、リアリズム

□ **truthfully represent subject matter**
題材をありのままに描く

□ **emphasize the sordid elements of life**
生活のみすぼらしい要素を強調する

□ **verismo style of opera**
[vərízmou]
ヴェリズモ・オペラ

□ **literary realism**　リアリズム文学

□ **theatrical realism**　リアリズム演劇

□ **Italian neorealist cinema**
イタリア・ネオリアリズム映画

Gustave Courbet, Jean-François Millet, and Jean-Baptiste-Camille Corot
ギュスターブ・クールベ、
ジャン・フランソワ・ミレー、
ジャン・バティスト・カミーユ・コロー

TRANSLATION

写実主義は、ロマン主義への反動として1850年代にフランスで起こり、生活のみすぼらしい要素を強調することで、題材をありのままに描く芸術様式である。リアリズム運動には、ヴェリズモ・オペラ、リアリズム文学、リアリズム演劇、イタリア・ネオリアリズム映画などが含まれる。写実主義の画家たちが選んだ主題は、日常の活動や農業に従事する民衆であった。代表的な画家に、ギュスターブ・クールベ、ジャン・フランソワ・ミレー、ジャン・バティスト・カミーユ・コローなどがいる。

Q ❶ What did realists react against?
❷ What did the realist painters select to depict in their works?

天文学／地質学／気象学／生物学／心理学／物理学／歴史／芸術／政治／経済

259

0961

☐☐☐☐☐

pester

[péstər]

動 ～を悩ます、～を苦しめる (≒ nag, badger)

be pestered by the media[questions] ▶ メディア[質問]に悩まされる

0962

☐☐☐☐☐

pinnacle

[pínəkl]

名 峰、頂点 (≒ zenith, climax)

at the pinnacle of success[my career] ▶ 成功[キャリア]の絶頂で

0963

☐☐☐☐☐

pitfall

[pítfɔ:l]

名 落とし穴 (≒ hazard, peril)

fall into[avoid] a pitfall ▶ 落とし穴に入る[を避ける]

0964

☐☐☐☐☐

placate

[pléikèit]

動 ～をなだめる、～を落ち着かせる (≒ appease)

placate his anger ▶ 彼の怒りを静める
placate the angry customers ▶ 怒る客をなだめる

0965

☐☐☐☐☐

plunder

[plʌ́ndər]

動 ～を略奪する、～を盗む (≒ loot)
名 略奪品

plunder a village[treasures] ▶ 村[財宝]を略奪する

0966

☐☐☐☐☐

posterity

[pɑ(:)stérəti]

名 後世の人々、子孫 (≒ heirs, descendants)

down to posterity ▶ 子孫の代まで
preserved for posterity ▶ 後世の人々のために残された

0967

☐☐☐☐☐

precept

[prí:sept]

名 戒め、教訓 (≒ axiom)

moral[legal] precepts ▶ 道徳的[法的]な規範

0968

☐☐☐☐☐

prerogative

[prirάgətiv]

名 特権、権限、優越性 (≒ authority)

presidential[royal] prerogatives ▶ 大統領[王室の]特権

0969

☐☐☐☐☐

profane

[prəféin]

形 冒とく的な、下品な (≒ blasphemous, vulgar)

profane language ▶ 下品な言葉
profane history ▶ 俗事の歴史

0970

☐☐☐☐☐

propitious

[prəpíʃəs]

形 幸先の良い、好都合な (≒ auspicious)

a propitious time[day] ▶ 縁起の良い時[日]

GOAL

0961
0970

START

天文学

地質学

気象学

生物学

心理学

物理学

歴史

芸術

政治

経済

08 Impressionism

260 SENTENCE

Impressionism is a style of painting in France in the late 19th century that **depicts the visual impression of the moment**, especially by using an **ever-changing blend of light and color** rather than exact details of form. They often painted outdoors by using a **sketch-like technique of dabs** of lighter, more brilliant colors instead of the **traditional muted colors**. Thanks to pioneering efforts by **Edouard Manet** in the 1860s, it became by far **the most revolutionary and influential style** of painting **in the second half of the 19th century**. The well-known Impressionist painters include **Claude Monet, Auguste Renoir, and Edgar Degas**.

261 WORDS

☐ **Impressionism**
[impréʃənìzəm]
印象派

☐ **depict the visual impression of the moment**
その瞬間の視覚的印象を描く

☐ **ever-changing blend of light and color**
常に変化する光や色のブレンド

☐ **sketch-like technique of dabs**
軽いスケッチのようなタッチ

☐ **traditional muted colors**
従来の押さえた[落ち着いた]色彩

☐ **Edouard Manet**
[mænéi]
エドワード・マネ

☐ **the most revolutionary and influential style**
最も革新的で影響力を持つ様式

☐ **in the second half of the 19th century**
19世紀後半

☐ **Claude Monet, Auguste Renoir,**
[rénwɑr]
and Edgar Degas
[dəgáː]
クロード・モネ、オーギュスト・ルノワール、
エドガー・ドガ

TRANSLATION

印象派は、19世紀後期フランスにおける絵画の様式で、実際の形を詳細に描くよりも、特に常に変化する光や色のブレンドを用いて、瞬間の視覚的印象を表現した。彼らは、より軽いスケッチのようなタッチと、従来のぼやけた色彩ではなくもっと鮮やかな色を使い、戸外でしばしば描いた。1860年代、エドワード・マネの先駆的努力のおかげで、印象派は19世紀後半には最も革新的で影響力を持つ絵画様式になった。よく知られる印象派画家に、クロード・モネ、オーギュスト・ルノワール、エドガー・ドガなどがあげられる。

Q

❶ What are some of the characteristics of Impressionist paintings?
❷ Who are some of the renowned Impressionist painters?

262

GOAL

0971
0980

START

0971 ☐☐☐☐☐
pry
[prái]
動 覗き込む、詮索する
名 のぞき見、詮索
pry into others' privacy ▶ 他人のプライバシーを詮索する
prying eyes ▶ 好奇の目

0972 ☐☐☐☐☐
qualm
[kwá:m]
名 懸念、良心の呵責 (≒ scruple, compunction)
have no qualms about lying ▶ 平気で嘘を言う

0973 ☐☐☐☐☐
quell
[kwél]
動 (暴動を)鎮圧する、(感情を)抑える (≒ suppress)
quell the violence ▶ 暴力を鎮圧する
quell her fear ▶ 彼女の不安を和らげる

0974 ☐☐☐☐☐
reclusive
[riklú:siv]
形 孤立[隠遁]した (≒ secluded)
名 recluse 世捨て人
a reclusive state ▶ 孤立国家
a reclusive monk ▶ 隠遁した僧侶

0975 ☐☐☐☐☐
redress
動 [ridrés]
名 [rídres]
動 ～を是正する、～を取り戻す (≒ rectify, remedy)
名 改善、救済
redress the imbalance[income gap] ▶ 不均衡[所有格差]を是正する

0976 ☐☐☐☐☐
refute
[rifjú:t]
動 ～に反証する、～を論破する (≒ disprove, discredit)
形 refutable 反論できる
refute the argument[evidence] ▶ その主張[証拠]を論破する

0977 ☐☐☐☐☐
rife
[ráif]
形 ～がはびこって (≒ widespread, rampant)
be rife with corruption[crime] ▶ 汚職[犯罪]がはびこる

0978 ☐☐☐☐☐
scoff
[skɔ́:f]
動 あざ笑う、嘲笑する (≒ jeer, scorn)
名 冷笑、嘲り
scoff at his idea[claim] ▶ 彼の考え[主張]をあざ笑う

0979 ☐☐☐☐☐
scour
[skáuər]
動 ～の汚れを落とす、～を除去する (≒ scrub)、探し回る
scour the floor ▶ 床をゴシゴシ洗う
scour the countryside ▶ 田舎を探し回る

0980 ☐☐☐☐☐
showdown
[ʃóudaun]
名 土壇場の対決 (≒ face-off, confrontation)
a fateful showdown ▶ 宿命の対決

第25日

09 Cubism

263 SENTENCE

Cubism is an early-20th-century **avant-garde art movement** pioneered by **Pablo Picasso and Georges Braque**, which revolutionized European painting and sculpture. This movement also inspired related movements in music, literature and architecture. In Cubist artwork, objects are **represented simultaneously from multiple angles**, and **apprehended by the mind without the use of the eye**. From 1912 on, Picasso and Braque also introduced a new technique called **collage** into the 20th-century painting. This technique **incorporated materials such as newspapers and wallpapers** into their paintings in order to emphasize their belief in the importance of creating new and independent objects.

264 WORDS

☐ **Cubism** [kjúːbìzm] キュービズム

☐ **avant-garde art movement** [àːvɑːngárd] 前衛的芸術運動

☐ **Pablo Picasso and Georges Braque** パブロ・ピカソとジョルジュ・ブラック

☐ **represent simultaneously from multiple angles** 同時に多方向から提示する

☐ **apprehend by the mind without the use of the eye** 目でなく頭で認識する

☐ **collage** [kəlɑ́ːʒ] コラージュ

☐ **incorporate materials such as newspapers and wallpapers** 新聞紙や壁紙などの素材を取り入れる

TRANSLATION

キュービズムは、パブロ・ピカソやジョルジュ・ブラックが先駆けて行った20世紀初頭の前衛芸術運動で、ヨーロッパ絵画と彫刻に大変革をもたらし、また、音楽・文学・建築の関連した運動にインスピレーションを与えた。キュービズムの芸術作品では、対象は同時に多方向から提示され、目ではなく頭で認識される。また、1912年以降、ピカソとブラックは、コラージュと呼ばれる新しいテクニックを20世紀絵画に紹介した。コラージュは、新しい独立した作品の創作が重要であるという信念を強調するため、新聞紙や壁紙などの素材を絵画に統合した技法である。

Q ❶ What is the major characteristic of Cubism?
❷ What method did Picasso and Braque use for creating innovative art?

天文学 地質学 気象学 生物学 心理学 物理学 歴史 芸術 政治 経済

265

GOAL

0981
0990

START

0981
□□□□□
shun
[ʃʌn]

動 ～を避ける (≒ avoid, shy away from)

shun publicity[society] ▶ 世間[社会]の注目を避ける

0982
□□□□□
singular
[síŋgjulə]

形 唯一の、非凡な、風変わりな(≒ exceptional, unparalleled, unusual)、単数の
名 単数形

singular intelligence[achievement, beauty]
▶ 稀に見る知性[功績、美しさ]

0983
□□□□□
sleek
[slí:k]

形 つやのある、しゃれた (≒ chic)

a sleek design ▶ しゃれたデザイン
sleek hair ▶ つやのある髪

0984
□□□□□
spearhead
[spírhed]

動 ～の先頭に立つ、～の陣頭指揮を執る (≒ lead, head)

spearhead a campaign[movement] ▶ 運動の先頭に立つ

0985
□□□□□
sporadic
[spərǽdik]

形 突発的な、散在的な (≒ spasmodic)

sporadic violence[fighting] ▶ 突発的な暴力[戦闘]

0986
□□□□□
stampede
[stæmpí:d]

名 殺到
動 殺到する、～を突進させる

a stampede to the store ▶ 店への殺到

0987
□□□□□
supplant
[səplǽnt]

動 ～に取って代わる、～の地位を奪い取る (≒ supersede)

supplant the old system ▶ 旧制度に取って代わる

0988
□□□□□
surmise
[sərmáiz]

動 (既知情報で)推測する (≒ conjecture)
名 推量

She surmised that he missed the train.
▶ 彼女は彼が電車に乗り遅れたと推測した。

0989
□□□□□
tantalize
[tǽntəlàiz]

動 (欲しいものをちらっと見せて)～を焦らす、～をからかう

The smell of garlic tantalized the taste buds.
▶ ニンニクのにおいが(味蕾を刺激して)食欲をそそった。

0990
□□□□□
tardy
[tárdi]

形 遅刻した、鈍い (≒ late, slow)
名 遅刻

be tardy for school[work] ▶ 学校[仕事]に遅刻する
tardy in payment ▶ 支払いが遅い

第25日

10 Surrealism

266 SENTENCE

Surrealism, led by the **French poet Andre Breton** (1896–1966), is a style of 20th-century visual art and literature, in which **objects are removed from their context** and **reassembled within a paradoxical or shocking framework**. Though sharing **Dadaists' emphasis on irrational art**, Surrealists attempted to create unique and less nihilistic art. Strongly influenced by the psychoanalytical theory by **Sigmund Freud**, they gave full rein to the unconscious and created bizarre **metamorphoses of dreams** in their works. Among the best-known Surrealist painters are the German **Max Ernst,** the Belgian **Rene Magritte,** and the Spaniard **Salvador Dali**.

267 WORDS

- ☐ **Surrealism** [sərí:əlìzm] シュールレアリズム
- ☐ **French poet Andre Breton** フランスの詩人アンドレ・ブルトン
- ☐ **objects are removed from their context** 対象が元々の状況から切り離される
- ☐ **reassembled within a paradoxical or shocking framework** 矛盾した、または衝撃的な枠組みの中で再構築される
- ☐ **Dadaists' emphasis on irrational art** 不合理な芸術に重点を置くダダイスト
- ☐ **Sigmund Freud** [frɔ́id] ジークムント・フロイト
- ☐ **metamorphoses of dreams** 夢の変容
- ☐ **Max Ernst, Rene Magritte, Salvador Dali** [ə́:rnst] [mæ:grí:t] [dá:li] マックス・エルンスト、ルネ・マグリット、サルバドール・ダリ

TRANSLATION

シュールレアリズムは、フランスの詩人アンドレ・ブルトン（1896–1966）により導かれた、20世紀の視覚芸術・文学の一様式で、対象が状況から切り離され、矛盾した、または衝撃的な枠組みの中で再構築される。シュールレアリストたちは、不合理な芸術を強調するダダイストの考えを共有しつつも、ユニークで、よりニヒルさを弱めた芸術の創作を試みた。ジークムント・フロイトの心理分析理論に強い影響を受け、無意識にすべてを委ね、作品中で夢の奇妙な変容を創造した。シュールレアリストの中で最も著名な画家に、ドイツのマックス・エルンスト、ベルギーのルネ・マグリット、スペインのサルバドール・ダリがいる。

Q

❶ How were Surrealists influenced by Sigmund Freud?
❷ Who are some of the renowned Surrealist artists?

268

0991
☐☐☐☐☐

taunt

[tɔ́:nt]

動 ～をののしる (≒ jeer at, deride, ridicule)
形 taunting ばかにした

taunt the loser ▶ 敗者をなじる

0992
☐☐☐☐☐

thaw

[θɔ́:]

動 解ける、緩和する、～を解かす
名 雪解け、解凍

thaw snow[ice] ▶ 雪[氷]を解かす
a thaw in relations between two countries ▶ 二国間関係の緩和

0993
☐☐☐☐☐

tilt

[tílt]

動 傾く、突く、～を傾ける (≒ slope)
名 傾き、討論、攻撃

tilt a chair backward ▶ 椅子を後ろに傾ける
full tilt ▶ 全速力で

0994
☐☐☐☐☐

touchstone

[tʌ́tʃstòun]

名 試金石、基準 (≒ criterion, standard)

the touchstone of the legal decision ▶ 法的な決定の基準

0995
☐☐☐☐☐

touchy

[tʌ́tʃi]

形 (簡単に怒らせる恐れがあり) 敏感な、厄介な

a touchy issue[subject] ▶ 敏感な問題[話題]

0996
☐☐☐☐☐

traverse

動 [trəvə́:rs]
名 [trǽvə:rs]

動 ～を横断する
名 横断

traverse the mountain[desert] ▶ 山[砂漠]を横断する

0997
☐☐☐☐☐

vent

[vént]

動 ～を発散させる、～を排出する (≒ discharge, release)
名 通気孔、はけ口 (≒ outlet)

vent her anger[fury] ▶ 怒りを発散させる
an air vent in the wall ▶ 壁の通気孔

0998
☐☐☐☐☐

verbose

[və:rbóus]

形 冗長な、言葉数の多い (≒ wordy, redundant)

verbose speeches[comments] ▶ 冗長な演説[論評]

0999
☐☐☐☐☐

voluptuous

[vəlʌ́ptʃuəs]

形 官能的な、快楽におぼれる (≒ alluring, seductive)

a voluptuous blonde[model] ▶ 官能的な金髪の女性[モデル]

1000
☐☐☐☐☐

wince

[wíns]

動 たじろぐ、ひるむ (≒ grimace, recoil)

wince in pain ▶ 痛くてひるむ

GOAL

0991
1000

START

第25日

10

問題 次の下線部の意味に近い語を、下から選んでください。

① **encroach** on their territory ……………… 領土を侵す

② **refute** the argument ……………………… その主張を論破する

③ in **collusion** with the enemy …………… 敵と共謀して

④ an air **vent** in the wall ………………… 壁の通気孔

⑤ a political **impasse** …………………… 政治の行き詰まり

⑥ **extrapolate** the future from the past ….. 過去から将来を推測する

⑦ **supplant** the old system ………………… 旧制度に取って代わる

⑧ **bestow** an honor on him ………………… 彼に名誉を与える

⑨ **pertinent** information …………………… 関連する情報

⑩ **singular** intelligence ……………………… 稀に見る知性

⑪ **exhaustive** analysis ……………………… 徹底的な分析

⑫ **sporadic** violence ………………………… 散発的な暴力

⑬ **overt** discrimination ……………………… 露骨な差別

⑭ at the **pinnacle** of success ……………… 成功の絶頂で

⑮ an **incipient** stage of development ……… 発展の初期段階

選択肢

A outlet　**B** conspiracy　**C** stalemate　**D** blatant　**E** thorough

F unparalleled　**G** confer　**H** supersede　**I** zenith　**J** disprove

K intermittent　**L** initial　**M** relevant　**N** intrude　**O** estimate

解答 ① N　② J　③ B　④ A　⑤ C　⑥ O　⑦ H　⑧ G
⑨ M　⑩ F　⑪ E　⑫ K　⑬ D　⑭ I　⑮ L

Chapter▸6

iBT®
100

突破

600

ITP®

269

GOAL

1001
1010

START

1001 □□□□□
acquiesce
[ǽkwiés]

動 黙って従う、黙認する（≒ consent to）

acquiesce to the demands[the decision]
▶ 要求[決定]に黙って従う

1002 □□□□□
acumen
[əkjú:mən]
[ǽkjəmən]

名 洞察[判断]力、才覚（≒ intelligence）

business[legal, political, financial] acumen
▶ ビジネスの[法的、政治的、財務的]才覚

1003 □□□□□
ameliorate
[əmí:ljərèit]

動 ～を改良する、～を改善する（≒ improve, remedy）

ameliorate the symptoms[living conditions]
▶ 症状[生活環境]を改善する

1004 □□□□□
animosity
[æ̀nəmásəti]

名 敵意、反目（≒ antipathy, hostility）

animosity between races ▶ 人種間の反目

1005 □□□□□
arduous
[á:rʤuəs]

形 困難な、骨の折れる（≒ tough, demanding）
名 ardor 情熱

an arduous task[journey] ▶ 困難な仕事[険しい旅]

1006 □□□□□
ascribe
[əskráib]

動 ～の原因を…によるとする（≒ attribute）

be ascribed to God[luck] ▶ 神[幸運]のおかげとする

1007 □□□□□
assiduous
[əsíʤuəs]

形 勤勉な、精励な（≒ sedulous, diligent）

assiduous attention to details ▶ 細部まで注意を払う
assiduous students[workers] ▶ 根気強く励む学生[ワーカー]

1008 □□□□□
balk
[bɔ́:k]

動 ためらう（≒ recoil）、妨げる

balk at the decision[price] ▶ その決定[値段]にたじろぐ

1009 □□□□□
banal
[bənǽl]

形 陳腐な、ありふれた（≒ insipid, humdrum）

a banal story[subject] ▶ 平凡な話[テーマ]

1010 □□□□□
belittle
[bilítl]

動 ～を見くびる、～をけなす（≒ disparage, trivialize）

belittle his efforts[achievement] ▶ 彼の努力[業績]をけなす

01 Communism vs Socialism

270 SENTENCE

Communism is a **socioeconomic ideology** aiming to establish **common ownership of the means of production** by **abolishing private ownership**, whereas **socialism** such as the social system of **the former Soviet Union** is a **transitional status** from **capitalism** to communism. Despite frequent confusion of communism with socialism, socialist countries vary in their **degree of government power**. In human history, a genuinely **communist country** has never existed in the world. In fact, the former Soviet Union collapsed without **realizing a communist society**.

271 WORDS

- [ ] **communism** [kámjənìzəm] 共産主義
- [ ] **socioeconomic ideology** [àidiáilədʒi] 社会経済学的な概念
- [ ] **common ownership of the means of production** 生産手段の共有
- [ ] **abolish private ownership** 私有財産を廃止する
- [ ] **socialism** [sóuʃəlizm] 社会主義
- [ ] **the former Soviet Union** 旧ソビエト連邦
- [ ] **transitional status** 過渡期、移行期
- [ ] **capitalism** [kǽpitəlìzm] 資本主義
- [ ] **degree of government power** 政府の介入の程度
- [ ] **communist country** 共産主義国家
- [ ] **realize a communist society** 共産主義国家を実現する

TRANSLATION

共産主義とは、私有財産を廃止することによって生産手段を共有することを目指す社会経済学的な概念であるが、旧ソビエト連邦の社会体制のような社会主義は、資本主義から共産主義に至る過渡的な状態である。共産主義と社会主義はしばしば混同されるが、社会主義国の間では政府の介入の程度が異なる。本当の意味での共産主義国家の例は、歴史上、存在しない。ちなみに旧ソ連は、共産主義国家を実現しないまま崩壊した。

Q
❶ What is the aim of communism?
❷ What is a difference between communism and socialism?

天文学 地質学 気象学 生物学 心理学 物理学 歴史 芸術 政治 経済

272

GOAL

1011
□□□□□
bigoted
[bígətid]

形 偏狭な (≒ prejudiced, opinionated)
名 bigotry 偏狭さ　名 bigot 偏狭な人

a bigoted conservative ▶ 偏狭な保守派
be bigoted in his opinion ▶ 持論に頑迷に固執する

1012
□□□□□
brawl
[brɔ́:l]

名 騒々しいけんか、乱闘 (≒ scuffle)
動 口論する

a drunken[street] brawl ▶ 酒の上の[街中での]けんか

1011
↓
1020

1013
□□□□□
cajole
[kədʒóul]

動 ～をおだてて～させる (≒ coax, wheedle)

cajole him into buying a car ▶ おだてて車を買わせる

1014
□□□□□
clandestine
[klændéstin]

形 秘密[内密]の (≒ covert, furtive, surreptitious)

a clandestine meeting[mission] ▶ 秘密会議[極秘任務]

1015
□□□□□
commune
[kəmjú:n]

動 心を通わせる、親しく語り合う (≒ communicate)

commune with nature ▶ 自然に親しむ
commune with myself ▶ じっくり考える

1016
□□□□□
condescending
[kàndəséndiŋ]

形 (人)を見下すような (≒ patronizing, disdainful)

a condescending attitude[tone of voice]
▶ 相手を見下すような態度[口調]

1017
□□□□□
condone
[kəndóun]

動 大目に見る、容赦する (≒ overlook, excuse)

condone the violence[crime] ▶ 暴力[犯罪]を大目にみる

1018
□□□□□
consummate
形 [kɑ́nsʌmət]
動 [kɑ́nsəmèit]

形 熟達した、完璧な (≒ exemplary, supreme, ultimate)
動 ～を実現する、～を成立させる (発音注意)

a consummate skill[artist] ▶ 熟達した技[芸術家]

1019
□□□□□
corpulent
[kɔ́:rpjulənt]

形 肥満した、肥満形の (≒ stout)

a corpulent body[figure] ▶ 肥満体

1020
□□□□□
crux
[krʌ́ks]

名 核心、難点 (≒ essence, core)

the crux of the matter[problem] ▶ 問題の核心

START

02 Totalitarianism

273 SENTENCE

Totalitarianism refers to a political ideology or system in which **individual interests and rights are sacrificed or denied** to **realize the holistic benefits of the state**. Totalitarianism usually maintains its political power through the mass media, **propaganda**, **planned economy**, or **nationwide violence**. Its examples include **Nazism in Germany, Fascism in Italy, and the Imperial Japanese Army** before World War II. This term came into widespread use especially after World War I as an **opposing concept to democracy**. In politics, totalitarianism is considered as an extreme form of the authoritarian system which also occasionally refers to the political system of communist countries.

274 WORDS

- ☐ **totalitarianism** [toutæ̀litéəriənìzəm] 全体主義
- ☐ **individual interests and rights are sacrificed or denied** 個人の利益や権利が犠牲または否定される
- ☐ **realize the holistic benefits of the state** 国の全体的な利益を実現する
- ☐ **propaganda** [prɑ̀pəgǽndə] プロパガンダ
- ☐ **planned economy** 計画経済
- ☐ **nationwide violence** 国家レベルの暴力
- ☐ **Nazism in Germany, Fascism in Italy, and the Imperial Japanese Army** ドイツのナチズム、イタリアのファシズム、帝国日本陸軍
- ☐ **opposing concept to democracy** 民主主義に対立する概念

TRANSLATION

全体主義とは、国の全体的な利益を実現する目的で、個人の利益や権利が犠牲または否定される政治思想または政治体制のことである。全体主義は通常、マスメディア、プロパガンダ、計画経済、国家レベルの暴力などによって政治権力を維持する。その例には、ドイツのナチス、イタリアのファシズム、第二次世界大戦前の日本陸軍がある。全体主義という用語は、民主主義に対立する概念として特に第一次世界大戦後に広く使用されるようになった。政治では、権威主義体制の極端な例とみなされ、共産主義国家の政治体制を示す際に使用されることもある。

Q

❶ What is the definition of totalitarianism?

❷ What is the opposite political ideology to totalitarianism?

1021
demeanor
□□□□□
[dimí:nər]

名 (性格が表れる)振る舞い、態度 (≒ manner)

a calm[mild] demeanor ▶ 温和な物腰

1022
destitute
□□□□□
[déstət(j)ù:t]

形 極貧の (≒ impoverished, indigent)
名 destitution 極貧

destitute children on the street ▶ 路上の極貧の子どもたち
a destitute living ▶ 極貧の暮らし

1023
dexterous
□□□□□
[dékst(ə)rəs]

形 器用な、機敏な (≒ deft)
名 dexterity 器用さ

dexterous hands ▶ 器用な手
dexterous movements ▶ 機敏な動き

1024
dichotomy
□□□□□
[daikátəmi]

名 二分(法)、対立、二面性 (≒ split, gulf)

the dichotomy between the body and mind ▶ 肉体と心の二分

1025
diffident
□□□□□
[dífədənt]

形 遠慮がちな、内気な、自信のない (≒ shy, timid)

a diffident voice[smile] ▶ 内気な声[笑み]

1026
dilapidated
□□□□□
[dilǽpədèitid]

形 老朽化した、荒廃した (≒ broken-down, ramshackle)
名 dilapidation 荒廃

a dilapidated building ▶ 老朽化した建物

1027
dissipate
□□□□□
[dísəpèit]

動 ～を浪費する (≒ squander)、～を消す、消える (≒ disappear)
名 dissipation 浪費、消失

dissipate his energy[money] ▶ エネルギー[金]を浪費する

1028
drudgery
□□□□□
[drʌ́dʒəri]

名 退屈な重労働、単調で辛い仕事 (≒ daily-grind)

the drudgery of housework ▶ 家庭の雑用
the drudgery of the assembly line ▶ 組立作業の単調な仕事

1029
duplicity
□□□□□
[du:plísəti]

名 不誠実な行為、二枚舌 (≒ double-dealing)
形 duplicitous 不誠実な

duplicity in business ▶ 取引における不誠実さ

1030
engaging
□□□□□
[ingéidʒiŋ]

形 興味をそそる、人を惹きつける (≒ charming, attractive)、愛想の良い

an engaging smile[manner] ▶ 魅力的な笑顔[マナー]

GOAL / 1021 1030 / START

03 Hugo Grotius

Hugo Grotius, the **father of international and natural law**, was a **Dutch jurist** in the 17th century who asserted that even God could not change natural law—a **law of natural human reason**. He believed that **physical freedom and freedom of life** were **basic rights** based on natural law and that respect for each other's natural law leads to the **realization of a nation** and the **communality of human beings** because people with these basic rights form a nation. He also applied natural law to **international affairs**, thereby founding international laws such as the **natural law for self-defense**.

276 SENTENCE

277 WORDS

- [ ] **father of international and natural law** 国際法と自然法の父
- [ ] **Dutch jurist** [dʒúərist] オランダ人の法学者
- [ ] **law of natural human reason** 自然に基づく人間理性の法
- [ ] **physical freedom and freedom of life** 身体的な自由と生命の自由
- [ ] **basic rights** 基本権
- [ ] **realization of a nation** 国家の実現
- [ ] **communality of human beings** [kàmjunǽliti] 人間の社会性
- [ ] **international affairs** 国家間の関係
- [ ] **natural law for self-defense** 自衛のための自然法

TRANSLATION

国際法・自然法の父フーゴー・グロティウスは17世紀のオランダ人法学者で、自然法は自然に基づく人間理性の法であり、神といえども作り変えることはできないと説いた。彼は、身体・生命の自由は自然法に基づく基本権であり、相互に自然法を尊重すれば国家の実現につながり、この基本権を有する人々が国家を形成するのであるから、人間の社会性につながると考えた。彼は自然法を国際法にも応用し、自衛のための自然法のような国際法を確立した。

Q ❶ What ideology did Grotius introduce to protect individual physical freedom and freedom of life?
❷ What is the basic idea of the natural law to realize a nation?

天文学 地質学 気象学 生物学 心理学 物理学 歴史 芸術 政治 経済

278

GOAL

1031
1040

1031 ☐☐☐☐☐
equivocate
[ikwívəkèit]

動 曖昧な表現を使う、言葉を濁す
Let us not equivocate. ▶真実は隠さないようにしよう。

1032 ☐☐☐☐☐
erudite
[érjudàit]

形 博学な (≒ well-educated)
名 erudition 博識
an erudite scholar ▶博学な学者
an erudite work ▶学問的な著作

1033 ☐☐☐☐☐
euphoric
[ju:fɔ́:rik]

形 有頂天の、非常に幸せな (≒ elated)
名 euphoria 多幸感
a euphoric feeling[state] ▶有頂天な感情[状態]

1034 ☐☐☐☐☐
exasperate
[igzǽspərèit]

動 ～を憤慨させる (≒ aggravate, irritate)
形 exasperating 腹立たしい
She was exasperated by his bad manners.
▶彼のマナーの悪さに彼女は憤慨した。

1035 ☐☐☐☐☐
exhort
[igzɔ́:rt]

動 (人に～するよう) 熱心に勧める (≒ urge, encourage)、(事)を促す
exhort his employees to work harder
▶社員にもっと懸命に働くように勧める

1036 ☐☐☐☐☐
exorbitant
[igzɔ́:rbət(ə)nt]

形 法外な (≒ prohibitive, outrageous)
exorbitant prices[fees] ▶法外な価格[料金]

1037 ☐☐☐☐☐
expedite
[ékspədàit]

動 (進行)を早める (≒ accelerate, precipitate)
名 expedience 好都合
形 expedient 便宜の
expedite the learning process ▶学習プロセスを早める

1038 ☐☐☐☐☐
flamboyant
[flæmbɔ́iənt]

形 派手な、燃えるような (≒ dashing)
flamboyant costumes ▶派手なドレス
a flamboyant singer ▶華やかな歌手

1039 ☐☐☐☐☐
flimsy
[flímzi]

形 薄弱な、うすっぺらい (≒ feeble, frail)
flimsy evidence ▶根拠の薄弱な証拠
a flimsy excuse ▶見え透いた言い訳

1040 ☐☐☐☐☐
fluke
[flú:k]

名 思いがけない幸運、まぐれ (≒ windfall)
The success is a fluke. ▶その成功は思わぬ幸運だ。

START

04 Social Rights

Social rights are part of human rights, which are **inherent to** all human beings. Social rights include the rights to **an adequate standard of living**, adequate housing and food, **the highest standard of health attainable**, and education and **social security**. They are treated differently in different countries. For example, in the United States, social rights are **exempt from** the constitution. In Germany, only a few social rights are **stipulated** by the constitution. In Japan, the constitution (Article 25) guarantees **the right to life**, or a social right to **maintain the minimum standards of healthy and cultured living**.

☐ social rights　　　　　社会権

☐ inherent to ~
[inhíərənt]　　～に本来備わっている

☐ an adequate standard of living
[ǽdikwət]
　　　　　　　　　十分な生活水準

☐ the highest standard of health attainable
[ətéinəbəl]
　　　　　　到達可能な最高水準の健康

☐ social security　　　　社会保障

☐ exempt from ~
　　　　～を免除された、(法律)の対象外

☐ stipulate ~
[stípjəleit]　　　　　　～を規定する

☐ the right to life　　　　生存権

☐ maintain the minimum standards of healthy and cultured living
　　健康で文化的な最低限度の生活を営む権利

社会権とはすべての人間に本来備わっている人権の分類の1つである。社会権には十分な生活水準、十分な住宅と食料、到達可能な最高水準の健康、教育と社会保障を享受する権利が含まれる。社会権は国によって扱いが異なる。例えばアメリカ合衆国憲法には社会権の規定がない。ドイツでは憲法で少しの社会権しか規定されていない。日本では憲法（第25条）で、生存権が保障されている。それは社会権の1つであり誰もが健康的で文化的で最低限度の生活を維持する権利である。

Q ❶ What is included in social rights?
　 ❷ What is the right to life?

天文学
地質学
気象学
生物学
心理学
物理学
歴史
芸術
政治
経済

GOAL

1041
1050

1041 □□□□□

garner

[gáːrnər]

動 〜を集める、獲得する (≒ gather)
名 穀物倉庫、蓄積

garner support[votes] ▶ 支持[票]を集める

1042 □□□□□

gratification

[grætəfikéiʃən]

名 満足すること、満足させる[喜ばせる]こと[物] (≒ content)

instant gratification ▶ 即座に得られる満足
gratification of appetite ▶ 食欲が満たされること

1043 □□□□□

harbinger

[háːrbindʒər]

名 前兆、先駆者 (≒ omen, portent)

a harbinger of death[trouble] ▶ 死[災難]の前ぶれ

1044 □□□□□

harrowing

[hǽrouiŋ]

形 痛ましい、悲惨な (≒ traumatic, heartbreaking)

a harrowing tragedy[experience] ▶ 痛ましい悲劇[経験]

1045 □□□□□

hassle

[hǽsl]

名 面倒なこと (≒ inconvenience)
動 喧嘩する、口論する、悩ます

the hassle of arranging a meeting ▶ 会議の手配の煩わしいこと

1046 □□□□□

hoax

[hóuks]

名 でっち上げ、作り話 (≒ deception, trick)

a hoax call[letter] ▶ いたずら電話[手紙]

1047 □□□□□

huddle

[hʌ́dl]

動 集まる (≒ gather, throng)、密談する

huddle around the fire ▶ 火の周りに集まる

1048 □□□□□

idyllic

[aidílik]

形 牧歌的な、のどかな、田園風の (≒ rustic, pastoral)

an idyllic countryside ▶ のどかな田舎
an idyllic landscape ▶ のどかな風景

1049 □□□□□

illustrious

[ilʌ́striəs]

形 輝かしい、有名な (≒ eminent, prominent)

an illustrious career ▶ 輝かしい経歴
an illustrious company ▶ 有名な会社

1050 □□□□□

impervious

[impə́ːrviəs]

形 通さない、影響されない (≒ immune to)

be impervious to water[heat] ▶ 水[火]を通さない

START

05 The Legislature or Assembly

282 SENTENCE

The **legislature** or assembly refers to a law-making body with its names depending on the country. The legislature is referred to as **Congress** in the United States and countries in Latin America, **Parliament** in the United Kingdom (UK), **Diet** in Japan, Germany, and Poland, and **National Assembly** in France and South Korea. The United States Congress, which originated from **the Continental Congress** held by representatives from the Thirteen Colonies, is characterized by **higher independence from the administrative body** than the **counterparts of other countries**. The United States Congress also has the authority to sanction military actions and **declare war** on the request of the President.

283 WORDS

- [ ] **legislature** [lédʒɪslèitʃə]　立法府
- [ ] **Congress**　議会(アメリカ・ラテンアメリカ)
- [ ] **Parliament**　議会(イギリス)
- [ ] **Diet**　国会・連邦議会(日本・ドイツ・ポーランド)
- [ ] **National Assembly**　国民議会(フランス)・(大韓民国)国会
- [ ] **the Continental Congress**　大陸議会
- [ ] **higher independence from the administrative body**　行政機関からのより高い独立性
- [ ] **counterparts of other countries**　他国の同等機関
- [ ] **declare war**　宣戦布告する

TRANSLATION

立法府またはassembly（議会）とは、主に立法のための機関であるが、国家によって名称が異なり、アメリカやラテンアメリカではCongress（議会）、イギリスではParliament（議会）、日本、ドイツ、ポーランドではDiet（国会・連邦議会）、フランスや韓国ではNational Assembly（国民議会・大韓民国国会）と呼ばれる。アメリカ合衆国議会は13植民地の代表が開催した大陸議会に起源をもつが、他の国家に比べて行政機関からの独立性が高いことで特徴づけられる。また合衆国議会は、大統領からの要請を受けて軍事行動を承認し、宣戦布告する権限をもつ。

Q
❶ How differently is the legislature named in different countries?
❷ What enables the United States Congress to declare war?

284

GOAL

1051 □□□□□
inadvertently
[ìnədvə́:rt(ə)ntli]

副 うっかり、不注意に (≒ unwittingly, unintentionally)
形 inadvertent 不注意な

inadvertently reveal the secret ▶ うっかり秘密をもらす

1052 □□□□□
infiltrate
[infíltreit]

動 (〜に)潜入する (≒ penetrate, intrude)
名 infiltration 侵入

infiltrate (into) the country[enemy territory]
▶ 国[敵の領土]へ潜入する

1053 □□□□□
ingrained
[ingréind]

形 根深い、深くしみこんだ (≒ entrenched, established)

a deeply ingrained prejudice ▶ 深く根づいた偏見

1054 □□□□□
insatiable
[inséiʃəbl]

形 飽くなき、強欲な (≒ voracious, rapacious)

an insatiable appetite[desire] ▶ 飽くなき食欲[願望]

1055 □□□□□
insipid
[insípid]

形 味気ない、退屈な (≒ bland)

an insipid food[taste] ▶ 味気ない食べ物[味]

1056 □□□□□
instigate
[ínstəgèit]

動 〜を開始させる、〜を扇動する (≒ incite, foment)

instigate an investigation ▶ 調査を開始させる
instigate a riot ▶ 暴動を扇動する

1057 □□□□□
insurmountable
[ìnsəmáuntəbl]

形 克服できない、乗り越えられない

insurmountable obstacles[difficulties] ▶ 克服できない障害[困難]

1058 □□□□□
intoxicated
[intáksikèitid]

形 酔った (≒ drunk)
名 intoxication 陶酔
反 sober しらふの

be intoxicated by his success[victory] ▶ 彼の成功[勝利]に酔いしれる

1059 □□□□□
intrepid
[intrépid]

形 勇敢な、大胆不敵な (≒ gallant, valiant)

an intrepid adventurer[hunter] ▶ 大胆不敵な冒険家[ハンター]

1060 □□□□□
invigorating
[invígərèitiŋ]

形 元気づける (≒ revitalizing, energizing)
動 invigorate 生気を与える、生き生きとさせる

an invigorating exercise[walk] ▶ 元気づける運動[散歩]

1051
1060

START

06 Electoral Systems

There are similarities and differences in **electoral systems** between the United States, Germany, France, Japan, Sweden, and China. What is common among those countries is that **suffrage** is given to those who are 18 years or older. The **legislatures** of the United States, Germany, France, and Japan are based on the **bicameral system**, whereas those of Sweden and China are based on the **unicameral system**. Although the **constituency** differs, the **single-seat constituency system** is adopted in countries such as the United States and France. In Japan, the **electoral system combining the single-seat constituencies with proportional representation** has been applied to the general election for the house of Representatives, the lower house, since 1996.

☐ **electoral system** 選挙制度	☐ **constituency** [kəntítʃuənsi] 選挙区
☐ **suffrage** [sʌ́fridʒ] 選挙権	☐ **single-seat constituency system** 小選挙区制
☐ **legislatures** [lédʒisleitʃəːz] 立法府、立法機関、議会	☐ **electoral system combining the single-seat constituencies with proportional representation** 小選挙区比例代表制
☐ **bicameral system** [baikǽmrəl] 二院制	
☐ **unicameral system** [jùːnikǽmərəl] 一院制	☐ **proportional representation** 比例代表制

アメリカ、ドイツ、フランス、日本、スウェーデン、中国の選挙制度には共通点と相違点がある。これらの国々で共通しているのは選挙権が18歳以上に与えられていることである。アメリカ、ドイツ、フランス、日本の立法府は二院制だが、スウェーデンや中国では一院制である。選挙区は異なるが、アメリカやフランスといった国々では小選挙区制が採用されている。日本では、小選挙区比例代表制が、1996年から日本の下院である衆議院の総選挙に採用されている。

Q
❶ What is the voting age in the United States, Germany, France, Sweden, China, and Japan?
❷ What type of electoral system does the United States apply?

天文学
地質学
気象学
生物学
心理学
物理学
歴史
芸術
政治
経済

287

GOAL

1061
1070

1061
□□□□□
irrevocable
[irévəkəbl]

形 取り返しのつかない(≒ irreversible)

irrevocable damage ▶ 取り返しがつかない被害
an irrevocable decision ▶ 変更不可能な決定

1062
□□□□□
jubilant
[dʒú:bələnt]

形 喜びに満ちた、大喜びの(≒ elated)

jubilant fans[crowds] ▶ 大喜びのファン[群衆]

1063
□□□□□
lackluster
[lǽklʌstər]

形 活気のない、ぱっとしない(≒ unimpressive, insipid)

a lackluster performance ▶ さえない業績
lackluster domestic consumption ▶ ぱっとしない国内消費

1064
□□□□□
laudable
[lɔ́:dəbl]

形 称賛に値する
動 laud 称賛する

laudable goals[objectives] ▶ 素晴らしいゴール[目標]

1065
□□□□□
mesmerize
[mézməràiz]

動 魅了する、うっとりさせる(≒ enchant, bewitch)

be mesmerized by her beauty[performance]
▶ 彼女の美しさ[演奏]にうっとりする

1066
□□□□□
nonchalant
[nànʃəlá:nt]

形 無関心な、平然とした(≒ indifferent, blase)

a nonchalant attitude[expression] ▶ 無関心な態度[表情]
be nonchalant about his fame ▶ 名声には無関心の

1067
□□□□□
obnoxious
[əbnákʃəs]

形 非常に不快で失礼な(≒ disgusting, repugnant)

an obnoxious smell[manner] ▶ 不快なにおい[マナー]

1068
□□□□□
ostensible
[asténsəbl]

形 見せかけの、表向きの(≒ apparent, specious)
名 ostentation 見せびらかし

an ostensible reason[purpose] ▶ 見せかけの理由[目的]

1069
□□□□□
ostracize
[ástrəsàiz]

動 (社会的)に追放する、〜をのけものにする(≒ oust, expel)

be ostracized by peers[neighbors]
▶ 同僚[近所の人]から仲間外れにされる

1070
□□□□□
paragon
[pǽrəgàn]

名 模範、手本、典型(≒ epitome)

a paragon of beauty[virtue] ▶ 美の典型[美徳の鑑]

START

07 The Constitution of the United States

288 SENTENCE

The Constitution of the United States, which defines the political framework, strictly prescribes the **principle of separation of powers**, whereas the law of the United Kingdom does not clearly separate the legislative power from the judicial power. The Constitution is characterized by **27 amendments**, the first 10 of which are called **the Bill of Rights**. The Twelfth Amendment refers to the **Electoral College** reform. The Fourteenth Amendment refers to citizenship rights, **equal rights apportionment of lower house seats**, and Civil War debt. The Nineteenth Amendment refers to **women's suffrage**. **The Equal Rights Amendment (ERA)**, approved by the United States Congress in 1972, has not been established due to a lack of states approving it for **ratification**.

289 WORDS

☐ the Constitution of the United States アメリカ合衆国憲法	☐ equal rights apportionment of lower house seats 下院定員数の平等な割当
☐ principle of separation of powers 権力(三権)分立の原則	☐ women's suffrage [sʌ́fridʒ] 女性参政権
☐ 27 amendments 27個の修正条項	☐ the Equal Rights Amendment (ERA) 男女平等憲法修正条項
☐ the Bill of Rights 権利章典	☐ ratification [rætəfikéiʃən] 批准
☐ Electoral College [iléktərəl] (大統領選)選挙人団	

TRANSLATION

アメリカ合衆国憲法は国家の政治的な枠組みを概説していて、権力分立を厳格に定めているが、イギリスの法体制は立法権と司法権を明確に分けていない。合衆国憲法は27の修正条項に特徴づけられ、最初の10の条項は権利章典と呼ばれる。修正第12条は大統領選の選挙人団に関するもので、修正第14条は公民権、下院定員数の(各州への)平等な割り当て、南北戦争での負債に関するものである。修正第19条は女性参政権に関するものである。1972年にアメリカ合衆国議会で承認された男女平等憲法修正条項(ERA)は、批准する州の不足により成立していない。

Q
❶ What is the characteristic of the Constitution of the United States?
❷ What has hindered the establishment of the ERA?

天文学 / 地質学 / 気象学 / 生物学 / 心理学 / 物理学 / 歴史 / 芸術 / 政治 / 経済

1071
□□□□□
動 ～を贔屓にする、～を後援する、（人）を見下すような態度をとる

patronize
[péitrənàiz]

a restaurant patronized by celebrities
▶ 有名人に贔屓にされているレストラン
patronize the woman ▶ その女性を見下すような態度をとる

1072
□□□□□
動 （興味など）をそそる（≒ stimulate）、いら立たす（≒ irritate）

pique
[píːk]

pique my interest[curiosity] ▶ 興味[好奇心]をそそる

1073
□□□□□
形 穏やかな（≒ tranquil, serene）

placid
[plǽsid]

a placid lake[sea] ▶ 穏やかな湖[海]

1074
□□□□□
形 厚かましい、ずうずうしい（≒ brazen, arrogant）

presumptuous
[prizʌ́m(p)tʃuəs]

a presumptuous claim[attitude] ▶ 厚かましい要求[態度]

1075
□□□□□
名 性癖、傾向（≒ proclivity）

propensity
[prəpénsəti]

a propensity for stealing[violence] ▶ 盗癖[暴力癖]

1076
□□□□□
名 優れた能力、勇敢さ（≒ adroitness, dexterity）

prowess
[práuis]

athletic[academic] prowess ▶ 優れた運動[学術]能力

1077
□□□□□
名 苦境、困惑、板ばさみ（≒ plight, quagmire）

quandary
[kwánd(ə)ri]

ethical[moral] quandaries ▶ 倫理的[道徳的]な板ばさみ

1078
□□□□□
名 影響、結果、波及効果（≒ effect）

ramification
[ræməfikéiʃən]

political[economic] ramifications ▶ 政治的[経済的]影響

1079
□□□□□
名 凶暴な行動、大暴れ（≒ berserk）動 暴れ回る

rampage
名 [rǽmpeidʒ]
動 [ræmpéidʒ]

a shooting rampage ▶ 銃乱射
Demonstrators rampaged through the street.
▶ デモ隊が通りを暴れ回った。

1080
□□□□□
動 ～をあさり回る、～を略奪する（≒ plunder, pillage, loot）

ransack
[rǽnsæk]

ransack a house[town] ▶ 家[町]を荒らし回る

08　The Supreme Court

291
SENTENCE

The Supreme Court of the United States, usually involved in **discretionary appeals** from **minor courts**, occasionally has **jurisdiction** over some cases like interstate conflicts. Like in Japan, the Supreme Court can perform **review** under the US Constitution, including determining the **constitutionality** of any **decree** suspected to be unconstitutional. The Supreme Court of the United Kingdom, established through Tony Blair's reform for strict **separation of powers**, handles criminal and civil cases in England, Wales and Northern Ireland. **The International Court of Justice** is a Hague-based **permanent court** handling international laws, with its judgments **legally binding**. This court can seldom prevent armed conflicts due to difficulty in agreement on the opening of trials among countries in conflicts.

292
WORDS

☐ the Supreme Court	最高裁判所	☐ decree	法令
☐ discretionary appeals	裁量上訴	☐ separation of powers	三権分立
☐ minor courts	下級裁判所	☐ the International Court of Justice	国際司法裁判所
☐ jurisdiction [dʒùrisdíkʃən]	管轄権	☐ permanent court	常設の裁判所
☐ review	違憲審査	☐ legally binding	法的拘束力がある
☐ constitutionality [kònstitjùːʃənǽliti]	合憲性		

アメリカの最高裁判所は、通常は下級裁判所からの裁量上訴を扱うが、州間の争いなどに関する管轄権をもつこともある。日本と同様、最高裁判所は合衆国憲法下で違憲審査を行うことができ、違憲が疑われる法令の合憲性を判断する。イギリスの最高裁判所は、厳格な三権分立を追求したトニー・ブレア首相の改革の結果設立され、イングランド、ウェールズ、北アイルランドにおいて刑事・民事の訴訟を扱う。国際司法裁判所は、ハーグに本部をおく常設の裁判所で、判決は法的拘束力を有するが、紛争当事国同士が裁判の開始に合意することが難しいため、武力衝突を回避できる例はほとんどない。

Q
❶ Which institution is responsible for judicial review in America and Japan?
❷ What is the obstacle for the International Court of Justice to handle international conflicts?

天文学 / 地質学 / 気象学 / 生物学 / 心理学 / 物理学 / 歴史 / 芸術 / 政治 / 経済

1081　□□□□□
rebuff
[ribʌ́f]

動 ～を拒絶する、～をはねつける（≒ spurn）
名 拒絶

rebuff his request[offer] ▶ 彼の要求[申し出]を拒む

1082　□□□□□
relinquish
[rilíŋkwiʃ]

動 放棄する、断念する（≒ renounce, waive）

relinquish his position[power] ▶ 彼の地位[権力]を放棄する

1083　□□□□□
rescind
[risínd]

動 ～を廃止する、～を破棄する（≒ revoke, repeal, abrogate）

rescind the law[contract] ▶ 法律[契約]を破棄する

1084　□□□□□
respite
[réspit]

名 動 （～を）小休止（させる）、
（～を）中断（させる）（≒ rest, recess, hiatus）、猶予

a temporary respite from work ▶ 仕事の小休止
a respite for payment ▶ 支払の猶予

1085　□□□□□
retribution
[rètrəbjúːʃən]

名 報復、懲罰（≒ retaliation）

divine[violent] retribution ▶ 神の怒り[暴力的な報復]

1086　□□□□□
shackle
[ʃǽkl]

動 ～を束縛する（≒ fetter）
名 手かせ、足かせ、束縛

be shackled in chains ▶ 鎖につながれる
be shackled by tradition ▶ 伝統に縛られる

1087　□□□□□
succinct
[səksíŋkt]

形 簡潔な、簡明な（≒ concise, pithy）

a succinct answer[summary] ▶ 簡潔な答え[要約]

1088　□□□□□
tarnish
[táːrniʃ]

動 ～を汚す、色あせる（≒ blemish, stain）

tarnish his reputation[image] ▶ 彼の名声[イメージ]を汚す

1089　□□□□□
teeming
[tíːmiŋ]

形 豊富な、いっぱいの（≒ swarming with）
動 teem 満ちる、富む

be teeming with life ▶ 生命に満ちた
a teeming city ▶ 活気あふれる町

1090　□□□□□
tenuous
[ténjuəs]

形 希薄な、薄っぺらい（≒ weak, flimsy）

a tenuous relationship[connection] ▶ 希薄な関係

「群れ」の類語の使い分けマスター

　「群れ」の類語の使い分けは、一般的な a **crowd**（of demonstrators）「公の場所に抗議や何かを見るために集まった無秩序な群衆」、a **gathering**（of Christians）「ある目的のための人の集まり」、an **assembly** of reporters「同じ目的のために集まった会合」、a **bunch**（of grapes［flowers, people］「果物の房や花の束、人の群れ」、a **mass**（of letters［books］「殺到する手紙［本だらけ］」などがあります。

　これをワンランクUPすると、an **army**（of ants［volunteers］）「ある目的のための組織」、a（Democratic）**convention**「政党やある職業の団体」、a **mob**（of angry protesters）「暴徒」、a **herd**（of cattle）「同じ所に住んでいる同じ種類の動物や共通のつながりのある群集」、a **flock**（of sheep［birds］）「家畜の羊・山羊や同じ種類の一緒に飛ぶ鳥の群れ」、a **pack**（of wolves）「狩りに連れて行く犬やオオカミの群れや嫌な人の群れ」、a **school**（of fish［artists］）「魚の群れや作家・芸術家などの一派」、a **swarm**（of insects）「同じ方向に素早く動く昆虫や人の群れ」などがあります。

　さらにワンランクUPすると、a **drove**（of pigs）「集団で動く家畜や人の群れ」、a **troupe**（of dancers［magicians］）「地方巡業する一座」、a（religious）**congregation**「宗教の集会」、a **throng**（of people）「（堅い語で）一か所に集まる密集した人や動物の群れ」、a **flight**（of birds）「移住する飛ぶ鳥の群れ」などがあります。

294

1091 □□□□□

tout
[táut]

動 ～をしつこく売り込む（≒ solicit, publicize）、～をほめちぎる

tout a new product ▶ 新製品をしつこく売り込む
be touted as a hero ▶ 英雄としてほめちぎられる

1092 □□□□□

underscore
[ʌ́ndərskɔ̀ːr]

動 ～を強調する、～を明確に示す（≒ accentuate, highlight）
名 下線

underscore the point[fact] ▶ その点[事実]を強調する

1093 □□□□□

unsettling
[ʌnsétliŋ]

形 不安な、落ち着かない（≒ disturbing, upsetting）
動 unsettle 不安にする
形 unsettled 不安(定)な

unsettling news[feelings] ▶ 不安なニュース[気持ち]

1094 □□□□□

upshot
[ʌ́pʃɑ̀ːt]

名 結果、結末（≒ outcome, end result）

the upshot of the discussion[meeting] ▶ 議論[会議]の結末

1095 □□□□□

usurp
[jusə́rp]
[juzə́rp]

動 侵害する、奪う（≒ wrest）

usurp the throne[political power] ▶ 王位[政治的権力]を奪う

1096 □□□□□

veer
[víər]

動 （進路・話題などが）それる[変わる]（≒ swerve）

veer off the course[road] ▶ コース[道]からそれる

1097 □□□□□

vindicate
[víndəkèit]

動 （潔白）を証明する、～を正当化する（≒ clear, establish）
名 vindication 立証、照明

vindicate my rights[honor] ▶ 権利[名誉]を回復する

1098 □□□□□

volition
[voulíʃən]

名 意思、決断力（≒ will, determination）

of my own volition ▶ 自分の自由意志で

1099 □□□□□

waive
[wéiv]

動 ～を放棄する、～を差し控える（≒ relinquish, give up）
名 waiver 権利放棄

waive the inheritance right ▶ 相続権を放棄する

1100 □□□□□

wane
[wéin]

動 衰える、弱くなる（≒ diminish, dwindle, deteriorate）

waning popularity[influence] ▶ 衰える人気[影響]

問題 次の下線部の意味に近い語を、下から選んでください。

① **underscore** the fact ……………………… その事実を強調する

② **inadvertently** reveal the secret …………… うっかり秘密を漏らす

③ **waning** popularity …………………………… 衰える人気

④ **dissipate** his energy ……………………… エネルギーを浪費する

⑤ **irrevocable** damage ……………………… 取り返しがつかない被害

⑥ of my own **volition** ………………………… 自分の自由意志で

⑦ have a calm **demeanor** …………………… 温和な物腰である

⑧ violent **retribution** ………………………… 暴力的な報復

⑨ **expedite** the learning process …………… 学習プロセスを早める

⑩ a **harbinger** of trouble …………………… 災難の前触れ

⑪ athletic **prowess** …………………………… 優れた運動能力

⑫ a **paragon** of virtue ……………………… 美徳の鑑

⑬ an **arduous** task …………………………… 困難な仕事

⑭ **instigate** a riot …………………………… 暴動を扇動する

⑮ **engaging** smile …………………………… 魅力的な笑顔

選択肢

Ⓐ ability　Ⓑ incite　Ⓒ will　Ⓓ dwindling　Ⓔ demanding
Ⓕ portent　Ⓖ squander　Ⓗ manner　Ⓘ unintentionally　Ⓙ attractive
Ⓚ precipitate　Ⓛ retaliation　Ⓜ irreversible　Ⓝ epitome　Ⓞ highlight

解答 ①O ②I ③D ④G ⑤M ⑥C ⑦H ⑧L ⑨K ⑩F ⑪A ⑫N ⑬E ⑭B ⑮J

GOAL

1101
1110

START

1101 □□□□□
abject
[ǽbdʒekt]

形 (極度に)絶望的な[惨めな](≒ miserable, wretched)

abject poverty ▶ 極貧
an abject failure ▶ 惨めな失敗

1102 □□□□□
accrue
[əkrúː]

動 生じる、発生する(≒ accumulate)　形 accrued 未収の

Interest accrues to the deposit. ▶ 利子が保証金に生じる。
Economic benefits will accrue to Africa.
　▶ 経済的恩恵がアフリカに生じる。

1103 □□□□□
acrimonious
[ækrəmóuniəs]

形 厳しい、辛辣な(≒ caustic)
名 acrimony 厳しさ

an acrimonious debate[dispute] ▶ 激論

1104 □□□□□
adroit
[ədrɔ́it]

形 巧みな、機転の利く(≒ dexterous, deft)
名 adroitness 機転

adroit management[handling] ▶ 巧みな経営[対応]

1105 □□□□□
affront
[əfrʌ́nt]

名 侮辱、無礼な言動(≒ insult, offence)
動 ～を侮辱する

an affront to human dignity[democracy]
　▶ 人間の尊厳[民主主義]への侮辱

1106 □□□□□
arcane
[ɑːrkéin]

形 不可解な、難解な(≒ recondite)

arcane knowledge[arts] ▶ 深遠な知識[アート]

1107 □□□□□
astounding
[əstáundiŋ]

形 びっくり仰天させる(≒ astonishing, staggering)
動 astound 仰天させる

an astounding success[discovery] ▶ 驚くべき成功[発見]

1108 □□□□□
brazen
[bréizn]

形 ずうずうしい、恥知らずの(≒ brash, insolent)

a brazen attack[lie] ▶ あからさまな攻撃[嘘]

1109 □□□□□
broach
[bróutʃ]

動 (初めて話題)を切り出す(≒ introduce, bring up)

broach the subject[problem] ▶ その話題[問題]を切り出す

1110 □□□□□
brusque
[brʌ́sk]

形 不愛想な、ぶっきらぼうな(≒ blunt, curt)

a brusque manner[reply] ▶ 素っ気ない態度[ぶっきらぼうな返事]

第28日

01 Monetarism

296 SENTENCE

Monetarism is a **macroeconomic** school of thought established by **Milton Friedman**, which maintains that **money supply** is the chief determinant of **commodity prices**. A monetarist opposes the **Keynesian** idea of government's **discretionary fiscal policy** such as increased government expenditure, insisting that economy depends on the **amount of money circulating in the market**, controlled by the government's **monetary policy**. Monetarism was adopted under the Thatcher and Reagan administrations as **neoliberal** financial policies (called **Thatcherism and Reaganomics** respectively) in the 1980's, and still remains influential in today's world.

297 WORDS

- ☐ **monetarism** [mánətərìzm] マネタリズム
- ☐ **macroeconomic** マクロ経済学の
- ☐ **Milton Friedman** ミルトン・フリードマン
- ☐ **money supply** 貨幣供給量、マネーサプライ
- ☐ **commodity prices** 物価
- ☐ **Keynesian** [kéinziən] ケインズ派の
- ☐ **discretionary fiscal policy** [diskréʃənèri] 裁量的な財政政策
- ☐ **amount of money circulating in the market** 市場の貨幣流通量
- ☐ **monetary policy** 金融政策
- ☐ **neoliberal** [nioríbərəl] 新自由主義的な
- ☐ **Thatcherism and Reaganomics** サッチャリズムとレーガノミクス

TRANSLATION

マネタリズムとは、ミルトン・フリードマンによって確立されたマクロ経済学の一派で、貨幣供給量（マネーサプライ）が物価の主な決定因であるとする。マネタリストは、経済は政府の金融政策によりコントロールされる市場における貨幣の流通量に依存すると主張し、政府（財政）支出の増大等、ケインズ派の政府の裁量的な財政政策に反対する。マネタリズムは1980年代にサッチャー政権やレーガン政権で新自由主義的金融政策として採用され（それぞれサッチャリズム、レーガノミクスと呼ばれた）、今日の世界でも大きな影響力を持っている。

Q ❶ What determines commodity prices according to monetarism?
❷ What is the reason why monetarists oppose to the government's discretionary fiscal policy?

天文学 / 地質学 / 気象学 / 生物学 / 心理学 / 物理学 / 歴史 / 芸術 / 政治 / 経済

1111 bungle
[báŋgl]
動 へまをする、しくじる
名 へま (≒ blunder)

bungle the important job[work] ▶ 重要な仕事をしくじる

1112 celibacy
[séləbəsi]
名 独身
形 celibate (宗教的理由で)独身の、禁欲の

a choice between marriage and celibacy ▶ 結婚か独身かの選択

1113 chronicle
[krá(:)nikl]
名 年代記 (≒ annals)
動 ～を年代記として記録する

war chronicles ▶ 戦記物語
compile a chronicle ▶ 年代記を編纂する

1114 commensurate
[kəménsərət]
形 釣り合った、ふさわしい (≒ equivalent)

The salary is commensurate with experience[age].
▶ 給料は経験[年齢]に釣り合っている。

1115 complicity
[kəmplísəti]
名 共謀、共犯 (≒ collusion)

complicity in a crime ▶ 犯罪の共謀

1116 connive
[kənáiv]
動 共謀する、黙認する (≒ overlook, ignore)

connive at a crime[wrongdoing] ▶ 犯罪[悪事]を黙認する

1117 corroborate
[kərábərèit]
動 ～を強める、～を確証する (≒ verify, substantiate)
形 corroborative 裏付けとなる
名 corroboration 確証、裏付け

corroborate the evidence[finding] ▶ 証拠[発見]を裏付ける

1118 cringe
[krínʤ]
動 畏縮する (≒ cower, flinch, recoil)、へつらう
名 身がすくむこと

cringe in fear[pain] ▶ 恐怖[痛み]ですくむ

1119 debacle
[deibá:kl]
名 大失敗 (≒ fiasco, failure)、崩壊

a financial debacle ▶ 財政の大失敗
the debacle of the war ▶ 戦争を巡る大失敗

1120 deprecate
[déprikèit]
動 ～を非難する、～を咎める、
　　～を軽視する (≒ deplore, condemn)

deprecate the vices of humankind ▶ 人間の悪行を強く非難する

02 FRB

There are twelve "**central banks**" in the United States, which are called the FRB (**Federal Reserve Banks**). The institution supervising these banks is also called the FRB, abbreviated from the **Federal Reserve Board**. The former plays practical roles including the **issuance of dollar bills** (officially called **Federal Reserve notes**), while the latter plays administrative roles such as overseeing the Federal Reserve Banks and making decisions on **monetary policies** including **open market operations**. The United States is said to have adopted such a **decentralized "central" banking system** due to its traditional **aversion** to the **centralization of power**.

- [ ] **central banks** 中央銀行
- [ ] **Federal Reserve Banks** 連邦準備銀行
- [ ] **Federal Reserve Board** 連邦準備制度理事会
- [ ] **issuance of dollar bills** [íʃuːəns] ドル紙幣の発行
- [ ] **Federal Reserve notes** 連邦準備券(ドル紙幣)
- [ ] **monetary policy** [mánətèri] 金融政策
- [ ] **open market operations** 公開市場操作
- [ ] **decentralized "central" banking system** 分権的な「中央」銀行制度
- [ ] **aversion** [əvə́rʒən] 嫌悪
- [ ] **centralization of power** [sèntrələzéiʃən] 中央集権

合衆国には12の「中央銀行」があり、それらをFRB（連邦準備銀行）と呼ぶ。それらを統括する機関もまたFRBと呼ぶが、これは連邦準備制度理事会の略称である。前者はドル紙幣（正式には連邦準備券）の発行など実務的な機能を担うが、後者は公開市場操作などの金融政策の意思決定や、各連邦準備銀行の監視を担う管理的役割を負っている。アメリカは伝統的に中央集権を嫌うため、このような分権的な「中央」銀行制度を採用したと言われている。

Q
❶ What organization administers twelve central banks in America?
❷ What led to the establishment of a decentralized "central" banking system in America?

天文学 地質学 気象学 生物学 心理学 物理学 歴史 芸術 政治 経済

1121 ☐☐☐☐☐
despondent
[dispάndənt]
形 落胆[意気消沈]した (≒ downcast, disheartened)
a despondent mood[heart] ▶ 落胆したムード[気分]

1122 ☐☐☐☐☐
devious
[díːviəs]
形 不正な、よこしまな (≒ sly, insidious)、遠回りの
a devious mind[means] ▶ よこしまな心[手段]

1123 ☐☐☐☐☐
diminutive
[dimínjətiv]
形 小柄な、ちっぽけな
名 小さい人、愛称
a diminutive figure[woman] ▶ 小さな形[小柄な女性]

1124 ☐☐☐☐☐
disgruntled
[disgrʌ́ntld]
形 (思い通りでなく)不機嫌な、不満な (≒ discontented)
disgruntled workers[customers] ▶ 不満な従業員[客]

1125 ☐☐☐☐☐
disparate
[díspərət]
形 異なる、異種の (≒ different, unlike)
disparate elements[subjects] ▶ 異なる要素[話題]

1126 ☐☐☐☐☐
effigy
[éfidʒi]
名 (憎むべき人物の)人形、肖像 (≒ dummy)
burn him in effigy ▶ 彼の人形を作って火あぶりにする

1127 ☐☐☐☐☐
egregious
[igríːdʒəs]
形 実にひどい、言語道断な (≒ glaring)
an egregious error[mistake] ▶ 甚だしい誤り

1128 ☐☐☐☐☐
emaciated
[iméiʃièitid]
形 やつれた (≒ haggard, gaunt)
an emaciated body[patient] ▶ やつれた体[患者]

1129 ☐☐☐☐☐
enliven
[inláivən]
動 〜を活気づける (≒ invigorate, animate)、〜を魅力的にする
enliven the story[party] ▶ 話[パーティ]を面白くする

1130 ☐☐☐☐☐
ephemeral
[ifémərəl]
形 束の間の、はかない (≒ transient)
the ephemeral nature of life ▶ 命のはかなさ
ephemeral beauty ▶ 束の間の美しさ

03 Hard Currency and Soft Currency

302 SENTENCE

A **hard currency**, also called a **world currency**, refers to any currency that is widely used in **international transactions** and easily **convertible** into other currencies, especially the US dollar. Examples of hard currencies include the **euro**, **Japanese yen**, **British pound sterling**, and **Swiss franc**. Under the current **floating exchange rate system**, the stability of the **exchange rate** of a currency is only secured by the political and fiscal stability of the **issuing country**. On the other hand, a **currency with fluctuating value** and no convertibility into other currencies is called a **soft currency**, or a **local currency**.

303 WORDS

- ☐ **hard currency** ハードカレンシー
- ☐ **world currency** 国際決済通貨
- ☐ **international transactions** 国際取引
- ☐ **convertible** [kənvə́rtəbl] 交換可能な
- ☐ **euro** [jú(ə)rou] ユーロ
- ☐ **Japanese yen** 日本円
- ☐ **British pound sterling** [páund] [stə́rliŋ] 英(スターリング)ポンド
- ☐ **Swiss franc** [frǽŋk] スイスフラン
- ☐ **floating exchange rate system** 変動為替相場制
- ☐ **exchange rate** 為替レート
- ☐ **issuing country** [íʃuiŋ] 発行国
- ☐ **currency with fluctuating value** [flʌ́ktʃuèitiŋ] 価値が不安定に変動する通貨
- ☐ **soft currency** ソフトカレンシー
- ☐ **local currency** ローカルカレンシー

TRANSLATION

ハードカレンシーとは、国際決済通貨とも呼ばれ、国際取引に広く用いられ、容易に他国通貨（とりわけ米ドル）との交換が可能な通貨のことをいう。その他、ユーロ、日本円、英ポンド、スイスフランなどがハードカレンシーの例である。現行の変動為替相場制の下では、通貨の為替レートの安定性は発行国の政治的・財政的な安定によってのみ保証されている。一方で、価値が不安定に変動し、他国通貨との交換性をもたない通貨のことを、ソフトカレンシーあるいはローカルカレンシーと呼ぶ。

Q

❶ What is a difference between a hard currency and a soft currency?

❷ What factor secures the stability of the exchange rate under the floating exchange rate system?

GOAL

1131
1140

1131
□□□□□

eschew

[istʃúː]

動 ～を避ける、～を慎む (≒ abstain[refrain] from, shun)

eschew violence[alcohol] ▶ 暴力[酒]を慎む

1132
□□□□□

eulogize

[júːlədʒàiz]

動 ～をほめたたえる (≒ extol, laud)
名 eulogy 追悼、賞賛

eulogize the deceased ▶ 故人をほめたたえる

1133
□□□□□

extol

[ikstóul]

動 ～を激賞する (≒ acclaim)
名 extolment 激賞

extol the virtues of the democracy ▶ 民主主義の長所を激賞する

1134
□□□□□

farce

[fáːrs]

名 笑劇、茶番劇 (≒ travesty, joke)

What a farce! ▶ 茶番だぜ！

1135
□□□□□

figment

[fígmənt]

名 作り事、作り話 (≒ fabrication, concoction)

a figment of the imagination ▶ 想像上の産物

1136
□□□□□

flounder

[fláundər]

動 低迷する、不振に陥る (≒ stagger, falter)

a floundering company[economy] ▶ 低迷する会社[経済]

1137
□□□□□

forlorn

[fərlɔ́ːrn]

形 見捨てられた (≒ deserted)、絶望的な

a forlorn hope ▶ かなわぬ望み
a forlorn look on his face ▶ 彼の絶望的な顔つき

1138
□□□□□

fraught

[frɔ́ːt]

形 (問題など)いっぱいの、はらんで (≒ loaded, rife)

be fraught with problems[difficulties] ▶ 問題[困難]でいっぱいの

1139
□□□□□

galvanize

[gǽlvənàiz]

動 ～に刺激を与える、～を活性化する (≒ invigorate)、
～に電気を通す

galvanize the community[economy] ▶ 地域[経済]を活性化する

1140
□□□□□

gloat

[glóut]

動 満足そうに眺める (≒ crow over, delight in)

gloat over her victory[success] ▶ 彼女の勝利[成功]を満足してながめる
gloat over his death ▶ 彼の死をほくそ笑む

START

04 Devaluation and Revaluation

305 SENTENCE

In the **fixed exchange rate system**, **devaluation** refers to an official lowering of the value of a country's **currency** in relation to other foreign currencies. The decreased **purchasing power** of the **devalued currency** reduces the country's **imports** but expands its **exports**. Devaluation is therefore deliberately conducted by the **monetary authorities**, such as the government and **central banks**, mainly for the purpose of reducing **trade deficits**. The opposite of devaluation is called **revaluation**, a **monetary policy** which reduces **trade surpluses** but increases the purchasing power of the currency, and thus enhances the country's economic status.

306 WORDS

- ☐ **fixed exchange rate system** 固定為替相場制
- ☐ **devaluation** [diːvæljuéiʃən] 平価切下げ
- ☐ **currency** [kə́ːrənsi] 通貨
- ☐ **purchasing power** 購買力
- ☐ **devalued currency** 切り下げられた通貨
- ☐ **import** [ímpɔːrt] 輸入
- ☐ **export** [ékspɔːrt] 輸出
- ☐ **monetary authorities** [əθɔ́rətiːz] 通貨当局
- ☐ **central banks** 中央銀行
- ☐ **trade deficits** [défəsit] 貿易赤字
- ☐ **revaluation** [rìːvæljuéiʃən] 平価切上げ
- ☐ **monetary policy** 通貨政策
- ☐ **trade surpluses** [sə́ːrpləsis] 貿易黒字

TRANSLATION

固定為替相場制の下で、平価切下げとは一国の通貨の価値を他国通貨に対して公的に引き下げることをいう。切り下げられた通貨の購買力は低下し、その国の輸入は縮小するが輸出は拡大する。そのため、平価切下げは主に貿易赤字の縮小を目的として、政府や中央銀行といった通貨当局により意図的に行われる。平価切下げの反対は平価切上げと呼ばれ、貿易黒字を縮小する一方で、通貨の購買力を高めることで国の経済的地位の向上をもたらす通貨政策である。

Q
❶ What is the advantage and disadvantage of revaluation?
❷ What is the purpose of devaluation?

GOAL

1141
1150

START

1141
☐☐☐☐☐
grievance
[grí:vəns]

名 不平、不満 (≒ complaint, gripe)

have[settle] a grievance ▶ 不満を抱く[解決する]

1142
☐☐☐☐☐
grinding
[gráindiŋ]

形 過酷な、耳障りな (≒ grating, jarring)

a grinding noise ▶ 耳障りな音
grinding poverty ▶ 過酷な貧困

1143
☐☐☐☐☐
gruesome
[grú:səm]

形 陰惨な、身の毛がよだつ (≒ horrifying)

a gruesome murder[crime] ▶ 身の毛がよだつ殺人[犯罪]

1144
☐☐☐☐☐
hermit
[hə́:rmit]

名 世捨て人、仙人 (≒ recluse)
形 hermitic 隠遁生活の

a hermit living in a remote mountain ▶ 山奥に住む世捨て人

1145
☐☐☐☐☐
hindsight
[háindsait]

名 後知恵、結果論
反 foresight 先見の明

with the benefit of hindsight ▶ 今になって思い返せば

1146
☐☐☐☐☐
idiosyncratic
[ìdiousiŋkrǽtik]

形 特異な、特異体質の (≒ peculiar)
名 idiosyncrasy 特異性

an idiosyncratic style[culture] ▶ 特異なスタイル[文化]

1147
☐☐☐☐☐
implacable
[implǽkəbl]

形 執念深い、なだめられない (≒ relentless)

implacable enemies[hatred] ▶ 執念深い敵[憎しみ]

1148
☐☐☐☐☐
impound
[impáund]

動 ～を押収する (≒ confiscate, seize)、
　　～を拘置する (≒ incarcerate)

impound his property[belongings] ▶ 彼の財産[所有物]を押収する

1149
☐☐☐☐☐
incongruous
[inkáŋgruəs]

形 不釣り合いな (≒ odd, unsuitable)
名 incongruity 不一致

incongruous with the situation[character] ▶ 状況[性格]と一致しない

1150
☐☐☐☐☐
inculcate
[inkʌ́lkèit]
[ínkʌlkèit]

動 ～を教え込む、～を説き聞かせる (≒ instill, implant)

inculcate morals[virtue] in[into] young people
▶ 若者に道徳[美徳]を教え込む

05 Laissez-faire

308 SENTENCE

Laissez-faire is a **capitalist** principle which **champions free economic activities** and opposes **governmental interference** in the **market economy**. Its proponents believe in a **self-regulating market mechanism**, by which people's unrestricted **pursuits of self-interests** and their fair competitions will bring greater prosperity to the society as a whole. On the other hand, some exceptional situations called **market failures** are known to be caused by **monopoly**, a situation where a single company drives all the other companies out of the market as a result of **free competition**, resulting in an absence of competition.

309 WORDS

☐ **laissez-faire** [lèseiféə] 自由放任主義、レッセフェール	☐ **self-regulating market mechanism** 自己調整的な市場メカニズム
☐ **capitalist** 資本主義の	☐ **pursuits of self-interests** [pərsúːt] 自己利益の追求
☐ **champion free economic activities** 自由な経済活動を擁護する	
☐ **governmental interference** [ìntərfíərəns] 政府の介入	☐ **market failures** 市場の失敗
	☐ **monopoly** [mənápəli] 独占
☐ **market economy** 市場経済	☐ **free competition** 自由競争

TRANSLATION

自由放任主義（レッセフェール）とは、自由な経済活動を擁護し、政府の市場経済への介入に反対する資本主義の原則である。その支持者は自己調整的な市場メカニズムを信頼し、人々の無制限な自己利益の追求と公正な競争が、社会全体により、大きな繁栄をもたらすと考える。一方で、市場の失敗と呼ばれる例外的な状況が独占により起こることも知られている。独占とは、自由競争の結果、1つの企業が他の全ての企業を市場から駆逐し、結果的に競争の欠如につながることをいう。

Q ❶ What are the advantages and disadvantages of laissez-faire?
❷ What is the situation in which consumers have no substitutes and are probably forced to pay the high prices for the goods?

天文学
地質学
気象学
生物学
心理学
物理学
歴史
芸術
政治
経済

GOAL
1151
↓
1160

START

1151 ☐☐☐☐☐
incur
[inkə́:r]

動 (費用・損失など)を負う (≒ sustain)

incur costs[a debt] ▶ 費用[借金]を負う

1152 ☐☐☐☐☐
indoctrinate
[indάktrənèit]

動 ~を教え込む、~を吹き込む (≒ inculcate, brainwash)
名 indoctrination 教化

indoctrinate people with an idea ▶ 人々にある考えを吹き込む

1153 ☐☐☐☐☐
inept
[inépt]

形 無能な (≒ incompetent)
名 ineptitude 無能ぶり

the government's inept handling of the crisis
▶ 政府の無能な危機対応

1154 ☐☐☐☐☐
inexorable
[inéksərəbl]

形 止め[避け]られない、情け容赦ない (≒ inevitable)

the inexorable forces of nature ▶ 自然の容赦ない猛威
the inexorable rise in unemployment ▶ 止めようのない失業者の増加

1155 ☐☐☐☐☐
infatuated
[infǽtʃuèitid]

形 夢中になった (≒ enamored, captivated)
名 infatuation 夢中

be infatuated with a woman[my boyfriend] ▶ 女[彼氏]にのぼせる

1156 ☐☐☐☐☐
innocuous
[inάkjuəs]

形 無難な (inoffensive)、(物質が)無害な (≒ harmless)

innocuous questions ▶ 無難な質問
an innocuous gas[drug] ▶ 無害なガス[薬]

1157 ☐☐☐☐☐
inquisitive
[inkwízətiv]

形 探求的な、詮索好きな (≒ prying)
動 inquire 尋ねる
名 inquiry 質問

an inquisitive mind[child] ▶ 探究心[知識欲旺盛な子]

1158 ☐☐☐☐☐
insidious
[insídiəs]

形 こっそりたくらまれた、狡猾な、潜行性の

insidious bullying ▶ 陰湿ないじめ
an insidious disease ▶ 潜行性の病気

1159 ☐☐☐☐☐
juncture
[dʒʌ́ŋktʃər]

名 (重大な)時点、岐路 (≒ point in time)

The economy[government] is at a critical juncture.
▶ 経済[政府]は重大局面にある。

1160 ☐☐☐☐☐
kindred
[kíndrəd]

形 親族の、同類の
名 親族 (≒ kin, cognate)、同質性

kindred spirits ▶ 気心の合う人
kindred tribes ▶ 同種族

06 Bull or Bear

311 SENTENCE

The conditions of **financial markets** are often described as "bull" or "bear." A **bull market** refers to a **long-term rise in stock prices**, backed by **investors' sanguine views** of the market trend. In contrast, a **bear market** refers to a lasting decline with widespread pessimism among **traders**. Market prices reflect **investors' positive or negative sentiments** toward the market. They buy when they **anticipate gains** and **sell for fear of losses**. A bull or bear market is generally considered to show **a climb or a decline in stock prices** of **at least 20% over a two-month period**.

312 WORDS

☐ **financial markets** 金融市場

☐ **bull market** 強気相場

☐ **long-term rise in stock prices** 長期的な株価の上昇

☐ **investors' sanguine views** [sǽŋgwin] 投資家の楽天的な見通し

☐ **bear market** 弱気相場

☐ **trader** トレーダー

☐ **investors' positive or negative sentiments** 積極的または消極的な投資家心理

☐ **anticipate gains** 儲けを期待する

☐ **sell for fear of losses** 損失を恐れて売る

☐ **a climb or a decline in stock prices** 株価の上昇または下降

☐ **at least 20% over a two-month period** 2カ月以上にわたり少なくとも20%以上

TRANSLATION

金融市場の状態はしばしば「強気」「弱気」と表現される。強気相場とは、市場動向に対する投資家の楽天的な見通しを背景とした、長期的な株価の上昇をいう。それに対し弱気相場とは、トレーダーの間に悲観主義が広まり、下向きの傾向が長続きすることをいう。このように市場価格は、市場に対する積極的または消極的な投資家心理を反映する。彼らは儲けを期待しては買い、損失を恐れては売りに出る。一般に、2カ月以上にわたり少なくとも20%以上の株価の上昇または下降を示すとき、強気または弱気相場と見なされる。

Q
❶ What does the market price reflect?
❷ What does a bull market refer to?

天文学 地質学 気象学 生物学 心理学 物理学 歴史 芸術 政治 経済

313

GOAL
1161
1170

1161 □□□□□
leeway
[líːwei]

名 余裕、ゆとり、余地、風圧偏位(≒ space)

financial leeway ▶ 金銭的余裕
make up the leeway ▶ 遅れを取り戻す

1162 □□□□□
listless
[lístləs]

形 疲れて気の抜けた、無関心な(≒ lethargic)

tired and listless ▶ 疲れ果てて気が抜けた
listless soldiers ▶ 疲れはてた兵士たち

1163 □□□□□
lurch
[lə́ːrtʃ]

動 突然動く[傾く]、よろめく(≒ stagger, sway)

The car lurched forward. ▶ 車が急に前のめりした。

1164 □□□□□
lurid
[lú(ə)rid]

形 どぎつい、けばけばしい(≒ vivid, sensational)

lurid crimes ▶ 身の毛のよだつ犯罪
lurid sexual acts ▶ どぎつい性行為

1165 □□□□□
mangle
[mǽŋgl]

動 〜をズタズタにする(≒ mutilate, maim)

mangle the body[face] ▶ 体[顔]をズタズタにする

1166 □□□□□
nudge
[nʌ́dʒ]

動 (注意を引くために)〜をひじで軽く突く、
　 〜を軽く促す(≒ poke, prod)
名 ひじの軽いつつき

nudge members into action ▶ メンバーを行動へと軽く促す

1167 □□□□□
nullify
[nʌ́ləfài]

動 〜を無効にする、〜を取り消す(≒ invalidate)

nullify the law[contract] ▶ 法律[契約]を無効にする

1168 □□□□□
offshoot
[áːʃuːt]

名 派生物、分派、子孫

an offshoot of the company ▶ その会社の分社
an offshoot of the organization ▶ その組織の分派

1169 □□□□□
opulent
[ápjulənt]

形 裕福な(≒ wealthy)、豪華な(≒ luxurious)

opulent lifestyles[jewelry] ▶ ぜいたくな生活様式[豪華な宝石]

1170 □□□□□
palatable
[pǽlətəbl]

形 おいしい、好ましい(≒ delectable)

palatable food[red wine] ▶ おいしい食べ物[赤ワイン]

START

第30日

07 Portfolio

A **portfolio** refers to a list of all the **financial assets** owned by an individual or a company. It is often managed and designed by financial professionals to realize the **optimal allocation** of the assets, and maximize the profit in the form of **interest**, **dividends**, etc. Investments in financial assets are best made when **adjusted to diversify and minimize the risk**, thereby **maximizing the expected returns**. The strategy of **portfolio management** is usually determined in accordance with the **asset holder**'s objectives and **risk tolerance**.

- [ ] **portfolio** [pɔrtfóuliòu] — ポートフォリオ
- [ ] **financial assets** — 金融資産
- [ ] **optimal allocation** — 最適配分
- [ ] **interest** — 金利
- [ ] **dividends** [dívidènd] — 配当
- [ ] **adjust to diversify and minimize the risk** [dəvə́:rsəfài] — リスクを分散して最小化するために調整する
- [ ] **maximize the expected returns** — リターンの期待値を最大化する
- [ ] **portfolio management** — ポートフォリオの管理
- [ ] **asset holder** — 資産保有者
- [ ] **risk tolerance** [tálərəns] — リスク許容度

ポートフォリオとは、個人や企業により所有される金融資産の一覧をいう。それは資産の最適配分を実現し、金利や配当などの形で利益を最大化するために、しばしば金融のプロによって管理・作成される。金融資産への投資は、リスクを分散し最小化することでリターンの期待値を最大化するように調整されたとき、最も良くなされている。ポートフォリオ管理の戦略はふつう、資産保有者の目的とリスク許容度に応じて決定される。

天文学 / 地質学 / 気象学 / 生物学 / 心理学 / 物理学 / 歴史 / 芸術 / 政治 / 経済

Q ❶ What aspects do financial professionals incorporate into designing portfolios?
❷ What are the ideal ways to invest in financial assets?

316

1171
□□□□□
penchant
[péntʃənt]

名 好み、傾向 (≒ propensity, proclivity)

have a penchant for drinking ▶ 酒を好む傾向がある

1172
□□□□□
pillage
[pílidʒ]

動 (戦争で〜を)略奪する (≒ plunder, loot, ravage, ransack)
名 戦利品
名 pillager 略奪者

pillage the village[town] ▶ 村[町]を略奪する

1173
□□□□□
precipitate
動 [prisípətèit]
形名 [prisípətit]

動 (予定より急に)〜を引き起こす (≒ cause, trigger)、
　　真っ逆さまに落とす(落ちる)、(化学)固形物を沈殿させる
形 突発の 名 (化学)沈殿物

precipitate a banking crisis ▶ 金融危機を引き起す

1174
□□□□□
premonition
[prèməníʃ(ə)n]

名 予感、前兆 (≒ presentiment, foreboding)

have an uneasy premonition of danger[death]
▶ 危険[死]の不吉な予感がする

1175
□□□□□
prescient
[préʃ(ə)nt]

形 先見の明のある (≒ prophetic, visionary)

a prescient warning[prediction] ▶ 先を見越した警告[予告]

1176
□□□□□
pretext
名 [prí:tekst]
動 [pri:tékst]

名 口実、弁解 (≒ subterfuge)
動 〜を口実にする

under the pretext of being sick ▶ 病気を口実にして

1177
□□□□□
prosaic
[prouzéiik]

形 平凡な、退屈な、散文の
名 prose 散文、単調

a prosaic life[style] ▶ 平凡な生活[散文形式]

1178
□□□□□
pungent
[pʌ́ndʒənt]

形 鼻にツンとくる、辛らつな (≒ acrid, piquant)

a pungent smell[odor] ▶ 鼻にツンとくる臭い
a pungent taste ▶ 辛味

1179
□□□□□
recant
[rikǽnt]

動 〜を取り消す、〜を撤回する (≒ retract)

recant his earlier statement ▶ 前言を撤回する

1180
□□□□□
reek
[rí:k]

動 (非常に)嫌なにおいがする、〜の悪臭を放つ、〜の気味がある
形 reeking 泥酔した

reek of garlic[blood] ▶ にんにく[血]のにおいがぷんぷんする

第**30**日

08 Mortgage

317 SENTENCE

A **mortgage** commonly refers to a **loan** for purchasing a **real estate property**, in which the **borrower pledges** the ownership of the property to the **lender**, usually a bank or a credit union, as **collateral** in case of a **default**. In other words, if the borrower fails to make the promised **loan payments**, the lender can **seize the collateral** and sell it to **pay off** the loan. (This is called **foreclosure**.) Mortgages are not only used by individuals to **finance** the purchase of a house, but also by businesses to invest in **commercial property** to gain profit.

318 WORDS

☐ mortgage [mɔ́rgidʒ]	モーゲージ（抵当権、住宅ローン）	☐ default [difɔ́lt]	債務不履行
☐ loan	貸付（ローン）	☐ loan payments	ローンの支払い
☐ real estate property [prápərti]	不動産	☐ seize the collateral [síːz]	担保物件を没収する
☐ borrower	借主	☐ pay off	完済する
☐ pledge [plédʒ]	抵当に入れる	☐ foreclosure [fɔrklóuʒə]	抵当流れ
☐ lender	貸主	☐ finance	資金調達する
☐ collateral [kəlǽtərəl]	担保	☐ commercial property [prápərti]	商業用不動産

TRANSLATION

モーゲージとは通例、不動産を購入するための貸付（ローン）を指す。借主は貸主（ふつう、銀行か信用組合）に対し、債務不履行の場合の担保として、その物件の所有権を抵当に入れる。つまり借主が決められたローンの支払いを済ませることができない場合、貸主はローンを完済するために、その担保物件を没収し売却してよい。（これを抵当流れという。）モーゲージは、個人が住宅を購入する際の資金調達だけでなく、企業が利益を得るために商業用不動産に投資する際にも用いられる。

Q ❶ How does the system of a mortgage work?
❷ What are the purposes of using a mortgage?

1181
1190

1181 □□□□□
repository
[ripázətɔ̀:ri]

名 収納場所、豊富な蓄え (≒ storehouse)、地下埋葬所

a nuclear waste repository ▶ 核廃棄物の貯蔵庫
a repository of knowledge ▶ 知識の宝庫

1182 □□□□□
reprieve
[riprí:v]

動 ～の刑の執行を猶予する (≒ pardon)
名 刑執行の猶予

a reprieve from a death sentence ▶ 死刑執行猶予

1183 □□□□□
reprove
[riprú:v]

動 ～を非難する、～をたしなめる (≒ admonish)

reprove him for being late ▶ 遅刻したことで彼を非難する

1184 □□□□□
resplendent
[rispléndənt]

形 まばゆい、光輝く (≒ glittering, splendid)

resplendent jewelry ▶ 光輝く宝石類
a man resplendent in a tuxedo ▶ タキシードを着て輝いている男

1185 □□□□□
rout
[ráut]

動 (戦い・選挙などで)～を完敗させる (≒ defeat)

rout the enemy[opposition] ▶ 敵[相手]を完敗させる

1186 □□□□□
salient
[séiliənt]

形 最も重要な、目立つ (≒ most noticeable)

salient features[characteristics] ▶ 目立った特徴

1187 □□□□□
scathing
[skéiðiŋ]

形 痛烈な、容赦ない (≒ caustic, sharp)

scathing criticism[comments] ▶ 痛烈な非難[コメント]

1188 □□□□□
smother
[smʌ́ðər]

動 窒息死させる (≒ suffocate)、
(あくびを)かみ殺す、火を消す (≒ extinguish)

smother a yawn ▶ あくびを抑える
smother the fire ▶ 火を消す

1189 □□□□□
splurge
[splə́:rdʒ]

名 動 散財(する)、ぜいたく(をする) (≒ squander)

splurge on food[luxury] ▶ 食物[ぜいたく品]に散財する

1190 □□□□□
squalid
[skwálid]

形 汚らしい、むさ苦しい、惨めな (≒ filthy, wretched)

a squalid prison ▶ 汚い刑務所
a squalid death ▶ 惨めな死に方

START

「影響・結果」の類語の使い分けマスター

　「影響・結果」の類語グループで一般的なものは、頻度順に **result**（of training）「望ましい結果・成績・調査結果と意味が多い」> **effect**（of aging）「何かの結果・影響・変化」> **impact**（of new technologies）「出来事や状況の多大な影響・衝撃」> **influence**（of the Internet）「人の考え方や行動、物事の仕組みや発展に与える影響」> **outcome**（of the meeting, war）「話し合いや戦いなどのどうなるかわからない最終結果」> **implications**（of the movement）「出来事や決定の将来への影響」> **product**（of the environment）「産物」> **consequence**（of climate change）「よからぬことの結果・影響」などがあります。

　これをワンランクUPすると、**fruit**（of hard work）「何らかの活動・仕事の成果」> **aftermath**（of the storm）「災害・不運などの余波」> **by-product**（nuclear power generation）「予期せぬ結果、派生的に起こる結果」> **ramification**（of the war）「複雑でわかりにくい予期できない結果・影響」> **repercussion**（of the crisis）「間接的でしばらく続く、思わぬ悪い結果」> **corollary**（of the decision）「当然の直接的結果」> **upshot**（of the meeting）「事態などの結末、最終的結果」> **aftereffect**（of the drug）「後遺症・余波」などがあります。これらを使いこなせばライティング＆スピーキング力が生まれ変わります。

GOAL

1191
1200

1191 □□□□□
squeamish
[skwí:miʃ]

形 すぐに気分が悪くなる (≒ easily nauseated)、潔癖の (≒ fastidious)

be squeamish about blood[bugs]
▶ 血[虫]を見るとすぐに気分が悪くなる

1192 □□□□□
tantamount
[tæntəmàunt]

形 同等の、等価の (≒ equivalent, equal)

Her request is tantamount to a threat. ▶ 彼女の要求は脅しに等しい。

1193 □□□□□
transgress
[trænsgrés]

動 〜に違反する (≒ contravene)、〜を超える、罪を犯す
名 transgression 違反

transgress the law ▶ 法を犯す
transgress the boundary ▶ 境界を越える

1194 □□□□□
ulterior
[ʌltí(ə)riər]

形 隠された、裏の、将来の (≒ covert, undisclosed)

an ulterior motive[purpose] ▶ 裏の動機[目的]

1195 □□□□□
uncouth
[ʌnkú:θ]

形 無骨な、粗野な (≒ boorish, crude)

an uncouth child[manner] ▶ 粗野な子ども[マナー]

1196 □□□□□
undulate
[ʌ́ndʒəlèit]

動 起伏する、波打つ (≒ wobble, oscillate)

an undulating landscape ▶ 起伏する地形
an undulating sea ▶ うねる海

1197 □□□□□
untenable
[ʌnténəbəl]

形 支持できない、擁護できない (≒ refutable, flimsy)

an untenable argument ▶ 支持できない主張
an untenable position ▶ 擁護できない立場

1198 □□□□□
vestige
[véstidʒ]

名 名残、痕跡 (≒ remnant, relic)

a vestige of a tradition[culture] ▶ 伝統[文化]の名残

1199 □□□□□
wistful
[wístfəl]

形 物欲しそうな、物足りなそうな (≒ wishful)

a wistful look[smile] ▶ 物欲しそうな顔つき[微笑み]

1200 □□□□□
zenith
[zí:niθ]

名 絶頂、天頂 (≒ peak, pinnacle)
反 nadir どん底

at the zenith of his career ▶ 成功の絶頂

START

⑫

問題 次の下線部の意味に近い語を、下から選んでください。

① financial **debacle** ·················· 財政の大失敗

② have a **penchant** for drinking ·············· 酒を好む傾向がある

③ **inculcate** morals to young people ········· 若者に道徳を教え込む

④ be **commensurate** with experience ······· 経験に釣り合っている

⑤ **inexorable** force of nature ···················· 自然の容赦ない猛威

⑥ a **despondent** mood ····························· 落胆したムード

⑦ an **inquisitive** child ····························· 知識欲旺盛な子ども

⑧ **resplendent** jewelry ····························· 光輝く宝石類

⑨ **extol** the virtues of democracy ··············· 民主主義の長所を激賞する

⑩ a **pungent** smell ································· 鼻にツンとくる臭い

⑪ compile a **chronicle** ···························· 年代記を編纂する

⑫ **salient** features ·································· 目立った特徴

⑬ an **astounding** discovery ······················ 驚くべき発見

⑭ **nudge** members into action ·················· メンバーを行動へと軽く促す

⑮ **galvanize** the community ····················· 地域を活性化する

選択肢

Ⓐ glittering　Ⓑ curious　Ⓒ annals　Ⓓ poke　Ⓔ fiasco

Ⓕ inevitable　Ⓖ propensity　Ⓗ instill　Ⓘ acrid　Ⓙ noticeable

Ⓚ invigorate　Ⓛ astonishing　Ⓜ corresponding　Ⓝ acclaim　Ⓞ downcast

解答　① E　② G　③ H　④ M　⑤ F　⑥ O　⑦ B　⑧ A
⑨ N　⑩ I　⑪ C　⑫ J　⑬ L　⑭ D　⑮ K

一般語彙 見出し語索引

A

abundant	014
abate	118
abbreviate	160
abject	244
abound	076
abstinence	182
abyss	160
accelerate	014
accessible	056
acclaim	098
accompany	034
accrue	244
accumulate	056
acknowledge	056
acquaint	056
acquiesce	224
acquit	140
acrimonious	244
activate	098
acumen	224
adamant	160
adept	182
adequate	014
adhere	014
adjacent	098
adjourn	118
adjust	014
admonish	202
adopt	014
adorable	076
adroit	244
adversary	160
adverse	034
advocate	014
affable	202
affinity	118
afflict	140
affordable	034
affront	244
aggravate	098
akin	118
alert	034
allay	182
alleviate	098
allot	160

allure	118
aloof	118
alternate	076
amass	098
ambiguous	056
ambivalent	118
ameliorate	224
amiable	118
ample	034
amplify	098
analogy	034
anecdote	118
anguish	160
animated	160
animosity	224
annoying	014
antagonist	118
antipathy	034
appalling	140
apparent	014
appeal	014
applause	034
apprehend	160
arcane	244
ardent	098
arduous	224
arouse	056
array	098
articulate	120
artificial	016
ascertain	160
ascribe	224
assail	160
assertive	076
assiduous	224
assimilate	098
associate	034
assume	016
assurance	076
astonish	076
astounding	244
astute	162
atrocious	182
attribute	056
audacious	182
augment	076
auspicious	140

autocratic	162
avaricious	162
aversion	182
avert	100
avid	140
awesome	076
awkward	034

B

baffle	182
balk	224
banal	224
banish	076
barrage	202
barren	076
bashful	162
bask	162
belittle	224
beneficial	016
benevolent	078
bestow	202
betray	036
bewilder	120
bicker	140
bigoted	226
blackmail	100
bland	100
blatant	182
blaze	120
bleak	140
blink	120
blossom	036
bolster	162
boon	182
boundary	036
bountiful	120
brawl	226
brazen	244
brink	078
broach	244
brusque	244
brutal	056
bulky	120
bump	078
bungle	246
buoyant	182
burgeon	184

C

cajole ·············· 226
calamity ·············· 078
candid ·············· 100
candidate ·············· 016
capricios ·············· 120
capsize ·············· 162
captive ·············· 202
capture ·············· 016
cardinal ·············· 202
catastrophe ·············· 120
cease ·············· 016
celebrated ·············· 120
celibacy ·············· 246
censure ·············· 120
cherish ·············· 036
chronicle ·············· 246
circumvent ·············· 162
cite ·············· 078
clamor ·············· 140
clandestine ·············· 226
clarify ·············· 056
classify ·············· 056
clue ·············· 036
clueless ·············· 078
clumsy ·············· 016
cluttered ·············· 078
coax ·············· 202
coercion ·············· 184
coffin ·············· 162
coherent ·············· 078
coincide ·············· 058
collapse ·············· 016
collusion ·············· 202
combat ·············· 058
command ·············· 016
commemorate ·············· 058
commence ·············· 036
commend ·············· 036
commensurate ·············· 246
commitment ·············· 016
commotion ·············· 140
commune ·············· 226
comparable ·············· 058
compassion ·············· 058
compelling ·············· 122
competent ·············· 018
compile ·············· 078
complacent ·············· 122
complexion ·············· 162

compliance ·············· 058
compliant ·············· 202
complicity ·············· 246
compliment ·············· 036
composure ·············· 184
compound ·············· 122
comprehensive ·············· 058
comprise ·············· 078
compromise ·············· 018
conceal ·············· 036
concede ·············· 058
conceited ·············· 080
conceive ·············· 036
concerted ·············· 164
conciliatory ·············· 202
concoct ·············· 164
concur ·············· 204
condemn ·············· 058
condescending ·············· 226
condone ·············· 226
conducive ·············· 184
confer ·············· 122
confide ·············· 164
confine ·············· 058
confiscate ·············· 140
conflagration ·············· 164
conform ·············· 060
confound ·············· 164
confront ·············· 018
conjecture ·············· 204
conjure ·············· 164
connive ·············· 246
conscience ·············· 038
consequence ·············· 038
considerable ·············· 038
consistent ·············· 060
console ·············· 038
conspiracy ·············· 060
constitute ·············· 060
constraint ·············· 142
construe ·············· 184
consummate ·············· 226
contemplate ·············· 038
contempt ·············· 038
contend ·············· 038
contentious ·············· 100
contract ·············· 018
contradiction ·············· 038
contrary ·············· 038
convene ·············· 080
converge ·············· 164

copious ·············· 204
cordial ·············· 122
corpulent ·············· 226
correlation ·············· 080
corroborate ·············· 246
countermeasure ·············· 100
counterpart ·············· 080
covert ·············· 184
coward ·············· 018
cozy ·············· 080
craving ·············· 122
credulous ·············· 204
cringe ·············· 246
crook ·············· 164
crucial ·············· 018
crumble ·············· 100
crumpled ·············· 164
crux ·············· 226
culminate ·············· 184
culprit ·············· 184
cumbersome ·············· 204
curb ·············· 100
curt ·············· 164
curtail ·············· 100

D

dainty ·············· 166
dangle ·············· 166
daring ·············· 080
daunting ·············· 142
dazzle ·············· 122
dearth ·············· 166
debacle ·············· 246
debatable ·············· 100
deceased ·············· 080
decent ·············· 018
deception ·············· 080
decimate ·············· 184
decisive ·············· 080
decorous ·············· 204
decry ·············· 142
dedicated ·············· 018
defer ·············· 204
deference ·············· 204
defiance ·············· 080
definition ·············· 018
deflect ·············· 102
defraud ·············· 184
deft ·············· 186
defunct ·············· 142
defuse ·············· 166

degenerate ·············· 142
delude ·············· 142
deluge ·············· 166
delve ·············· 186
demanding ·············· 060
demean ·············· 204
demeanor ·············· 228
demolish ·············· 142
demoralize ·············· 186
demure ·············· 186
denounce ·············· 102
dent ·············· 122
depict ·············· 060
deplore ·············· 038
deprecate ·············· 246
derision ·············· 166
derive ·············· 018
derogatory ·············· 186
descendant ·············· 040
designate ·············· 060
despise ·············· 082
despondent ·············· 248
destiny ·············· 040
destitute ·············· 228
detached ·············· 060
deteriorate ·············· 102
detest ·············· 166
detrimental ·············· 122
devastate ·············· 102
devious ·············· 248
devoid ·············· 122
dexterous ·············· 228
dichotomy ·············· 228
dictate ·············· 082
diffident ·············· 228
diffuse ·············· 124
dignity ·············· 040
digress ·············· 124
dilapidated ·············· 228
dilute ·············· 142
diminish ·············· 040
diminutive ·············· 248
dire ·············· 142
disband ·············· 186
discard ·············· 040
discord ·············· 082
discredit ·············· 166
discreet ·············· 186
discrepancy ·············· 186
discretion ·············· 124
disgruntled ·············· 248

disguise ·············· 040
dismal ·············· 082
dismantle ·············· 102
dismay ·············· 082
dismiss ·············· 020
disoriented ·············· 142
disparate ·············· 248
dispassionate ·············· 204
dispatch ·············· 020
dispense ·············· 040
disperse ·············· 124
disrupt ·············· 102
dissect ·············· 206
disseminate ·············· 102
dissent ·············· 040
dissipate ·············· 228
diverge ·············· 082
divert ·············· 040
divine ·············· 020
divisive ·············· 206
dominant ·············· 060
doom ·············· 020
drawback ·············· 060
dreary ·············· 166
drench ·············· 082
drowsy ·············· 124
drudgery ·············· 228
dubious ·············· 102
duplicate ·············· 124
duplicity ·············· 228
duration ·············· 144
dwindle ·············· 102

E

ebb ·············· 206
eccentric ·············· 020
eclectic ·············· 186
ecstatic ·············· 144
effigy ·············· 248
egregious ·············· 248
elaborate ·············· 020
elated ·············· 144
elicit ·············· 166
eloquent ·············· 020
elucidate ·············· 168
elude ·············· 144
elusive ·············· 186
emaciated ·············· 248
emanate ·············· 188
embed ·············· 144
embellish ·············· 168

embody ·············· 124
embrace ·············· 062
eminent ·············· 062
empathize ·············· 124
empirical ·············· 168
emulate ·············· 188
enchant ·············· 040
enclose ·············· 062
encroach ·············· 206
encumber ·············· 206
endeavor ·············· 042
endorse ·············· 082
engaging ·············· 228
engross ·············· 168
engulf ·············· 168
enhance ·············· 020
enigmatic ·············· 144
enlist ·············· 168
enliven ·············· 248
enmity ·············· 168
enrage ·············· 082
enrich ·············· 062
entail ·············· 144
enticing ·············· 144
entrust ·············· 082
enumerate ·············· 144
enunciate ·············· 188
enviable ·············· 042
envision ·············· 144
ephemeral ·············· 248
epitomize ·············· 188
equitable ·············· 206
equivocal ·············· 168
equivocate ·············· 230
eradicate ·············· 102
erratic ·············· 146
erudite ·············· 230
eschew ·············· 250
eternal ·············· 042
eulogize ·············· 250
euphoric ·············· 230
eventually ·············· 020
evict ·············· 146
exacerbate ·············· 188
exalt ·············· 206
exasperate ·············· 230
exceed ·············· 020
excerpt ·············· 146
excruciating ·············· 188
exemplify ·············· 146
exhaustive ·············· 206

exhort ·············· 230
exile ················ 084
exorbitant ·········· 230
expedite ············ 230
expire ·············· 062
explicit ············· 104
exquisite ··········· 062
exterminate ········· 168
extol ··············· 250
extrapolate ········· 206
extravagant ········· 084

F

fabricate ··········· 062
facilitate ··········· 022
faint ··············· 022
fallacy ············· 206
falter ·············· 208
familiarize ·········· 084
famine ············· 062
farce ··············· 250
fascinate ··········· 062
fastidious ·········· 208
fatigue ············· 022
feeble ·············· 084
ferocious ··········· 188
fertile ············· 022
fervent ············· 146
festive ············· 146
fetter ·············· 168
fiasco ·············· 188
fickle ·············· 188
fierce ·············· 022
figment ············ 250
filthy ·············· 062
flagrant ············ 188
flamboyant ········· 230
flavor ·············· 042
flimsy ·············· 230
flounder ··········· 250
flourish ············ 042
fluke ··············· 230
foe ················· 124
foment ············· 190
foresight ··········· 104
forestall ··········· 208
forge ··············· 064
forgo ··············· 170
forlorn ············· 250
formidable ········· 104
formulate ·········· 084

fortify ············· 124
fortitude ··········· 126
fragile ············· 064
fragment ··········· 126
frail ··············· 064
frantic ············· 170
fraught ············· 250
fret ················ 126
frivolous ·········· 170
full-fledged ········ 146
futile ·············· 064

G

gallant ············· 190
galvanize ·········· 250
garner ············· 232
gaudy ·············· 170
gauge ·············· 146
generalize ·········· 084
genial ············· 126
genuine ············ 022
gist ················ 170
glare ··············· 084
gloat ··············· 250
glossy ············· 104
gracious ··········· 208
graphic ············ 126
grapple ············ 104
gratification ········ 232
grievance ·········· 252
grim ··············· 104
grimace ············ 170
grinding ··········· 252
groan ·············· 126
grope ·············· 146
grudge ············· 104
grueling ··········· 190
gruesome ·········· 252
gullible ············ 146
gulp ··············· 148

H

haggle ············· 190
hamper ············ 148
haphazard ·········· 190
harbinger ·········· 232
harness ············ 104
harrowing ········· 232
harsh ·············· 022
hassle ············· 232
haunted ··········· 084

havoc ·············· 190
hectic ············· 126
hefty ·············· 148
heinous ············ 170
herald ············· 148
hermit ············· 252
hilarious ·········· 190
hinder ············· 064
hindsight ·········· 252
hoax ··············· 232
homage ············ 148
hone ··············· 170
horizontal ········· 042
hospitality ········· 042
huddle ············· 232
hue ················ 208
humiliate ·········· 084
hunch ············· 190
hypocrite ·········· 084
hypothesis ········· 042

I

identify ············ 022
idiosyncratic ······· 252
idyllic ············· 232
illegible ··········· 126
illustrious ········· 232
imbue ············· 208
immaculate ········ 208
immense ··········· 022
immerse ··········· 170
imminent ·········· 148
impart ············· 208
impartial ·········· 022
impasse ············ 208
impeccable ········ 190
impending ········· 148
imperative ········· 064
impersonate ······· 126
impervious ········· 232
implacable ········· 252
implement ········· 104
implication ········ 126
implicit ··········· 128
implore ············ 170
imply ·············· 024
impose ············· 024
impound ··········· 252
impoverished ······· 190
impulse ············ 042
inadvertently ······· 234

incarcerate ·············· 208
inception ··············· 192
incessant ·············· 128
incident ················ 024
incidentally ············· 104
incipient ··············· 210
incite ·················· 192
incongruous ············· 252
incorporate ············· 064
inculcate ··············· 252
incur ·················· 254
indebted ··············· 128
indigent ··············· 192
indignant ··············· 086
indispensable ··········· 042
indoctrinate ············· 254
induce ················· 064
inept ··················· 254
inevitable ··············· 064
inexorable ·············· 254
infamous ··············· 086
infatuated ·············· 254
infest ··················· 148
infiltrate ··············· 234
infinite ················· 086
inflammable ············· 128
inflict ·················· 106
infuse ················· 172
ingenious ··············· 086
ingrained ··············· 234
ingredient ·············· 064
inhale ················· 066
inherent ··············· 066
inhibit ················· 106
initial ·················· 044
innate ················· 086
innocuous ·············· 254
innumerable ············· 148
inquisitive ·············· 254
insatiable ··············· 234
inscrutable ············· 192
insidious ··············· 254
insipid ················· 234
instigate ··············· 234
instill ·················· 148
insult ·················· 024
insurmountable ········· 234
insurrection ············· 210
intact ·················· 106
integral ················ 106
intercept ··············· 150

intergrity ··············· 106
interpretation ··········· 024
intimidating ············· 128
intoxicated ············· 234
intractable ············· 192
intrepid ················ 234
intriguing ·············· 150
intuition ··············· 086
invaluable ·············· 086
investigate ············· 024
invigorating ············· 234
invincible ··············· 192
invoke ················· 210
irony ·················· 044
irrelevant ··············· 128
irrevocable ············· 236
irritate ·················· 044

J

jeer ··················· 210
jeopardy ··············· 192
jubilant ················ 236
judicious ··············· 210
juggle ················· 172
juncture ··············· 254
justify ················· 066

K

kindred ················· 254
knack ·················· 150

L

lackluster ··············· 236
lament ················· 044
landscape ·············· 044
languish ··············· 210
laudable ··············· 236
lavish ·················· 128
leeway ················· 256
legend ················· 024
lenient ················· 172
levy ··················· 106
linger ·················· 106
listless ················· 256
literally ················ 066
loathe ················· 210
lofty ··················· 128
loquacious ·············· 210
lucid ··················· 172
ludicrous ··············· 210
lurch ·················· 256

lure ··················· 086
lurid ·················· 256
luscious ··············· 210
luster ················· 172
luxuriant ··············· 212
luxurious ··············· 024

M

majestic ··············· 128
malicious ··············· 086
malleable ··············· 212
mangle ················· 256
manuscript ············· 086
mar ··················· 172
maxim ················· 150
maximize ··············· 066
meager ················· 106
mediocre ··············· 106
meek ·················· 044
memento ··············· 128
memoir ················· 192
menace ················· 066
mesmerize ············· 236
meticulous ············· 130
mingle ················· 088
minute ················· 130
mired ·················· 150
mischief ··············· 088
miserly ················· 106
misgiving ··············· 212
misnomer ·············· 192
mock ·················· 088
momentary ············· 088
momentum ············· 108
monotonous ············· 024
monumental ············· 172
morale ················· 108
morbid ················· 192
multiply ················ 066
mundane ··············· 172
myriad ················· 194
mystical ··············· 212
myth ·················· 066

N

narrowly ··············· 066
necessitate ············· 130
neglect ················· 024
negligence ·············· 044
nonchalant ············· 236
notable ················· 088

notorious ·············· 044
novelty ················ 044
novice ················· 172
nudge ·················· 256
nuisance ·············· 088
nullify ················· 256
numb ·················· 108
nurture ················ 044

O

oblique ················ 212
obliterate ············· 194
oblivious ·············· 108
obnoxious ············· 236
obscure ··············· 066
obsessed ·············· 068
obsolete ·············· 108
obstinate ············· 068
obstruct ·············· 194
obvious ··············· 026
offset ················· 108
offshoot ·············· 256
offspring ············· 068
ominous ·············· 108
onset ················· 212
opaque ··············· 172
opponent ············· 026
opulent ··············· 256
originate ············· 068
ostensible ············ 236
ostracize ············· 236
oust ··················· 150
outburst ·············· 130
outcast ··············· 150
outcome ·············· 026
outcry ················ 150
outdated ············· 108
outgoing ············· 068
outlook ··············· 026
outnumber ··········· 108
outrage ··············· 088
outset ················ 174
outskirt ·············· 130
outweigh ············· 108
overcast ············· 150
overflow ············· 110
overlook ············· 026
override ·············· 150
overrun ·············· 194
oversee ·············· 130
overt ················· 212

overtake ·············· 088
overthrow ············ 110
overturn ············· 110

P

painstaking ·········· 130
palatable ············ 256
paltry ················ 212
pamper ·············· 110
paragon ············· 236
parallel ·············· 110
paralysis ············ 088
paramount ·········· 152
partial ··············· 046
patronize ··········· 238
paucity ·············· 212
peculiar ············· 046
peddle ··············· 152
penchant ············ 258
pending ············· 152
penitent ············· 174
perceive ············· 046
perception ·········· 088
peril ················· 090
perish ··············· 046
permeate ··········· 152
perpetrate ·········· 152
perpetual ··········· 090
perplex ············· 046
perseverance ········ 130
persistent ··········· 068
perspective ·········· 068
pertinent ············ 212
pervasive ··········· 046
pester ··············· 214
philanthropist ······· 194
pillage ··············· 258
pinnacle ············· 214
pious ················ 046
pique ················ 238
pitfall ··············· 214
pivotal ·············· 152
placate ·············· 214
placid ··············· 238
plague ··············· 026
plausible ············ 110
plight ················ 152
plummet ············· 194
plunder ·············· 214
plunge ··············· 026
poignant ············· 194

poise ················· 174
portrait ·············· 090
portray ··············· 046
posterity ············· 214
posture ·············· 130
potent ················ 130
potential ············· 068
precarious ··········· 194
precaution ··········· 046
precede ·············· 090
precept ·············· 214
precinct ············· 152
precipitate ··········· 258
precise ··············· 026
preclude ············· 194
precursor ············ 174
predecessor ········· 132
predicament ········· 174
preference ··········· 026
premise ·············· 174
premonition ········· 258
preoccupy ··········· 046
preposterous ········ 194
prerogative ·········· 214
prescient ············ 258
presumably ········· 196
presume ············· 048
presumptuous ······· 238
pretext ·············· 258
prevalent ············ 048
prey ················· 090
probability ·········· 132
proceed ············· 026
proclaim ············· 048
procure ·············· 132
prod ················· 196
profane ·············· 214
profuse ·············· 196
prolific ·············· 152
prominent ··········· 048
prompt ·············· 048
propagate ··········· 196
propensity ··········· 238
propitious ··········· 214
proponent ··········· 068
propriety ············ 152
prosaic ·············· 258
prosecute ··········· 154
protract ············· 132
provoke ············· 068
prowess ············· 238

proximity ·············· 154
prudent ·············· 070
pry ·············· 216
punctual ·············· 028
pungent ·············· 258
pursue ·············· 028

Q

quaint ·············· 048
qualm ·············· 216
quandary ·············· 238
quell ·············· 216
quest ·············· 090
queue ·············· 090
quip ·············· 174

R

racket ·············· 174
rage ·············· 070
ramification ·············· 238
rampage ·············· 238
rampant ·············· 154
ransack ·············· 238
rapport ·············· 154
rash ·············· 110
ravage ·············· 154
reap ·············· 090
rebuff ·············· 240
recant ·············· 258
receptive ·············· 110
reckless ·············· 070
reclusive ·············· 216
reconcile ·············· 070
rectify ·············· 154
recuperate ·············· 196
redeem ·············· 154
redress ·············· 216
reek ·············· 258
refined ·············· 070
refuge ·············· 110
refute ·············· 216
reign ·············· 090
reinstate ·············· 196
reiterate ·············· 154
rejuvenate ·············· 154
relapse ·············· 154
relegate ·············· 196
relentless ·············· 196
relevant ·············· 070
relic ·············· 156
relinquish ·············· 240

reminder ·············· 070
remnant ·············· 174
remodel ·············· 110
remorse ·············· 196
renowned ·············· 090
repeal ·············· 112
repel ·············· 092
repercussion ·············· 174
repository ·············· 260
reprieve ·············· 260
reprimand ·············· 176
reproach ·············· 132
reprove ·············· 260
rescind ·············· 240
resemble ·············· 028
resent ·············· 092
reserved ·············· 048
reservoir ·············· 176
resign ·············· 028
resolve ·············· 070
resort ·············· 070
respectively ·············· 028
respite ·············· 240
resplendent ·············· 260
responsive ·············· 112
restore ·············· 028
restrain ·············· 028
restrict ·············· 028
resume ·············· 028
retain ·············· 048
reticent ·············· 196
retort ·············· 132
retract ·············· 198
retreat ·············· 092
retribution ·············· 240
revamp ·············· 198
revelation ·············· 198
revoke ·············· 156
rife ·············· 216
rift ·············· 156
rigid ·············· 028
rigorous ·············· 156
roam ·············· 132
roar ·············· 092
robust ·············· 112
rout ·············· 260
rustic ·············· 198
rustle ·············· 132
rusty ·············· 112
ruthless ·············· 198

S

salient ·············· 260
satisfactory ·············· 048
saturate ·············· 198
savage ·············· 070
savor ·············· 156
scathing ·············· 260
scent ·············· 112
scheme ·············· 112
schism ·············· 176
scoff ·············· 216
scorn ·············· 132
scour ·············· 216
sedentary ·············· 156
seemingly ·············· 112
seize ·············· 030
selective ·············· 112
sensational ·············· 048
sensitive ·············· 030
serene ·············· 072
shabby ·············· 156
shackle ·············· 240
shatter ·············· 072
shiver ·············· 112
shortcoming ·············· 072
showcase ·············· 156
showdown ·············· 216
shrewd ·············· 030
shrink ·············· 072
shroud ·············· 176
shudder ·············· 176
shun ·············· 218
simplify ·············· 112
singular ·············· 218
sinister ·············· 132
sizzle ·············· 134
skeptical ·············· 050
slash ·············· 114
sleek ·············· 218
sloppy ·············· 114
smear ·············· 198
smother ·············· 260
snag ·············· 176
sneak ·············· 030
soak ·············· 050
sober ·············· 050
sophisticated ·············· 030
spacious ·············· 072
spearhead ·············· 218
spectacular ·············· 072

splurge ·········· 260
sporadic ·········· 218
squabble ·········· 198
squalid ·········· 260
squander ·········· 198
squeamish ·········· 262
staggering ·········· 114
stale ·········· 134
stalk ·········· 156
stampede ·········· 218
standpoint ·········· 092
standstill ·········· 134
startle ·········· 092
steadfast ·········· 176
steep ·········· 050
stern ·········· 092
stifle ·········· 114
stigma ·········· 156
stingy ·········· 092
stipulate ·········· 114
stoop ·········· 176
stout ·········· 134
strenuous ·········· 114
striking ·········· 072
stroll ·········· 092
stuffy ·········· 176
stumble ·········· 114
subjective ·········· 072
sublime ·········· 092
subsequent ·········· 094
substantial ·········· 114
substantiate ·········· 176
subtle ·········· 030
successor ·········· 094
succinct ·········· 240
succumb ·········· 178
suffocate ·········· 158
summon ·········· 134
superficial ·········· 030
superfluous ·········· 178
superstition ·········· 072
supplant ·········· 218
suppress ·········· 114
supreme ·········· 072
surmise ·········· 218
surpass ·········· 050
surrender ·········· 074
susceptible ·········· 114
swarm ·········· 116
sway ·········· 050
swindle ·········· 178

symbolize ·········· 050

T

tackle ·········· 030
tactful ·········· 094
taint ·········· 198
tame ·········· 050
tantalize ·········· 218
tantamount ·········· 262
tardy ·········· 218
tarnish ·········· 240
tattered ·········· 178
taunt ·········· 220
tedious ·········· 094
teeming ·········· 240
temper ·········· 158
tempt ·········· 074
tenuous ·········· 240
terminate ·········· 134
testify ·········· 134
testimony ·········· 074
texture ·········· 116
thaw ·········· 220
theoretical ·········· 074
thorough ·········· 030
thrifty ·········· 134
thrive ·········· 030
throng ·········· 158
thwart ·········· 178
tilt ·········· 220
timid ·········· 074
token ·········· 094
tolerate ·········· 032
torment ·········· 134
torrid ·········· 178
touchstone ·········· 220
touchy ·········· 220
tout ·········· 242
trace ·········· 050
tragedy ·········· 032
trait ·········· 050
traitor ·········· 134
tranquil ·········· 052
transcend ·········· 052
transgress ·········· 262
transient ·········· 094
transparent ·········· 032
traverse ·········· 220
treacherous ·········· 094
tremble ·········· 158
trespass ·········· 116

tribute ·········· 136
trifling ·········· 136
trigger ·········· 032
triumph ·········· 032
trivial ·········· 032
typify ·········· 136
tyranny ·········· 158
tyrant ·········· 094

U

ulterior ·········· 262
uncouth ·········· 262
undergo ·········· 074
undermine ·········· 074
underscore ·········· 242
undertake ·········· 032
undulate ·········· 262
unearth ·········· 158
uneasy ·········· 052
unfold ·········· 116
unfounded ·········· 200
unravel ·········· 178
unruly ·········· 200
unsettling ·········· 242
untenable ·········· 262
unveil ·········· 136
uphold ·········· 158
uplifting ·········· 158
upshot ·········· 242
usher ·········· 094
usurp ·········· 242
utensil ·········· 116
utilize ·········· 032
utmost ·········· 116

V

vain ·········· 052
valid ·········· 032
vanish ·········· 052
vanquish ·········· 178
veer ·········· 242
venerable ·········· 200
venomous ·········· 200
vent ·········· 220
verbose ·········· 220
verge ·········· 116
verify ·········· 052
versatile ·········· 200
vertical ·········· 052
vestige ·········· 262
viable ·········· 158

vibrant ·················· 116
vicarious ················ 200
vice versa ·············· 200
vicinity ················· 116
vicious ·················· 074
vie ······················ 200
vigilant ················· 136
vigorous ················ 074
vindicate ··············· 242
virtue ··················· 032
void ····················· 136
volatile ················· 200
volition ················· 242
voluptuous ············· 220
voracious ··············· 200
vow ····················· 136
vulnerable ·············· 116

W

waive ··················· 242
wane ···················· 242
waver ··················· 158
weary ··················· 136
whine ··················· 178
wicked ·················· 052
wince ··················· 220
wistful ················· 262
withdraw ··············· 074
wither ·················· 136
withhold ··············· 136
withstand ·············· 094
witness ················· 052
wrath ··················· 178

Y

yearn ··················· 052

Z

zenith ·················· 262

分野別語彙索引

A

a climb or a decline in stock prices [株価の
上昇または下降] …………………… 255
a cloud of gas and dust [ガスと塵の雲] …… 017
a grand opera [グランド・オペラ] …………… 197
abdominal obesity [腹部肥満] …………… 103
abnormalities [異変] ………………… 057
abolish private ownership [私有財産を廃止する] 225
abolish slavery [奴隷制度を廃止する] ……… 165
Abraham Lincoln [エイブラハム・リンカン] …… 165
absorb light [光を吸収する] …………… 023
Abu Simbel temples [アブ・シンベル神殿] …… 177
abundant water [豊富な水] ……………… 021
academic discipline [学術的分野] ………… 111
accede to the throne [即位する] ………… 183
accomplishment of uniting all the tribes
[全部族を統一した功績] …………… 193
account for ~ [～を占める] …………… 023
acidic [酸性の] ……………………… 037
active nucleus of a distant galaxy [離れた距
離にある活動銀河核] ……………… 025
adjust to diversify and minimize the risk
[リスクを分散して最小化するために調整する] … 257
adoption of a UN resolution [国際決議の採択] 189
affect people's behavior [人の行動に影響を与える] 115
afforestation [緑化] ………………… 077
aficionados [愛好家] ………………… 203
African work and religious songs [アフリカの
労働歌や宗教歌] …………………… 203
air pollution [大気汚染] ……………… 077
Alexander the Great [アレクサンドロス大王] ‥ 183
algae [藻] …………………………… 087
alkaline battery [アルカリ電池] ………… 149
allergic rhinitis [アレルギー性鼻炎] ……… 107
alter the environment [環境を変える] …… 021
alternative energy source [代替エネルギー源] 141
alternative medicine [代替医療] ………… 099
altitude [高度] ……………………… 063
Alzheimer's [アルツハイマー] ………… 105
ambient light [周囲の光] ……………… 155
27 amendments [27個の修正条項] ……… 237
amount of money circulating in the maeket
[市場の貨幣流通量] ………………… 245
an adequate standard of living [十分な生活水準] 231
analytical psychology [分析心理学] …… 109, 113

annihilate such dynasties as ~ [～のような王
朝を滅ぼす] …………………… 193
anode [陰極] ………………………… 151
anthropogenic [人為的な、人間が原因の] …… 065
antibody [抗体] ……………………… 107
anticipate gains [儲けを期待する] ……… 255
anxiety disorder [不安障害] …………… 123
apprehend by the mind without the use of
the eye [目でなく頭で認識する] ……… 217
aquatic ecosystems [水界生態系] ……… 133
Arctic and Antarctic [北極と南極の] …… 063
arguable [議論の余地がある] …………… 115
artificial embryo [人工胚] ……………… 091
artificially induced trance state [人工的に誘
発されたトランス状態] …………… 127
asexual [無性の] …………………… 085
ash deposit [火山灰堆積物] …………… 035
ash flow [火山灰流] ………………… 035
Asperger syndrome [アスペルガー症候群] …… 121
asset holder [資産保有者] …………… 257
assumption of the presidency [大統領就任] 165
asteroid [小惑星] ………………… 017, 027
asteroid belt [小惑星帯] ……………… 027
asthenosphere [岩流圏] ……………… 043
at a velocity of ~ [～の速度で] ………… 029
at least 20% over a two-month period
[2カ月以上にわたり少なくとも20%以上] ……… 255
atherosclerosis [アテローム性動脈硬化] …… 105
atmospheric disturbance [大気擾乱] ……… 069
atmospheric gas [大気中のガス] ………… 063
atmospheric ion [大気イオン] ………… 057
atmospheric or barometric pressure [大気圧] 073
atomic nuclei [原子核] ……………… 141
auditory hallucination [幻聴] …………… 125
Auguste Renoir [オーギュスト・ルノワール] …… 215
aurora [オーロラ] …………………… 063
authentication system [認証システム] …… 131
autism [自閉症] ……………………… 121
avant-garde art movement [前衛的芸術運動] 217
aversion [嫌悪] ……………………… 247

B

backlash against Romanticism [ロマン主義へ
の反動] …………………………… 213
bacteria [バクテリア] ………………… 083
bacterial cell [細菌性細胞] …………… 085
ban trading [貿易を禁止する] ………… 195

banking credential [銀行取引証明書] ········ 153
bar [バール] ········ 073
Baroque [バロック] ········ 211
base-load electric power [ベースロード電力] ··· 145
basic rights [基本権] ········ 229
batholith [底盤、バソリス] ········ 037
battery [電池] ········ 149
be diagnosed with ~ [～と診断される] ········ 103
be inferred [推測される] ········ 023
bear market [弱気相場] ········ 255
beasts of prey [肉食獣] ········ 163
behave elastically [伸縮する] ········ 041
behavioral disturbance [行動障害] ········ 105
Bernini in sculpture [彫刻の分野でベッリーニ] 211
bicameral system [二院制] ········ 235
Big Bang Theory [ビッグバン理論] ········ 015
biological process [生物学的過程] ········ 085
biologically productive lands [生物学的に豊
  かな地域] ········ 133
biomass [バイオマス] ········ 087
biomaterial [バイオマテリアル] ········ 089
biomimetic [生体模倣の] ········ 089
biomolecule [生分子] ········ 083
biting irony [辛辣な皮肉] ········ 207
bizarre behavior and speech [奇矯な行動と言葉] 125
black hole [ブラックホール] ········ 019
blend with Oriental culture [オリエント文化と
  融合する] ········ 183
bodies of water [水域] ········ 049
boost production [生産を拡大する] ········ 173
borrower [借主] ········ 259
brain cell [脳細胞] ········ 105
"Brevity is the soul of wit" [「簡潔こそが機知の
  真髄」] ········ 205
bribes [賄賂] ········ 195
British pound sterling [英(スターリング)ポンド] 249
brothels in New Orleans [ニューオーリンズの売春宿] 203
build mental barriers against ~ [～に対し精
  神的バリアをつくる] ········ 115
bull market [強気相場] ········ 255

C

caldera [カルデラ] ········ 035
capitalism [資本主義] ········ 225
capitalist [資本主義の] ········ 253
carbon dioxide [二酸化炭素] ········ 087
carnivorous animal [肉食動物] ········ 079
cathode [陽極] ········ 151
ceasefire with the Hittite [ヒッタイト帝国との停戦] 177
cedar [スギ] ········ 107
cede to ~ [～に割譲する] ········ 169

celestial body [天体] ········ 027
celestial object [天体] ········ 025
cell [細胞] ········ 083
central banks [中央銀行] ········ 247, 251
centralization of power [中央集権] ········ 247
cession of Hong Kong [香港の割譲] ········ 195
champion free economic activities [自由な
  経済活動を擁護する] ········ 253
charged particle [荷電粒子] ········ 063
chemical battery [化学電池] ········ 149
chemical compound [化学物質] ········ 037
chemical mutagen [化学的突然変異誘発要因] 081
chemical reaction [化学反応] ········ 035, 151
child psychology [児童心理学] ········ 111
chiropractic [カイロプラクティック] ········ 099
chlorine [塩素] ········ 151
Civil Rights Movement [公民権運動] ········ 167
Claude Monet [クロード・モネ] ········ 215
clergyman [聖職者] ········ 167
climatic change [気候変動] ········ 071
clockwize [時計回りに] ········ 067
cloning [クローニング] ········ 091
cloud band [筋状の雲] ········ 057
coalesce into a planet [惑星に融合する] ··· 027
coarse-grained [目の粗い] ········ 037
cognitive behavioral therapy
  [認知行動療法] ········ 123, 129
cognitive development [認知発達論] ········ 111
cognitive functions [認知機能] ········ 105
coherent microwave [干渉性のマイクロ波] ···· 145
cold front [寒冷前線] ········ 069
collage [コラージュ] ········ 217
collapse under the force of one's own
  gravity [自分の重力の重みで崩壊する] ········ 019
collateral [担保] ········ 259
collecting satellite [収集衛星] ········ 145
colonist [入植者] ········ 161
comet [彗星] ········ 017
commercial property [商業用不動産] ········ 259
commodity prices [物価] ········ 245
common ownership of the means of
  production [生産手段の共有] ········ 225
communality of human beings [人間の社会性] 229
communism [共産主義] ········ 225
communist country [共産主義国家] ········ 225
compactness [コンパクトさ] ········ 155
compressed [収縮した] ········ 019
condensation [凝結水滴] ········ 069
condense [凝縮する] ········ 069
congenital brain dysfunction [先天性の脳機
  能障害] ········ 121

Congress［議会(アメリカ・ラテンアメリカ)］‥‥‥ 233
conscious awareness［意識的な認識］‥‥‥‥ 115
constituency［選挙区］‥‥‥‥‥‥‥‥‥‥ 235
constitutionality［合憲性］‥‥‥‥‥‥‥‥ 239
continental lithosphere［大陸性岩石圏］‥‥‥ 041
continental plate［大陸プレート］‥‥‥‥‥ 047
contract［(病気に)かかる］‥‥‥‥‥‥‥ 103
contributory factor［寄与する要因］‥‥‥‥ 125
conventional［従来の］‥‥‥‥‥‥‥‥‥‥ 155
convergent boundary［収束境界］‥‥‥‥‥ 043
convertible［交換可能な］‥‥‥‥‥‥‥‥‥ 249
copycats［模倣者］‥‥‥‥‥‥‥‥‥‥‥‥ 209
coronary heart disease (CHD)［冠動脈疾患(CHD)］ 103
counterclockwise［反時計回りに］‥‥‥‥‥ 067
counterparts of other countries［他国の同等機関］ 233
critical turning point［重要な転機］‥‥‥‥ 185
Cubism［キュービズム］‥‥‥‥‥‥‥‥‥‥ 217
currency［通貨］‥‥‥‥‥‥‥‥‥‥‥‥‥ 251
currency with fluctuating value［価値が不安
　定に変動する通貨］‥‥‥‥‥‥‥‥‥‥‥ 249
curvaceousness［曲線美］‥‥‥‥‥‥‥‥‥ 211
cyclone［サイクロン］‥‥‥‥‥‥‥‥‥‥‥ 069
cypress［ヒノキ］‥‥‥‥‥‥‥‥‥‥‥‥‥ 107

D

Dadaists' emphasis on irrational art［不合理
　な芸術に重点を置くダダイスト］‥‥‥‥‥ 219
dark matter［ダークマター、暗黒物質］‥‥‥ 023
daughter cell［娘細胞］‥‥‥‥‥‥‥‥‥‥ 085
dawn of the Hellenistic period［ヘレニズム時
　代の幕開け］‥‥‥‥‥‥‥‥‥‥‥‥‥‥ 183
debris［残骸］‥‥‥‥‥‥‥‥‥‥‥‥‥‥ 027
debris orbiting the sun［太陽の周りを回る破片］ 017
decentralized "central" banking system
　［分権的な「中央」銀行制度］‥‥‥‥‥‥‥ 247
declare war［宣戦布告する］‥‥‥‥‥‥‥‥ 233
decomposer［分解者］‥‥‥‥‥‥‥‥‥‥‥ 079
decree［法令］‥‥‥‥‥‥‥‥‥‥‥‥‥‥ 239
default［債務不履行］‥‥‥‥‥‥‥‥‥‥‥ 259
deform space［空間を歪める］‥‥‥‥‥‥‥ 019
degree of government power［政府の介入の程度］ 225
delusion［妄想］‥‥‥‥‥‥‥‥‥‥‥‥‥ 125
dementia［認知症］‥‥‥‥‥‥‥‥‥‥‥‥ 105
depict the visual impression of the moment
　［その瞬間の視覚的印象を描く］‥‥‥‥‥‥ 215
depression［うつ病］‥‥‥‥‥‥‥‥‥‥‥ 119
desensitization［脱感作療法］‥‥‥‥‥‥‥ 107
devaluation［平価切下げ］‥‥‥‥‥‥‥‥‥ 251
devalued currency［切り下げられた通貨］‥‥ 251
developmental disorder［発達障害］‥‥‥‥ 121
developmental psychology［発達心理学］‥‥ 111

diabetes［糖尿病］‥‥‥‥‥‥‥‥‥‥‥‥ 103
diabetes［糖尿病］‥‥‥‥‥‥‥‥‥‥‥‥ 105
diagnostic criteria［診断基準］‥‥‥‥‥‥‥ 121
diameter［直径］‥‥‥‥‥‥‥‥‥‥‥‥‥ 027
Diet［国会・連邦議会(日本・ドイツ・ポーランド)］‥‥ 233
digitally stored value system［デジタル的に保
　存された価値システム］‥‥‥‥‥‥‥‥‥ 153
dip［(断層)角］‥‥‥‥‥‥‥‥‥‥‥‥‥ 045
direct current［直流］‥‥‥‥‥‥‥‥‥‥‥ 151
direct, economical, and understated style
　［直接的で無駄のない抑制された文体］‥‥‥ 209
discretionary appeals［裁量上訴］‥‥‥‥‥ 239
discretionary fiscal policy［裁量的な財政政策］ 245
disillusionment of the post-war "Lost Gen-
　eration"［第一次世界大戦後の「ロスト・ジェネ
　レーション(失われた世代)」の幻滅］‥‥‥‥ 209
dislocation［ずれ、地滑り］‥‥‥‥‥‥‥‥ 045
displace ~［~をずらす］‥‥‥‥‥‥‥‥‥ 045
displacement［転置、押し上げられること］‥‥ 047
disposable battery［使い捨て電池］‥‥‥‥ 149
disrupt global climates［地球規模の気候に支
　障を来す］‥‥‥‥‥‥‥‥‥‥‥‥‥‥‥ 035
dissipate［消散する］‥‥‥‥‥‥‥‥‥‥‥ 069
dissipate ~［~を放散させる］‥‥‥‥‥‥‥ 101
distribution［分配］‥‥‥‥‥‥‥‥‥‥‥‥ 147
disturbance［地殻変動］‥‥‥‥‥‥‥‥‥‥ 047
divergent boundary［発散境界］‥‥‥‥‥‥ 043
dividends［配当］‥‥‥‥‥‥‥‥‥‥‥‥‥ 257
Dixieland, swing, bebop, and free jazz
　［ディキシーランド、スウィング、ビーバップ、フリージャズ］ 203
dizziness［めまい］‥‥‥‥‥‥‥‥‥‥‥‥ 101
DNA cloning［DNAクローニング］‥‥‥‥‥‥ 091
DNA fragment［DNA断片］‥‥‥‥‥‥‥‥‥ 091
drafter［起草者］‥‥‥‥‥‥‥‥‥‥‥‥‥ 163
dream analysis［夢分析］‥‥‥‥‥‥‥‥‥‥ 109
drive out numerous native Indians［多くのイ
　ンディアンを駆逐する］‥‥‥‥‥‥‥‥‥‥ 171
drive shock waves into ~［~に衝撃波を与える］ 029
drought［干ばつ］‥‥‥‥‥‥‥‥‥‥‥‥‥ 071
during his reign［彼の在位中、彼が統治している間］ 177
Dutch jurist［オランダ人の法学者］‥‥‥‥‥ 229
dyke［岩脈］‥‥‥‥‥‥‥‥‥‥‥‥‥‥‥ 037

E

earthquake cloud［地震雲］‥‥‥‥‥‥‥‥ 057
Edgar Degas［エドガー・ドガ］‥‥‥‥‥‥‥ 215
Edouard Manet［エドワード・マネ］‥‥‥‥‥ 215
effective demand［有効需要］‥‥‥‥‥‥‥ 173
El Niño［エルニーニョ］‥‥‥‥‥‥‥‥‥‥ 071
El Niño-Southern Oscillation (ENSO)
　［エルニーニョ南方振動］‥‥‥‥‥‥‥‥‥ 071

Electoral College [(大統領選)選挙人団] ······· 237
electoral system [選挙制度] ······················ 235
electoral system combining the single-seat constituencies with proportional representation [小選挙区比例代表制] ······· 235
electroconvulsive therapy (ECT) [電気けいれん療法] ·· 119
electrolyte [電解質] ································· 151
electromagnetic radiation [電磁放射] ········ 023
electron [電子] ·· 151
embedded integrated circuit [埋め込まれた集積回路] ·· 153
embryonic stem cell [ES細胞[胚性幹細胞]] ·· 089
eminent [著名な] ····································· 111
emit light [光を放射する] ··························· 023
emit radio waves [電波を発する] ················ 025
Emma [『エマ』] ···································· 207
e-money [電子マネー、Eマネー] ··················· 153
emphasize the sordid elements of life [生活のみすぼらしい要素を強調する] ············ 213
enact the Keynesian theory [ケインズ理論を実行する] ··· 173
enact the Tea Act [茶法を制定する] ············ 161
endangered animal [絶滅の危機に瀕した動物] 091
endocrinologist [内分泌学者] ···················· 103
energy medicine [エネルギー療法] ············· 099
enlightened by Gandhi's philosophy [ガンジーの思想に啓蒙されて] ··················· 167
ensure legal liberty for slaves [奴隷の法的自由を保証する] ······························· 165
envision ~ [～を描く] ······························ 021
e-Paper (electronic paper) [電子ペーパー、Eペーパー] ·· 155
epistemological view [認識論的考察] ········· 111
equal rights apportionment of lower house seats [下院定員数の平等な割当] ······ 237
Ernest Miller Hemingway [アーネスト・ミラー・ヘミングウェイ] ···································· 209
erosion [浸食] ·· 039
eruption [噴火] ······································· 035
espouse the principle of majority rule [多数決制を採用する] ························· 189
euro [ユーロ] ·· 249
event horizon [事象の地平面] ···················· 019
ever-changing blend of light and color [常に変化する光や色のブレンド] ··············· 215
evolution [進化] ······································ 081
exchange rate [為替レート] ······················ 249
exclusive right to market tea [茶の独占販売権] 161
excommunication [破門] ·························· 187
exempt from ~ [～を免除された、(法律)の対象外] 231

exercise their veto power [拒否権を行使する] 189
expand rapidly [急速に膨張する] ················ 015
explosive death [爆発による死] ·················· 029
export [輸出] ·· 251
exposure therapy [暴露療法] ····················· 129
extend [伸びる、達する] ····························· 017
extinction [絶滅] ····································· 029
extracellular matrix [細胞外マトリックス] ······· 089
extrachromosomal genetic element [染色体外遺伝因子] ····························· 081
extract [抽出物] ······································ 107
extracted from deep underground [地中深くから抽出された] ····························· 143
extraterritoriality [治外法権] ····················· 195
extraversion-introversion archetypes [外向—内向の原型] ··························· 113
extreme weather [異常気象] ····················· 071
extremely hot and dense state [超高温高密度状態] ··· 015
extremely luminous explosion [非常に強い光を放つ爆発] ···························· 015
eye movement desensitization and reprocessing (EMDR) [眼球運動による脱感作および再処理法] ······························· 123

F

Father of His Country [建国の父] ············· 163
father of international and natural law [国際法と自然法の父] ······························ 229
fault [断層] ·· 045
fault plane [断層面] ································· 045
Federal Reserve Banks [連邦準備銀行] ······· 247
Federal Reserve Board [連邦準備制度理事会] 247
Federal Reserve notes [連邦準備券(ドル紙幣)] 247
feldspar [長石] ······································· 037
Fidel Castro [フィデル・カストロ] ·················· 169
finance [資金調達する] ····························· 259
financial assets [金融資産] ························ 257
financial markets [金融市場] ····················· 255
fingerprint [指紋] ···································· 131
first aid [応急処置] ·································· 101
fixed exchange rate system [固定為替相場制] 251
floating exchange rate system [変動為替相場制] 249
flood [洪水] ··· 071
flooding [洪水] ······································· 067
food chain [食物連鎖] ······························ 079
foreclosure [抵当流れ] ····························· 259
foreign currency earnings [外貨収入] ········ 191
formation [形成] ····································· 043
fracture [亀裂] ·· 045
fragment into ~ [砕けて～になる] ·············· 039

free competition [自由競争] ················ 253
French poet Andre Breton [フランスの詩人アン
　ドレ・ブルトン] ························· 219
fuel cell [燃料電池] ······················· 151
functionality [機能性] ···················· 153
funnel [漏斗型のもの] ···················· 069

G

gait [歩き方] ······························· 131
gamete [生殖体] ·························· 085
gamma ray [ガンマ線] ···················· 029
gas emission [ガス放出] ·················· 035
genetic epistemology [発生的認識論] ······· 111
genetics [遺伝学] ························· 081
Genghis Khan [チンギス・ハーン] ········· 193
genome [ゲノム] ·························· 081
geographical location and availability
　[地理的な位置と利用可能性] ············ 143
geological time [地質時代] ················ 059
geologist [地質学者] ······················ 035
Georges Braque [ジョルジュ・ブラック] ········ 217
geothermal aquifer [地熱帯水層] ··········· 143
geothermal power generation [地熱発電] ·· 143
gilded statuary [金箔を貼った彫像] ········· 211
glacier [氷河] ····························· 039
glucose [ブドウ糖] ························ 087
gnawing anxieties [常時さいなまれる不安] ···· 123
"Government of the people, by the
　people, for the people shall not perish
　from the earth." [「人民の人民による人民のた
　めの政治を、断じて世界から消滅させまい」] ····· 165
governmental interference [政府の介入] ···· 253
granite [花崗岩（みかげ石）] ··············· 037
gravitational effects on ~ [〜への重力の影響] 023
gravitational field [重力のフィールド] ········· 019
gravitational force [重力] ················· 133
gravitational influence [引力] ············· 017
gravity [重力] ····························· 039
greenhouse gas emissions [温室効果ガス排出] 143
guilt [罪悪感] ····························· 119
Gustave Courbet [ギュスターブ・クールベ] ····· 213

H

habitable [居住可能な] ···················· 021
hail as "the Great Emancipator" [「偉大なる解
　放者」として称賛する] ··················· 165
hallucination [幻覚] ······················ 125
halogen compound [ハロゲン化合物] ········· 065
Handel [ヘンデル] ························· 197
hard currency [ハードカレンシー] ··········· 249
hay fever [花粉症] ························· 107

HDL (high-density lipoprotein)cholesterol
　[HDL（高比重リポタンパク質）コレステロール] ···· 103
heat absorption [熱の吸収] ················ 077
heat stroke [熱中症] ······················ 101
heat-retaining material [熱を温存する物質] ·· 077
heavy element [重元素] ··················· 015
hectopascal (hPa) [ヘクトパスカル] ··········· 073
heightened focus and concentration
　[関心および集中の高まり] ··············· 127
her own circumscribed world of the coun-
　try gentry [彼女自身の、地方の地主階級の閉鎖
　的な世界] ······························· 207
herbivorous animal [草食動物] ············· 079
high blood pressure [高血圧] ·············· 103
high concentrations of ozone [高濃度のオゾン] 065
high functioning [高機能] ················· 121
higher independence from the administra-
　tive body [行政機関からのより高い独立性] ··· 233
higher visibility [より見やすいこと] ········· 155
highlight women's dependence on marriage
　[女性が結婚に頼ることをヤマ場にしている] ····· 207
holistic approach [全体的アプローチ] ······· 111
holistic treatment [ホリスティック（包括的）治療] 099
horizontal [横の] ························· 045
horizontal plane [水平面] ················· 045
host [宿主] ······························· 079
humanism [人文主義] ····················· 185
hurricane [ハリケーン] ····················· 067
hydraulic power generation [水力発電] ····· 133
hydraulic turbine [水力タービン] ··········· 133
hydroelectricity [水力電気] ················ 133
hydrogen [水素] ·························· 151
hypnosis [催眠術] ························· 127
hypnotic induction [催眠誘導] ············· 127
hypothesize [仮説をたてる] ················ 023

I

"I have a dream" [「私には夢がある」] ··········· 167
identification [身分証明] ··················· 153
igneous rock [火成岩] ····················· 037
illogical thoughts [非論理的思考] ··········· 125
immense gravity [巨大重力] ················ 027
immigration [入国管理局] ·················· 131
impaired reasoning [論理的思考力の低下] ···· 105
impaired social interaction [社会的交流の障害] 121
impairment of mental capacity [知的機能の低下] 105
import [輸入] ····························· 251
impose strict controls on ~ [〜を厳格に取り締まる] 195
Impressionism [印象派] ··················· 215
improvisation and syncopation [即興演奏と
　シンコペーション] ························· 203

in an attempt to expand his territory
　［領土を拡張しようと試みて］ ‥‥‥‥‥‥ 177

in retaliation for ~［〜の報復として］ ‥‥‥‥ 169

in the second half of the 19th century
　［19世紀後半］ ‥‥‥‥‥‥‥‥‥‥‥‥ 215

inactivity［無気力］ ‥‥‥‥‥‥‥‥‥‥‥‥ 125

inauguration［就任］ ‥‥‥‥‥‥‥‥‥‥‥‥ 163

incorporate materials such as newspapers
　and wallpapers［新聞紙や壁紙などの素材を取
　り入れる］ ‥‥‥‥‥‥‥‥‥‥‥‥‥‥‥ 217

increase the viability［実行可能性を高める］ ‥‥ 143

indefinitely［いつまでも］ ‥‥‥‥‥‥‥‥‥ 155

independence of Cuba［キューバの独立］ ‥‥‥ 169

individual interests and rights are sacri-
　ficed or denied［個人の利益や権利が犠牲また
　は否定される］ ‥‥‥‥‥‥‥‥‥‥‥‥‥ 227

individual psychology［個人心理学］ ‥‥‥‥‥ 109

individual psychotherapy［個人心理療法］ ‥‥‥ 123

indulgences［贖宥状］ ‥‥‥‥‥‥‥‥‥‥‥ 187

infantile sexuality［幼児性欲］ ‥‥‥‥‥‥‥ 109

inflammatory mediator［炎症性介在物質］ ‥‥‥ 107

infrared ray［赤外線］ ‥‥‥‥‥‥‥‥‥‥‥ 025

inherent to ~［〜に本来備わっている］ ‥‥‥‥ 231

initial stages［初期段階］ ‥‥‥‥‥‥‥‥‥‥ 015

inner planet［内惑星］ ‥‥‥‥‥‥‥‥‥‥‥ 027

inspire open query and criticism［公然と疑問
　を述べ批判する気持ちをかき立てる］ ‥‥‥ 185

instrumental accompaniment［器楽伴奏］ ‥‥‥ 197

intensity scale［震度］ ‥‥‥‥‥‥‥‥‥‥‥ 049

interest［金利］ ‥‥‥‥‥‥‥‥‥‥‥‥‥‥ 257

interference in ~［〜への妨げ］ ‥‥‥‥‥‥‥ 129

international affairs［国家間の関係］ ‥‥‥‥‥ 229

international transactions［国際取引］ ‥‥‥‥‥ 249

interstellar medium［星間物質］ ‥‥‥‥‥‥‥ 029

intractable problems［難問］ ‥‥‥‥‥‥‥‥ 175

intrinsic［固有な］ ‥‥‥‥‥‥‥‥‥‥‥‥ 131

intrusive rock［貫入岩］ ‥‥‥‥‥‥‥‥‥‥ 037

investors' positive or negative sentiments
　［積極的または消極的な投資家心理］ ‥‥‥‥ 255

investors' sanguine views［投資家の楽天的な
　見通し］ ‥‥‥‥‥‥‥‥‥‥‥‥‥‥‥ 255

ionize ~［〜をイオン化する］ ‥‥‥‥‥‥‥‥ 063

iPS cell (induced pluripotent stem cell)
　［iPS 細胞［人工多能性幹細胞］］ ‥‥‥‥‥ 089

iris［虹彩］ ‥‥‥‥‥‥‥‥‥‥‥‥‥‥‥‥ 131

is also passionate about ~［〜することにも熱心
　である］ ‥‥‥‥‥‥‥‥‥‥‥‥‥‥‥‥ 177

issuance of dollar bills［ドル紙幣の発行］ ‥‥‥ 247

issuing country［発行国］ ‥‥‥‥‥‥‥‥‥‥ 249

Italian neorealist cinema［イタリア・ネオリアリズ
　ム映画］ ‥‥‥‥‥‥‥‥‥‥‥‥‥‥‥‥ 213

itchy［かゆい］ ‥‥‥‥‥‥‥‥‥‥‥‥‥‥ 107

J

Jane Austen［ジェーン・オースティン］ ‥‥‥‥ 207

Japanese yen［日本円］ ‥‥‥‥‥‥‥‥‥‥‥ 249

Jean-Baptiste-Camille Corot［ジャン・バティス
　ト・カミーユ・コロー］ ‥‥‥‥‥‥‥‥‥ 213

Jean-François Millet［ジャン・フランソワ・ミレー］ 213

jurisdiction［管轄権］ ‥‥‥‥‥‥‥‥‥‥‥ 239

K

Keynesian［ケインズ派の］ ‥‥‥‥‥‥‥‥‥ 245

Khwarazm［ホラズム］ ‥‥‥‥‥‥‥‥‥‥‥ 193

kilopascal［キロパスカル］ ‥‥‥‥‥‥‥‥‥ 073

kinetic energy［運動エネルギー］ ‥‥‥‥‥‥ 133

L

La Niña［ラニーニャ現象］ ‥‥‥‥‥‥‥‥‥ 071

laissez-faire［レッセフェール、自由競争主義の経済政策］ 173

laissez-faire［自由放任主義、レッセフェール］ ‥‥ 253

land surface modification［地表面の変化］ ‥‥ 077

landmass［陸塊］ ‥‥‥‥‥‥‥‥‥‥‥‥‥ 059

large-mass［大質量の］ ‥‥‥‥‥‥‥‥‥‥‥ 015

last golden age［最後の最盛期］ ‥‥‥‥‥‥‥ 177

launch into the expeditions［遠征に繰り出す］ 193

law of natural human reason［自然に基づく人
　間理性の法］ ‥‥‥‥‥‥‥‥‥‥‥‥‥‥ 229

lead-acid battery［塩酸蓄電池］ ‥‥‥‥‥‥‥ 149

lean, muscular prose with occasional use
　of epithets［時折口汚い言葉が使われている、余
　計な飾りを削ぎ落とした男らしい散文体］ ‥‥‥ 209

leave room for ~［〜の余地を残す］ ‥‥‥‥‥ 155

legally binding［法的拘束力がある］ ‥‥‥‥‥ 239

legislature［立法府］ ‥‥‥‥‥‥‥‥‥‥‥‥ 233

legislatures［立法府、立法機関、議会］ ‥‥‥‥‥ 235

lender［貸主］ ‥‥‥‥‥‥‥‥‥‥‥‥‥‥ 259

"Life's but a walking shadow"［「人生は歩く影
　にすぎない」］ ‥‥‥‥‥‥‥‥‥‥‥‥‥ 205

light element［軽元素］ ‥‥‥‥‥‥‥‥‥‥‥ 015

light year［光年］ ‥‥‥‥‥‥‥‥‥‥‥‥‥ 017

literary realism［リアリズム文学］ ‥‥‥‥‥‥ 213

lithium-ion battery［リチウムイオン電池］ ‥‥‥ 149

lithospheric［岩石圏の］ ‥‥‥‥‥‥‥‥‥‥ 043

loan［貸付（ローン）］ ‥‥‥‥‥‥‥‥‥‥‥ 259

loan payments［ローンの支払］ ‥‥‥‥‥‥‥ 259

local currency［ローカルカレンシー］ ‥‥‥‥‥ 249

local effects［局所的影響］ ‥‥‥‥‥‥‥‥‥ 049

long-term rise in stock prices［長期的な株価
　の上昇］ ‥‥‥‥‥‥‥‥‥‥‥‥‥‥‥‥ 255

loss of consciousness［意識を失うこと］ ‥‥‥ 101

lowered self-esteem［低い自己評価］ ‥‥‥‥‥ 119

M

macroeconomic [マクロ経済学の] ……………… 245

magma chamber [マグマだまり] …………… 035

magnetic field [磁場] ………………………… 061

magnetic pole [磁極] ………………………… 063

magnetic resonance imaging (MRI) [磁気共
鳴画像診断] ………………………………… 119

magnetic reversal [地磁気の逆転] ………… 061

magnitude scale [マグニチュード] ………… 049

maintain the minimum standards of
healthy and cultured living [健康で文化的
な最低限度の生活を営む権利] …………… 231

manipulative [整体的な] …………………… 099

mantle [マントル] …………………………… 041

many challenges to overcome [解決しなけれ
ばならない多くの問題] …………………… 021

margins [縁辺域] …………………………… 047

marked distress [著しい苦痛] ……………… 129

market economy [市場経済] ……………… 253

market failures [市場の失敗] ……………… 253

Martin Luther [マルティン・ルター] ……… 187

mass-destruction weapons [大量破壊兵器]・ 191

massive quasi-stellar object [大質量の準恒星
状天体] ……………………………………… 025

mathematically defined surface [数学的に定
義された面] ………………………………… 019

Max Ernst [マックス・エルンスト] ………… 219

maximize the expected returns [リターンの期
待値を最大化する] ………………………… 257

mechanical [力学的な] ……………………… 039

medical and therapeutic benefits [医学およ
び療法的利点] ……………………………… 127

medical attention [治療、手当] …………… 101

medical entitlement [医療給付] …………… 153

medication [薬物療法] ……………………… 119

meditation [瞑想] …………………………… 099

megaparsecs (Mpc) [メガパーセク(1000Mpc=32
億6000万光年)] …………………………… 025

membrane [細胞膜] ………………………… 083

memory failure [記憶障害] ………………… 105

mental disorder [精神障害] ……………… 119

mental fatigue [心的疲労] ………………… 099

mental illness [精神疾患] ………………… 125

mental restraints of religion [宗教がもたらす
心理的な束縛] ……………………………… 185

metamorphoses of dreams [夢の変容] …… 219

meteorologist [気象学者] ………………… 073

mica [雲母] …………………………………… 037

micrometeoroid [微小隕石] ……………… 145

microorganism [微生物] …………………… 079

microscopic crystal [微小結晶] …………… 035

military facility [軍関係の施設] …………… 131

millibar [ミリバール] ………………………… 073

Milton Friedman [ミルトン・フリードマン] …… 245

minor courts [下級裁判所] ………………… 239

modified version of capitalism [修正資本主義] 173

molten iron [溶解した鉄] …………………… 061

molten rock [溶岩] …………………………… 037

monetarism [マネタリズム] ………………… 245

monetary authorities [通貨当局] ………… 251

monetary policy [金融政策、通貨政策] 245, 247, 251

money supply [貨幣供給量、マネーサプライ] … 245

monopoly [独占] …………………………… 253

Monteverdi, Bach and Handel in music
[音楽の分野でモンテヴェルディ、バッハ、ヘンデル] 211

mortgage [モーゲージ(抵当権、住宅ローン)] … 259

most-favored-nation treatment [最恵国待遇] 195

Mozart [モーツァルト] ……………………… 197

multicellular [多細胞の] …………………… 083

multiple personality disorder [多重人格障害] 125

mushroom area [新興地域] ………………… 171

mutation [突然変異] ………………………… 081

N

nasal congestion [鼻づまり] ……………… 107

National Assembly [国民議会(フランス)・(大韓
民国)国会] ………………………………… 233

nationwide violence [国家レベルの暴力] …… 227

NATO, an alliance of Western countries
[西側諸国同盟のNATO] …………………… 191

natural disaster [自然災害] ……………… 035

natural healing power [自然治癒力] ……… 099

natural law for self-defense [自衛のための自然法] 229

natural satellite [天然衛星] ……………… 041

nausea [吐き気] …………………………… 101

Nazism in Germany, Fascism in Italy, and
the Imperial Japanese Army [ドイツのナチズ
ム、イタリアのファシズム、帝国日本陸軍] … 227

necessities [必要条件] …………………… 021

neoliberal [新自由主義的な] ……………… 245

neurologist [神経学者] …………………… 109

New Frontier [ニュー・フロンティア] ……… 175

No taxation without representation [代表な
くして課税なし] …………………………… 161

Nobel Prize winner in Literature [ノーベル文
学賞受賞作家] ……………………………… 209

nonviolent resistance [非暴力の抵抗] …… 167

nuclear fission [核分裂] …………………… 141

nuclear fusion [核融合] …………… 015, 141

nuclear power generation [原子力発電] …… 141

nuclear power plant [原子力発電所] ……… 141

nuclear reaction [原子核反応] ············ 141
nuclear waste disposal [核廃棄物処分] ······· 141
nuclear waste generation [核廃棄物生成] ··· 133
nucleic acid [核酸] ···················· 083
nucleotide sequence [ヌクレオチド配列] ······ 081
numbing of memories [記憶に対する無感覚] 123

O

obesity [肥満] ························· 105
objects are removed from the context
　　[対象が元々の状況から切り離される] ············ 219
obstruction [障害物] ··················· 145
ocean basin [海盆] ···················· 041
oceanic crust [海洋地殻] ················ 041
oceanic lithosphere [海洋岩石圏] ··········· 041
oceanic plate [海洋プレート] ·············· 047
oceanic trench [海溝] ·················· 043
one-sided victory for ~ [~の一方的な勝利] ·· 169
only through faith in Jesus Christ [キリストを
　　信仰することによってのみ] ··············· 187
open market operations [公開市場操作] ···· 247
opera [オペラ] ························· 197
operate with a balance of power in mind
　　[勢力均衡を意識して活動する] ·················· 191
opium smuggling [アヘンの密輸] ·········· 195
opposing concept to democracy [民主主義
　　に対立する概念] ··············· 227
optimal allocation [最適配分] ············· 257
optimize the coordination [調整を最適化する] 147
oratorios [オラトリオ] ··················· 197
orbit the sun [太陽の周りを回る] ············· 027
organic compound [有機化合物] ············ 087
organic matter [有機物] ················· 079
organism [生物] ······················ 079
outage [停電] ························ 147
outer core [外核] ···················· 041
outshine ~ [~以上の輝きを放つ] ············· 029
outstanding practitioners [傑出しているバロッ
　　ク芸術家] ························· 211
overnight millionaires [一攫千金] ·········· 171
overthrow the Persian king [ペルシア王を王座
　　から追放する] ···················· 183
oxidant [酸化剤] ····················· 151
ozone depletion [オゾン層破壊] ············· 065

P

Pablo Picasso [パブロ・ピカソ] ············ 217
parasite chain [寄生連鎖] ··············· 079
parasitize ~ [~に寄生する] ··············· 079
Parliament [議会(イギリス)] ·············· 233
particle [粒子] ······················· 039

pay off [完済する] ···················· 259
peaceful coexistence with the East [旧ソ連な
　　ど東側諸国との平和的共存] ···· 175
penetrating social observation [鋭い社会洞察] 207
permanent court [常設の裁判所] ············· 239
permanent members [常任理事国] ··········· 189
permanent star [恒星] ················· 015
permanently associated with ~ [~と永久的
　　に関連づける] ·················· 171
personality psychology [人格心理学] ········· 113
perspiration [発汗] ··················· 101
phase [期] ························· 071
phobia [恐怖症] ····················· 129
photosynthesis [光合成] ············· 079, 087
photosynthetic organism [光合成を行う生物] 087
photovoltaic array [太陽電池アレイ] ········· 145
physical battery [物理電池] ·············· 149
physical freedom and freedom of life
　　[身体的な自由と生命の自由] ·········· 229
physiologist [生理学者] ················· 109
planet [惑星] ······················· 017
planned economy [計画経済] ············· 227
plate tectonics [プレートテクトニクス] ········· 043
pledge [抵当に入れる] ·················· 259
plug [岩栓] ························· 037
pollen [花粉] ······················· 107
Pope Leo X [教皇レオ10世] ·············· 187
portfolio [ポートフォリオ] ················· 257
portfolio management [ポートフォリオの管理] 257
posthumously [死後] ·················· 193
posthumously split among his subordinates
　　[彼の死後、配下の将軍たちの間で分裂する] ···· 183
post-traumatic stress disorder (PTSD)
　　[心的外傷後ストレス障害] ··············· 123
potential application [潜在的な応用] ········· 091
potential energy [位置エネルギー] ·········· 133
potential for damage [被害の可能性] ········· 049
power consumption [電力消費] ·············· 155
power generation [発電] ················ 147
power source [電源] ··················· 151
powerful brass playing [力強い管楽器の演奏] 203
precision, delicacy and wit [緻密で優美、かつ
　　機知に富む] ···················· 207
precursory phenomenon [予兆現象] ········· 057
predator chain [捕食連鎖] ··············· 079
preliminary instructions and suggestions
　　[準備段階での指示や暗示] ·············· 127
prevailing cosmological theory [一般的な宇
　　宙理論] ···················· 015
prevailing religious perspective [支配的だっ
　　た宗教的観点] ················ 185

Pride and Prejudice [『高慢と偏見』] ············ 207

primary battery [一次電池] ················· 149

principle of separation of powers [権力(三権)分立の原則] ··································· 237

proactively dealing with ~ [～に積極的に取り組む] 175

proclaim Khan [ハーン(皇帝)の称号を与える] ·· 193

proclaim war [宣戦布告する] ················· 195

procreation [生殖] ······························· 085

progressive [進行性の] ·························· 105

prohibitively high initial costs [非常に高い初期費用] ··· 143

proliferation [大量発生] ························· 057

promote a newfound confidence [新たな視点で信じることを促進する] ······················ 185

propaganda [プロパガンダ] ··················· 227

property [特性] ································· 023

proponent [発案者] ···························· 163

proportional representation [比例代表制] ··· 235

propulsion [推進力] ···························· 141

protein [タンパク質] ···························· 083

protoplasm [原形質] ···························· 083

provide a clue [手掛かりを与える] ············· 025

proximity to Earth [地球に近いこと] ··········· 021

psychiatrist [精神科医] ························· 113

psychoanalysis [精神分析] ··················· 109

psychologist [心理学者] ························ 111

psychologization of religion [宗教の心理学化] 113

psychosomatic illness [心身症] ··············· 099

psychotherapist [心理セラピスト] ············· 113

psychotherapy [心理療法] ········ 113, 119, 129

purchasing power [購買力] ··················· 251

pursuits of self-interests [自己利益の追求] ··· 253

Q

Qigong [気功] ································ 099

quartz [石英] ································ 037

quasar [準星] ································ 025

quick responsivity [速い反応] ················· 155

R

racial discrimination [人種差別] ·············· 175

radiation [放射線、放射作用、光] ··· 019, 081, 101

radiation damage [放射線障害] ··············· 145

radical colonists opposed to the Tea Act [茶法に反対の急進的入植者たち] ············· 161

radius [半径] ································ 029

Ramses II [ラムセス2世] ···················· 177

rapid migration of gold-seekers [金を求める人の急激な移住] ························· 171

ratification [批准] ····························· 237

ratification of the Partial Test Ban Treaty (PTBT) [部分的核実験禁止条約(PTBT)の批准] 175

real estate property [不動産] ················· 259

realism [写実主義、リアリズム] ··············· 213

realization of a nation [国家の実現] ··········· 229

realize a communist society [共産主義国家を実現する] ···································· 225

realize the holistic benefits of the state [国の全体的な利益を実現する] ·············· 227

real-time view [リアルタイムの情報の表示] ····· 147

reassembled within a paradoxical or shocking framework [矛盾した、または衝撃的な枠組みの中で再構築される] ············ 219

"rebirth" of culture, politics, and economics [文化、政治、経済の「再生」] ··············· 185

rechargeable battery [充電池] ··············· 149

recurrent [反復性の] ··························· 107

recurrent flashbacks [頻発するフラッシュバック] 123

recurrent thoughts of death [死について頻繁に考えること] ··························· 119

reinforce ~ [～を強化する] ··················· 039

reliability [信頼性] ····························· 131

remain unclarified [不明なままである] ········· 119

Rene Magritte [ルネ・マグリット] ············· 219

renunciation of tariff autonomy [関税自主権の放棄] ·································· 195

replication [複製] ····························· 081

represent simultaneously from multiple angles [同時に多方向から提示する] ········· 217

repressed [抑圧された] ························· 129

repression [抑圧] ······························ 109

reproduction [生殖] ···························· 085

reproductive cloning [生殖型クローニング] ··· 091

reptile [爬虫類] ······························· 059

restricted and repetitive behavior [限定的で繰り返しの多い行動] ················· 121

retract all his writings [論文を撤回する] ······ 187

revaluation [平価切下げ] ······················ 251

review [違憲審査] ······························ 239

rifting [引き裂くこと] ··························· 059

risk factor [危険因子] ························· 105

risk factor [リスク要因] ························ 123

risk tolerance [リスク許容度] ················· 257

RNA genome [RNA(リボ核酸)ゲノム] ·········· 081

rock [岩石] ································ 039

rocky or metallic bodies [岩や金属のかたまり] 027

rocky planet [岩石惑星] ······················ 041

Roman Catholic countries [ローマ・カトリック諸国] 211

Rubens in paintings [絵画の分野でルーベンス] 211

S

Salvador Dali [サルバドール・ダリ] ·············· 219
salvation [救済] ··· 187
satellite [衛星] ·· 017
scalding [焼けるような] ································ 035
schizophrenia [統合失調症] ························· 125
scourge of war [戦争の惨劇] ······················ 189
scrip [代用貨幣] ·· 153
secondary battery [二次電池] ····················· 149
secular [宗教とは無関係で現世的な] ············· 185
seeming Spanish attack [表面上スペインの攻
　撃、スペインの攻撃と見せかけて] ················ 169
seismic activity [地震活動] ························· 047
seismic scale [震度階級] ····························· 049
seize the collateral [担保物件を没収する] ····· 259
self-help strategy [自己救済法] ··················· 129
self-regulating market mechanism [自己調
　整的な市場メカニズム] ······························· 253
sell for fear of losses [損失を恐れて売る] ····· 255
Sense and Sensibility [『分別と多感』] ·········· 207
separation of powers [三権分立] ················· 239
settle the dispute [争いをおさめる(雌雄を決する)] 177
sexual [有性の] ··· 085
side effect [副作用] ······································ 099
Sigmund Freud [ジークムント・フロイト] ········ 219
sill [岩床] ··· 037
single-seat constituency system [小選挙区制] 235
sketch-like technique of dabs [軽いスケッチの
　ようなタッチ] ·· 215
smart card [スマートカード] ························· 153
smart grid [スマートグリッド] ······················ 147
social rights [社会権] ··································· 231
social security [社会保障] ···························· 231
socialism [社会主義] ···································· 225
socialist regime [社会主義政権] ··················· 169
socioeconomic ideology [社会経済学的な概念] 225
soft currency [ソフトカレンシー] ··················· 249
soil [土壌] ·· 039
solar energy [太陽エネルギー] ····················· 087
solar system [太陽系] ·································· 017
solar wind [太陽風] ····································· 061
solid [固体の] ··· 041
solidified from ~ [~から凝固した] ················ 037
solidify his supremacy [支配権を固める] ········ 183
somatic cell [体細胞] ··································· 089
somatic cell nuclear transfer [体細胞核移植] 091
sources of distraction [気を散らす原因] ········ 127
space-based solar power [宇宙太陽光発電] · 145
Spanish territories [スペインの領土] ············· 169
species [種] ·· 083

spiral [らせん回転する] ································ 067
split personality [分裂した人格] ·················· 125
St. Peter's Basilica [サン・ピエトロ大聖堂] ······ 187
stagnant Soviet economy [伸び悩むソ連経済] 191
stem cell [幹細胞] ································· 089, 091
stipulate ~ [~を規定する] ·························· 231
storage [蓄積] ·· 147
streamers of reddish or greenish light
　[淡い赤や緑がかった射光] ························· 063
strike [走向] ··· 045
strive to realize [懸命に表現しようとする] ······ 175
stroke [脳卒中] ··· 103
subduct [沈み込む] ····································· 047
subliminal perception [サブリミナル知覚] ····· 115
subliminal stimuli [サブリミナル刺激] ·········· 115
successors [後継者たち] ······························ 193
sufficiently compact mass [充分に密集した塊] 019
suffrage [選挙権] ·· 235
suicide [自殺] ··· 119
sunlight reflection [太陽光線を反射すること] ·· 077
supercontinent [超大陸] ···························· 059
supernova [超新星] ····························· 015, 029
supernova explosion [超新星爆発] ······· 019, 029
supervolcano [超巨大火山] ························· 035
supplant ~ [~に取って代わる] ··················· 171
supplant the League of Nations [国際連盟を
　引き継ぐ] ·· 189
supply and demand [需要と供給] ··············· 147
surface trace [地表トレース] ······················· 045
surface treatments [表面の処理] ················· 211
Surrealism [シュールレアリズム] ·················· 219
susceptible to ~ [~を受けやすい] ··············· 115
sustained state of political and military
　tension [継続的な政治・軍事的緊張状態] ····· 191
Swiss franc [スイスフラン] ·························· 249
symbolization [象徴化] ······························ 113
symptom [症状] ·· 101
symptomatic relief [症状の緩和] ················ 107
synthetic fuel [合成燃料] ···························· 145
system overload [システムの過負荷] ··········· 147

T

tap enormous energy [巨大なエネルギーを利用する] 143
technological feasibility [科学技術上の実現可能性] 021
tectonic [地質構造の] ·································· 059
tectonic plate [地殻構造プレート] ··············· 043
telescope [望遠鏡] ····································· 023
terawatt [テラワット] ·································· 087
terraforming [テラフォーミング] ·················· 021
terrestrial planet [地球型惑星] ··················· 017

Thatcherism and Reaganomics [サッチャリズムとレーガノミクス] ……… 245

the Alexander Empire [アレクサンドロス帝国] 183

the American Civil War [南北戦争] ……… 165

the American War of Independence [アメリカ独立戦争] ……… 161

the Atlantic Charter [大西洋憲章] ……… 189

the Atlantic Ocean [大西洋] ……… 067

the average air pressure [平均空気圧] ……… 073

the bel canto opera [ベルカント・オペラ] ……… 197

the Bill of Rights [権利章典] ……… 237

the biometrics [バイオメトリックス] ……… 131

the Boston Tea Party [ボストン茶会事件] …… 161

the British East India Company [イギリス東インド会社] ……… 161

the Cenozoic era [新生代] ……… 059

the Civil Rights Act [公民権法] ……… 167

the Cold War [冷戦] ……… 175

the Cold War [冷戦] ……… 191

the collective unconscious [集合的無意識] … 113

the Constitution of the United States [アメリカ合衆国憲法] ……… 237

the Continental Congress [大陸議会] ……… 233

the cosmos [宇宙] ……… 029

the Counter-Reformation [反宗教改革] …… 211

the Cretaceous period [白亜紀] ……… 059

the Cuban missile crisis [キューバ危機] …… 175

the Cuban Revolution [キューバ革命] ……… 169

the earth's crust [地殻] ……… 037, 143

the Earth's surface [地表] ……… 049

the Egyptian pharaoh [エジプトのファラオ] … 177

the Emancipation Proclamation [奴隷解放宣言] 165

the Emancipation Proclamation [奴隷解放宣言] 167

the Equal Rights Amendment (ERA) [男女平等憲法修正条項] ……… 237

the eye [(ハリケーンの)目] ……… 067

the first transcontinental railroad [最初の大陸横断鉄道] ……… 171

the first-ever Catholic president [初のカトリック教徒の大統領] ……… 175

the former Soviet Union [旧ソビエト連邦] …… 225

the Gold Rush [ゴールドラッシュ] ……… 171

the Great Depression [世界恐慌] ……… 173

the heat island phenomenon [ヒートアイランド現象] 077

the highest standard of health attainable [到達可能な最高水準の状態] ……… 231

the human psyche [人間の魂] ……… 113

the immune system [免疫システム] ……… 081

the Imperial Commissioner [欽差[特命]大臣] 195

the International Court of Justice [国際司法裁判所] ……… 239

the Jurassic period [ジュラ紀] ……… 059

the libido [リビドー] ……… 109

the lithosphere [岩石圏] ……… 041

the magnetosphere [磁気圏] ……… 061

the Malta Summit [マルタ会談] ……… 191

the Manhattan Project [マンハッタン・プロジェクト] 173

the Mesozoic era [中生代] ……… 059

the metabolic syndrome [メタボリック症候群] 103

the Mongol Empire [モンゴル帝国] ……… 193

the Mongolian Plateau [モンゴル高原] ……… 193

the most likely candidate for ~ [～の最有力候補] 021

the most revolutionary and influential style [最も革新的で影響力を持つ様式] ……… 215

the New Deal program [ニューディール政策] 173

the Northern Hemisphere [北半球] ……… 067

the ocean floor [海底] ……… 047

the Oedipus complex [エディプスコンプレックス] 109

the opera seria [オペラ・セリア(正歌劇)] ……… 197

the Opium War [アヘン戦争] ……… 195

the origin of the universe [宇宙の起源] …… 025

the original force or energy [本来の力やエネルギー] ……… 049

the outermost shell [最外殻] ……… 041

the ozone layer [オゾン層] ……… 065

the Pacific Ocean [太平洋] ……… 067

the Paleozoic era [古生代] ……… 059

the Philadelphia Convention [フィラデルフィア憲法制定会議] ……… 163

the Philippine Archipelago [フィリピン群島] … 169

the Protestant Reformation [宗教改革] …… 187

the Qing Dynasty [清] ……… 195

the Renaissance [ルネサンス] ……… 185

the right to life [生存権] ……… 231

the Second World War [第二次世界大戦] …… 189

the Secretary of State [国務長官] ……… 163

the Secretary of the Treasury [財務長官] … 163

the Southern Hemisphere [南半球] ……… 067

the Spanish-American War [米西戦争] …… 169

the stratosphere [成層圏] ……… 065

the sun [太陽] ……… 017

The Sun Also Rises [『日はまた昇る』] ……… 209

the Supreme Court [最高裁判所] ……… 239

the thermosphere [熱圏] ……… 063

the Treaty of Paris [パリ条約] ……… 169

the Triassic period [三畳紀] ……… 059

the tropical eastern Pacific Ocean [東部熱帯太平洋] ……… 071

the Unanimous Declaration of the Thirteen United States of America [アメリカ独立宣言] ……… 163

the unconscious [無意識] ……… 109

the United Nations [国際連合] ·············· 189

the Warsaw Treaty Organization [ワルシャワ
条約機構] ······························ 191

theatrical realism [リアリズム演劇] ··········· 213

their own elected representatives [彼ら自身
で選出した代議士] ························ 161

theory of general relativity [一般相対性理論] ·· 019

therapeutic cloning [治療型クローニング] ···· 091

95 Theses [95カ条の論題] ··················· 187

thick atmosphere [濃い大気] ·············· 021

time table [時刻表] ······················· 155

tissue engineering [再生医療] ·············· 089

tobacco plantations [煙草プランテーション] ··· 163

tornado [竜巻] ··························· 069

torrential rain [豪雨] ····················· 067

total mass in the universe [宇宙の全体質量] ·· 023

total mass-energy [全体質量エネルギー] ····· 023

totalitarianism [全体主義] ················· 227

trade deficits [貿易赤字] ··················· 251

trade surpluses [貿易黒字] ················· 251

trader [トレーダー] ······················· 255

traditional muted colors [従来の押さえた[落ち
着いた]色彩] ···························· 215

transform boundary [すれ違い(並進)境界] ··· 043

transform fault [トランスフォーム断層] ········· 043

transitional status [過渡期、移行期] ·········· 225

transportation [運搬] ····················· 039

traumatic event [トラウマ的出来事] ··········· 123

treatable mental illness [治療可能な精神疾患] 119

trigger [誘発する] ························· 107

trigger a series of events leading to ~
[～につながる一連の事件のきっかけとなる] ····· 161

triglyceride [トリグリセリド(中性脂肪)] ·········· 103

tropical cyclone [熱帯性サイクロン] ··········· 067

truthfully represent subject matter [題材を
ありのままに描く] ························· 213

turbulence [大乱流] ······················ 061

twister [つむじ風] ························· 069

twisting column [らせん状に回転している柱] ··· 069

twisting elements [ねじれ] ················· 211

U

ultraviolet light [紫外線] ·················· 065

unanimity rule [全会一致制] ················ 189

uncountable [無数の] ····················· 017

unicameral system [一院制] ················ 235

unicellular [単細胞の] ····················· 083

unleash a burst of light and radiation
[爆発的な光と放射線を放つ] ··············· 029

utility company [電力会社] ················· 147

V

velocity [速度] ··························· 047

verification [認証] ························· 131

verismo ("realism") operas [ヴェリズモ[リアリズ
ム]・オペラ] ····························· 197

verismo style of opera [ヴェリズモ・オペラ] ···· 213

vertical [縦の] ···························· 045

vie primarily with the Hittite Empire for Syria
[もっぱらシリアを求めてヒッタイト帝国と争う] ···· 177

viewing angle [視野角] ···················· 155

viscous [粘性の] ························· 041

visible matter [可視物質] ·················· 023

volcanic [火山の] ························· 047

volcano deposit [火山堆積物] ··············· 035

W

water evaporation [蒸散作用] ··············· 077

wavelength [波長] ························· 047

weathered material [風化した物質] ··········· 039

weathering [風化] ························· 039

William Shakespeare [ウィリアム・シェイクスピア] 205

wind convection [風の対流] ················· 077

women's suffrage [女性参政権] ·············· 237

world currency [国際決済通貨] ··············· 249

worldwide acclaim among critics and
scholars [評論家や学者間での世界的絶賛] ··· 207

X

Xi Liao [西遼] ···························· 193

Xi Xia [西夏] ····························· 193

X-ray [X線] ······························ 025

Z

zero CO2 emissions [二酸化炭素排出量ゼロ] 133

zinc-carbon battery [亜鉛炭素電池] ··········· 149

zoology [動物学] ·························· 111

37年の指導歴、英検1級合格者2500名を誇る信頼のプログラム

> 集中講座・オンライン Zoom 受講・e-learning の3段構えで
> TOEFL iBT® & IELTS 高得点・英検1級・準1級合格を確実に Get！

■ アクエアリーズの通学・通信講座

英検1級・準1級 **1次・2次試験突破講座**	**国連英検特A級** **ランクUP講座**
英検1級合格者2500名の実績を持つ プログラムと講師陣によって、 受講者を一気に合格へと導く 通学・通信講座	合格に必要な語彙力、 ライティング・スピーキング・読解力と 世界情勢の見識を 最短距離で身につける集中講座
英検1級・準1級 **語彙力UP講座**	**IELTS 7点突破** **集中講座**
英検準1級・1級に合格するための 光速語彙力UPに特化した エジュテイニングな e-learning 講座	主にライティング添削＆発信力UP 指導によって、 一気に IELTS スコア7点を突破するための プライベート・セミプライベートレッスン
英検1級・準1級 **ライティング講座**	**TOEFL iBT® 高得点突破** **集中講座**
エッセイ問題のスコアUPに特化した 講座・レッスンで、 合格のためのライティングの エッセンスを伝授！	少人数制の添削指導で 「弱点」克服＆スコア数段UP！ 留学先で困らない発信・受信力を 身につける講座

■ 詳しくはホームページをご覧下さい。

http://www.aquaries-school.com/e-mail:info@aquaries-school.com

※ お問い合わせ、お申し込みはフリーダイヤル **0120-858-994**

（えいごはここよ）

Ichay Ueda 学長　Aquaries School of Communication
（アクエアリーズ）

大阪・東京・横浜・京都・名古屋・姫路・奈良校　受付中

著者プロフィール

植田 一三 （Ichay Ueda）

英悟の超人（amortal philosophartist）、英語の最高峰資格8冠突破・英才教育＆英語教育書ライター養成校「アクエアリーズ」学長。英語の勉強を通して、人間力を鍛え、自己実現と社会貢献を目指す「英悟道」Let's enjoy the process!（陽は必ず昇る!）の主唱者。37年間の指導歴で、英検1級合格者を2500名以上、資格5冠突破者を120名以上育てる。ノースウェスタン大学院修了後、テキサス大学博士課程に留学し、同大学で異文化間コミュニケーションを指導。著書は英語・中国語・韓国語・日本語学習書と多岐にわたり、その多くはアジア5カ国で翻訳されている。

．．．．．．．．．．．．．．．．．．．．．．．．．．．．．．．．．．．．．．．

田岡 千明 （Chiaki Taoka）

英国マンチェスター大学にて言語学修士・博士取得後、大学や専門英語学校にてTOEFL®、IELTS、GMAT、GREを含む英語資格対策テストを指導。TOEFL iBT®116点、TOEFL ITP®677点、IELTS 8.5点、TOEIC®L&R 990点、TOEIC®S&W400点。主な著書に『TOEFL iBT® TEST スピーキング＋ライティング完全攻略』（明日香出版社）、『TOEFL iBT®テスト スコア・アップ大特訓』・『IELTS スピーキング・ライティング完全攻略』（アスク出版）などがある。

．．．．．．．．．．．．．．．．．．．．．．．．．．．．．．．．．．．．．．．

常田 純子 （Junko Tsuneda）

外資系企業で勤務後、産業翻訳士として活躍する傍ら、小学生から大学生を対象にした20年以上の実用英語教育指導を通して、4つの技能を高め、英語の運用力を加速的にUPさせるメソドロジーを研究し、TESOL、IELTS教授法資格を取得することによって独自の英語教授法を確立する。

．．．．．．．．．．．．．．．．．．．．．．．．．．．．．．．．．．．．．．．

上田 敏子 （Toshiana Ueda）

アクエアリーズ英検1級・国連英検特Ａ級・通訳案内士講座講師。バーミンガム大学院（翻訳学）・ケンブリッジ大学国際関係論コース修了。国連英検特Ａ級、工業英検1級、英検1級、TOEIC満点、通訳案内士取得。鋭い異文化洞察と芸術的鑑識眼を備え、英語教育を通して知性と人格を磨く英語教育界のワンダーウーマン。主な著書に、『TOEFL iBT® TEST スピーキング＋ライティング完全攻略』（明日香出版社）、『TOEFL iBT®テスト スコア・アップ大特訓』『英検ライティング大特訓シリーズ』（アスク出版）などがある。

30日集中
TOEFL®テスト必須語彙1200＋分野別語彙800

2020年11月28日　初版　第1刷発行

編著者	植田一三
著者	田岡千明、常田純子、上田敏子

発行人	天谷修平
発行	株式会社オープンゲート
	〒101-0051
	東京都千代田区神田神保町2-14 SP神保町ビル5階
	Tel. 03-5213-4125　Fax. 03-5213-4126
印刷・製本	株式会社光邦

ISBN978-4-910265-06-3

装丁	株式会社鷗来堂（大野真琴）
本文デザイン・DTP・校正	株式会社鷗来堂
英文校正	Kan Andrew Hashimoto
音声制作協力	株式会社ジェイルハウス・ミュージック
録音スタジオ	株式会社巧芸創作、ジェイルハウス・ミュージック
ナレーション	Rachel Walzer
	Carolyn Miller
	Howard Colefield
	Peter von Gomm

巻末特典

類語単語記憶カード

 Track 321〜330まで、1つの Track に
カード10枚分の音声が収録されています。

・・・

表面

001 ＿＿＿ various fields of science	
encompass / comprise / embrace	

下に並んだ単語を下線部に置き、
encompass various fields of science
comprise various fields of science
embrace various fields of science
と読みます。

裏面

あらゆる分野の科学を包括する

cover

表面の英文のいずれも、
裏面に書かれた日本語
「あらゆる分野の科学を包括する」
の意味になります。

・・・

全部でカード100枚分あります。
カード型にきれいに切り抜いて活用しましょう。

---

001 ＿＿＿ various fields of science

encompass / comprise / embrace

002 ＿＿＿ the money for the project

allocate / allot / earmark / appropriate

その計画にお金を割り当てる | あらゆる分野の科学を包括する

allow | **cover**

003 _____ the group from the others

seclude / segregate / quarantine / insulate

010 _____ the people

slaughter / butcher / slay / decimate / massacre

004 be _____ with applications

deluged / inundated / swamped

011 _____ the production cost

retrench / curtail

005 _____ on her right to privacy

encroach / infringe / trespass

012 _____ the belief

disseminate / diffuse / propagate

006 _____ the arrival of cold winter

herald / harbinger / portend

013 _____ the river with garbage

contaminate / taint

007 _____ the ceremony

inaugurate / commence

014 _____ the town

devastate / ravage / annihilate / raze / obliterate

008 _____ the right

relinquish / renounce / waive

015 _____ the movement

encumber / hamper / impede / inhibit

009 _____ my anger

repress / suppress / contain / restrain / withhold

016 _____ a heavy tax on him

levy / impose / inflict

人民を殺す	その集団を他から隔離する
kill	**isolate**
生産費を削減する	申し込みが殺到する
cut	**flood**
説を広める	プライバシーの権利を侵害する
spread	**violate**
川をゴミで汚染する	寒い冬の到来を告げる
pollute	**signal**
町を破壊する	儀式を始める
destroy	**begin**
動きを妨げる	権利を放棄する
hinder	**abandon**
彼に重税を課す	怒りを抑える
put	**control**

017 be _____ by his rude behavior

annoyed / exasperated

018 _____ him into the business

cajole / coax / tempt / seduce / entice

019 _____ the government

topple / overthrow / subvert

020 _____ the room

permeate / pervade / saturate

021 _____ the old building

renovate / refurbish / remodel / revamp

022 _____ the law

enact / enforce / implement

023 _____ with a TV

tamper / tinker / fiddle

024 _____ her pain

alleviate / mitigate / allay / assuage

025 the _____ high-tech industry

flourishing / blossoming / thriving

026 _____ him for laziness

reproach / reprove / reprimand / censure

027 _____ his escape attempt

foil / thwart / circumvent / forestall

028 be _____ by his eccentricity

baffled / confounded

029 _____ his death

mourn / lament / deplore

030 _____ the riot

suppress / quell / subdue

痛みを和らげる	彼の失礼な行動に苛立つ
relieve	**irritate**
繁栄しているハイテク産業	彼をおだててその仕事をさせる
prosper	**lure**
怠惰の理由で叱る	政府を倒す
scold	**overturn**
彼の脱走の企てをくじく	部屋に充満する
frustrate	**fill**
彼の奇行に当惑する	ビルを改装する
confuse	**redecorate**
彼の死を悲しむ	法律を制定する
grieve	**establish**
暴動を鎮める	テレビをいじくる
control	**mess**

031 _____ with fear

shiver / shudder / tremble

032 a family __ with financial problems

beset / afflicted / tormented

033 _____ him to death

suffocate / stifle / smother

034 be _____ by her performance

fascinated / enchanted / captivated

035 _____ natural resources

dwindling / diminishing / shrinking / lessening

036 _____ the dispute

mediate / arbitrate / reconcile / resolve

037 _____ the enemy fortress

assail / assault / storm

038 _____ solar power

harness / exploit

039 _____ into recession

degenerate / deteriorate / lapse

040 _____ good from evil

discern / distinguish / differentiate

041 a _____ agreement

tentative / provisional

042 _____ workers

redundant / excess / superfluous

043 a _____ athlete

robust / sturdy

044 a _____ restaurant

sanitary / hygienic / sterile

太陽エネルギーを使う	恐怖で震える
utilize	**shake**
不況に陥る	財政問題に苦しんでいる家族
fall	**plagued**
善悪を区別する	窒息死させる
tell	**choke**
仮の協定	彼女の素晴らしい演技に魅了される
temporary	**charm**
過剰労働者	なくなってゆく天然資源
extra	**decrease**
たくましい選手	紛争を調停する
strong	**settle**
衛生的なレストラン	敵の要塞を攻撃する
clean	**attack**

045 _____ books

engrossing / intriguing / diverting

046 a _____ life

serene / tranquil / placid

047 a(n) _____ story

horrid / appalling / dreadful

048 a(n) _____ attitude

impudent / haughty / insolent / condescending

049 an _____ answer

evasive / equivocal / ambiguous / obscure

050 a(n) _____ failure

apparent / evident / manifest / patent

051 an _____ speech

enlightening / inspiring

052 a(n) _____ ability

innate / inherent / built-in

053 a(n) _____ lady

reserved / introverted / withdrawn / bashful / timid

054 a(n) _____ person

skeptical / incredulous / suspicious

055 _____ views

breathtaking / magnificent / splendid / spectacular

056 _____ protesters

indignant / furious / enraged / resentful

057 a _____ test

rigorous / stringent / demanding

058 a(n) _____ danger

imminent / impending / looming

生まれつきの能力	面白い本
natural	**interesting**
内気な女性	穏やかな生活
shy	**peaceful**
疑い深い人	恐ろしい話
doubtful	**horrible**
壮大な眺め	横柄な態度
wonderful	**arrogant**
怒った抗議者	あいまいな返事
angry	**vague**
厳しいテスト	明らかな失敗
severe	**obvious**
差し迫った危険	啓発的なスピーチ
approaching	**instructive**

059 a(n) _____ lifestyle

ostentatious / pretentious / affected

060 a(n) _____ scene of a movie

touching / impressive / poignant

061 the _____ system

impeccable / immaculate

062 a(n) _____ girlfriend

fickle / capricious / erratic / whimsical / volatile

063 a _____ outlook

bleak / dismal / dim / gloomy

064 _____ to the subject

germane / pertinent / relevant

065 _____ young people

vigorous / brisk / vivacious

066 a(n) _____ president

despotic / tyrannical / dictatorial / authoritarian

067 a(n) _____ crime

flagrant / outrageous / wicked

068 a(n) _____ style

singular / idiosyncratic / peculiar / distinctive

069 the _____ industry

principal / primary / key

070 a(n) _____ role

crucial / critical / pivotal / key / vital / essential

071 a _____ student

docile / tractable / compliant

072 a _____ plan

feasible / viable / practicable

独裁的な会長	これ見よがしのライフスタイル
bossy	**showy**
いまわしい犯罪	感動的な映画のシーン
unforgivable	**moving**
独特なスタイル	完璧な組織
unique	**perfect**
主要産業	気まぐれな恋人
main	**changeable**
重要な役割	暗い見通し
important	**dark**
従順な生徒	主題に関連した
obedient	**related**
実行可能な計画	元気な若者
workable	**lively**

073 an _____ idea

ingenious / innovative / imaginative

074 a(n) _____ critic

outspoken / straightforward / candid

075 a _____ competition

cutthroat / fierce / harsh / keen

076 _____ argument

telling / forceful / compelling / persuasive

077 a _____ argument

coherent / tenable / consistent / rational

078 a _____ businessman

prudent / circumspect / wary / discreet

079 _____ about furniture

picky / fussy / selective / fastidious / discriminating

080 an _____ part of the course

integral / indispensable

081 _____ tribes

indigenous / endemic

082 a _____ budget

meager / paltry / scanty

083 _____ descriptions of sex

graphic / explicit

084 a _____ matter

trifling / marginal / negligible / trivial

085 _____ behavior

enigmatic / inscrutable / baffling / puzzling

086 a _____ Christian

devout / pious / dedicated

コースに不可欠の部分	創意工夫に富む考え
essential	**original**
土着の部族	率直な批判家
native	**frank**
乏しい予算	熾烈な競争
small	**severe**
生々しいセックスの描写	説得力のある主張
vivid	**strong**
取るに足らないこと	筋の通った意見
minor	**logical**
不可解な行動	慎重な実業家
mysterious	**cautious**
熱心なクリスチャン	家具にうるさい
devoted	**particular**

087 _____ supporters

ardent / fervent / avid / zealous

088 a _____ effort

tenacious / strenuous / persevering / continuous

089 a(n) _____ idea

preposterous / absurd / ridiculous

090 _____ social workers

philanthropic / altruistic / benevolent

091 _____ profits

immense / enormous / colossal / mammoth

092 a(n) _____ manner

curt / blunt / abrupt

093 a(n) _____ person

plump / chubby / obese / stout

094 _____ weapons

obsolete / antiquated / outdated

095 _____ prices

prohibitive / extravagant / exorbitant

096 _____ economy

brisk / buoyant / robust

097 _____ ways

myriad / infinite / numerous

098 a _____ growth

substantial / staggering / striking / spectacular / dramatic

099 a(n) _____ explorer

audacious / daring / gallant / valiant

100 a(n) _____ scientist

eminent / prominent

古臭い兵器	熱烈な支持者
old	**passionate**
法外な値段	粘り強い努力
steep	**persistent**
活況の経済	ばかげた考え
boom	**stupid**
無数のやり方	博愛主義のソーシャルワーカー
countless	**charitable**
ものすごい成長	莫大な利益
remarkable	**huge**
勇敢な探検家	ぶっきらぼうな態度
brave	**rude**
有名な科学者	太った人
famous	**fat**